ALTDEUTSCHE TEXTBIBLIOTHEK

Begründet von Hermann Paul · Fortgeführt von G. Baesecke und Hugo Kuhn
Herausgegeben von Burghart Wachinger

Nr. 94

Die Werke Notkers des Deutschen

Neue Ausgabe

Begonnen von Edward H. Sehrt und Taylor Starck
Fortgesetzt von James C. King und Petrus W. Tax

Band 1

Notker der Deutsche

Boethius,
»De consolatione Philosophiæ«
Buch I/II

Herausgegeben von Petrus W. Tax

Max Niemeyer Verlag
Tübingen 1986

CIP-Kurztitelaufnahme der Deutschen Bibliothek

Notker ⟨Labeo⟩:
[Die Werke]
Die Werke Notkers des Deutschen / begonnen von Edward H. Sehrt u. Taylor Starck.
Fortges. von James C. King u. Petrus W. Tax. – Tübingen : Niemeyer
  (Altdeutsche Textbibliothek ; ...)

NE: Notker ⟨Labeo⟩: [Sammlung]; Sehrt, Edward H. [Hrsg.]

Bd. 1. Boethius, Anicius Manlius Severinus: De consolatione philosophiae. –
Buch 1/2 (1986)

Boethius, Anicius Manlius Severinus:
„De consolatione philosophiae" / Boethius.
Notker der Deutsche. Hrsg. von Petrus W. Tax. – Tübingen : Niemeyer
  Einheitssacht.: De consolatione philosophiae ⟨dt., althochdt.⟩

NE: Notker ⟨Labeo⟩ [Bearb.]; Tax, Petrus W. [Hrsg.]

Buch 1/2 (1986).
  (Die Werke Notkers des Deutschen ; Bd. 1)
  (Altdeutsche Textbibliothek ; Nr. 94)

NE: 2. GT

Geb. Ausgabe ISBN 3-484-21194-6

Kart. Ausgabe ISBN 3-484-20194-0

ISSN 0342-6661

© Max Niemeyer Verlag Tübingen 1986

INHALT

OPGEDRAGEN AAN

GILBERT DE SMET

LERAAR EN VRIEND

VORWORT

Wie bei der Neuausgabe des Psalters wird die neue Edition von Notkers *Consolatio*-Bearbei-
tung aus 3 Textbänden und - parallel dazu - 3 Kommentarbänden (*Notker latinus*) bestehen. Ich
lege hiermit den ersten Textband (*Consolatio*, Buch I und II) mit der Gesamteinleitung zum
neuen Text vor; die beiden anderen Textbände (*Consolatio*, Buch III bzw. Buch IV und V) werden
binnen Jahresfrist erscheinen können. Dann kommt der *Notker latinus* an die Reihe. Wie bei
Kings Bänden und beim Psalter wird er zunächst das zusammenstellen, was Notker für seine *Consolatio*-Bearbeitung aus den CCsg, die ihm vorlagen oder vorgelegen haben können, geschöpft
hat, dann aber auch solche Quellen, die Notker anscheinend gekannt hat, die aber nicht für
St. Gallen und die nähere Umgebung belegt werden konnten.

Die Einleitung in diesem Band geht ausführlich auf kodikologische, philologisch-textkri-
tische (Anlautgesetz, Vokalismus und Rechtschreibung, Akzentuierung und Interpunktion) und
einige verwandte Fragen ein. In der Einleitung zum *Notker latinus* werden allerlei andere
Problemkreise (Gedanken- und Wortgut, Übersetzungsleistung, Syntaktisches, Formwille) eingehend erörtert werden.

Der Text selbst besteht aus einem modifiziert diplomatischen, seiten- und zeilengetreuen
Abdruck der einzigen vollständigen Hs. CSg 825, S. 4-271; die nicht sehr reiche Parallelüber-
lieferung (3 Fragmente) wird gleichfalls möglichst diplomatisch und wie beim Psalter in Ein-
legeheften parallel zum Text von *A* abgedruckt werden. Normalerweise gibt es 2 Apparate pro
Seite: der 1. Apparat befaßt sich vor allem mit Notkers deutschem Text (mit dem Latein nur im
Falle von Fehlern und bemerkenswerten Schreibungen), der 2. Apparat versucht vor allem Notkers Version des *Consolatio*-Textes, d.h. seine *uariae lectiones*, zu erklären. Die Einleitung
wird die eingeschlagenen Verfahren näher begründen.

Diese Ausgabe wäre ohne vielerlei Hilfe und Anteilnahme vonseiten mancher Personen und In-
stanzen kaum zustandegekommen.

An erster Stelle möchte ich auch hier meiner Frau dafür danken, daß sie durch moralische
und sonstige Unterstützung das Unternehmen immer wieder gefördert hat.

Herrn Wolfgang Reiner, Produktionsleiter des Max Niemeyer Verlags, gebührt auch diesmal
mein aufrichtiger Dank für die Lösung technischer Probleme, für seine Sorgfalt und für seine
Geduld.

Für Sommerstipendien bin ich dem American Council of Learned Societies sowie dem Research
Council der University of North Carolina hier in Chapel Hill zu Dank verpflichtet.

Weiter möchte ich für Gastfreundschaft und die Beschaffung von photographischen Reproduk-
tionen freundlich danken: Herrn Professor Dr. Johannes Duft, dem St. Galler Stiftsbibliothekar

emeritus, auch seinem Nachfolger, Herrn Dr. Peter Ochsenbein, Hochwürden Dom Kuno Bugmann O.S.B., Stiftsbibliothekar des Klosters Einsiedeln, sowie Herrn Dr. Alfons Schönherr, Mitarbeiter *emeritus*, Handschriftenabteilung der Zentralbibliothek in Zürich. Hochwürden Dom Eligius Dekkers, dem früheren Direktor des *Corpus Christianorum*, bin ich für Zuspruch und für die langjährige Überlassung eines Mikrofilms erkenntlich. Herr Carsten Seltrecht, diplom. Fotograf in St. Gallen, hat auch für diese Ausgabe die Faksimiles angefertigt.

Frau Dr. Eva Irblich, Handschriften- und Inkunabelsammlung der Österreichischen Nationalbibliothek in Wien, bin ich für wertvolle Informationen dankbar, Herrn Professor Joseph Wittig, meinem Kollegen im hiesigen Department of English, für die liebenswürdige Überlassung von Mikrofilmen mit Glossen zur *Consolatio*, für Xerokopien seiner Handschriftenkollationen sowie für schöne Zusammenarbeit und kritische Infragestellung mediävistischer Vorurteile.

Mein besonderer Dank gilt Herrn Kollegen und Mitherausgeber James C. King für seinen Sonderbeitrag zur Einleitung über die Akzente in Notkers Werken (s. unten, Einl., § 11). Kaum jemand ist geeigneter, über die Sehrt/Starcksche Auffassung von Notkers Akzentuierung, wohl seinem Ureigensten, zu berichten und sie in einen weiteren geschichtlichen Kontext zu stellen, ist doch King nicht nur Schüler und "Doktorsohn", sondern auch der Nachfolger von Herrn Professor Sehrt an der George Washington University in Washington, D.C., und zwar auch in Sachen Notker. Ich habe daher meine Einleitung gerne für seine Ausführungen zur Verfügung gestellt. Es ist auch passend, daß dieser Beitrag in dem Band erscheint, der offiziell, wenn auch nicht zeitlich, die Neuausgabe von Notkers Werken eröffnet.

Dieser Band sei Herrn Professor Gilbert A. R. De Smet gewidmet. Als sehr junger Nachfolger Hugo Mosers an meiner *alma mater*, der Katholischen Universität in Nijmegen, hat er uns mit großer Begeisterung und mit starker persönlicher Anteilnahme in die germanische und deutsche Philologie eingeführt. Auch nach seiner Übersiedlung an die Universität Gent ist er mir wissenschaftlich und in Freundschaft verbunden geblieben. *Tempus fugit*. Falls dieser Band und die Widmung ihm etwas über den Schock seiner Emeritierung hinweghelfen könnten, wäre das ein nicht zu verachtender Nebeneffekt dieses Buches.

Chapel Hill, N.C., im August 1985   P.W.T.

ABKÜRZUNGS- UND LITERATURVERZEICHNIS[1]

1. Kritische Ausgaben von Boethius' *De consolatione Philosophiae* und *Consolatio*-Hand-
   schriften

Bieler	Anicii Manlii Severini Boethii Philosophiae Consolatio. Edidit Ludovicus Bieler. Turnhout 1957 (= Corpus Christianorum, Series latina, Bd XCIV)
Weinberger	Anicii Manlii Severini Boethii Philosophiae Consolationis libri quinque. Rudolfi Peiperi atque Georgii Schepssii copiis et Augusti Engelbrechtii studiis usus ad fidem codicum recensuit +Guilelmus Weinberger. Wien und Leipzig 1934 (= Corpus Scriptorum Ecclesiasticorum Latinorum, Bd LXVII)
Peiper	Anicii Manlii Severini Boetii Philosophiae Consolationis libri quinque. Accedunt eiusdem atque incertorum opuscula sacra. Recensuit Rudolfus Peiper. Leipzig 1871

A	CSg 825
D	CTur C 121
E$_1$	CEins 179
G	CSg 844
G$_1$	CSg 845
N	Neapel, Biblioteca Nazionale, MS IV.G.68
W	Wien, Österreichische Nationalbibliothek, Hs. 242

2. Weitere Ausgaben und Sekundärliteratur

ABAW	Abhandlungen der Bayerischen Akademie der Wissenschaften
AhdSG	Das Althochdeutsche von St. Gallen. Texte und Untersuchungen zur sprachlichen Überlieferung St. Gallens vom 8. bis zum 12. Jahrhundert. Hg. v. Stefan Sonderegger
Backes	Herbert Backes: Die Hochzeit Merkurs und der Philologie. Studien zu Notkers Martian-Übersetzung. Sigmaringen 1982 (L)
Baesecke	Georg Baesecke: Rez. von Weinberg, Zu Notkers Anlautgesetz. AfdA 36 (1913) 237-40

---

1 Dieses Verzeichnis ist integriert: Um Raum zu sparen, gebe ich bei Verweisungen in der Einleitung und sonstwo nur den zuerst angegebenen Herausgeber- bzw. Autornamen (wo nötig mit Zusatz) oder Buchtitel bzw. Handschriftenkürzel, dann die Seiten-, Spalten- oder Blattzahl (10^r = 10 *recto*, 10^v = 10 *verso*). Die Abkürzungen selbst werden auch schon bei den bibliographischen Angaben benutzt. Die geläufigen mediävistischen und germanistischen Kürzel wie f., Hs., MS, AfdA, ATB, JEGP, ZfdA, ZfdPh habe ich nicht aufgeführt. Die besonderen Kürzel und Zeichen, die im Text benutzt werden, stehen auf einer Seite unmittelbar vor dem Text; diese Seite wird in den 2 folgenden Heften gleichfalls am Anfang stehen.

Batschelet-Massini   Werner Batschelet-Massini: Labyrinthzeichnungen in Handschriften. Cod.
                      man. 4 (1978) 33–65 (mit 5 Illustrationen) (L)
Battelli   Giulio Battelli: Lezione di paleografia. Città del Vaticano ³1949 (L)
Behaghel   Otto Behaghel: Rez. v. Sehrt/Starck, Boethius, De consolatione Philo-
                      sophiae. Literaturblatt für germanische und romanische Philologie 55
                      (1934) Sp. 89/90
Bergmann   Rolf Bergmann: Verzeichnis der althochdeutschen und altsächsischen Glossen-
                      handschriften. Mit Bibliographie der Glosseneditionen und der Dialektbe-
                      stimmungen. Berlin, New York 1973 (= Arbeiten zur Frühmittelalterforschung,
                      6) (L)
Bischoff   Bernhard Bischoff: Paläographie. In: Deutsche Philologie im Aufriß, hg. v.
                      Wolfgang Stammler. Bd I, Berlin ²1957, Sp. 379–452 (L)
Bischoff 1979   Ders.: Paläographie des römischen Altertums und des abendländischen Mittel-
                      alters. Berlin 1979 (= Grundlagen der Germanistik, 24) (L)
Braune   Wilhelm Braune: Über die quantität der althochdeutschen endsilben. PBB 2
                      (1876) 125–67
Braune/Eggers   Ders.: Althochdeutsche Grammatik. 13. Aufl. bearb. v. Hans Eggers.
                      Tübingen 1975 (L)
Bruckner   A. Bruckner: Scriptoria Medii Aeui Heluetica. Denkmäler schweizerischer
                      Schreibkunst des Mittelalters. 14 Bde. Genf 1935–78 (L) Bd 14: Indices
Brunhölzl   Franz Brunhölzl: Geschichte der lateinischen Literatur des Mittelalters.
                      Bd 1: Von Cassiodor bis zum Ausklang der karolingischen Erneuerung.
                      München 1975 (L)
Carr   Charles T. Carr: Notker's Accentuation System in His Translations of
                      Aristotle's 'Categories' and 'De Interpretatione'. Modern Language Review
                      30 (1935) 183–203
Clark   J[ames] M[idgley] Clark: The Abbey of St. Gall as a Centre of Literature
                      and Art. Cambridge 1926 (L)
CEins   Codex Einsiedlensis: Handschrift der Stiftsbibliothek Einsiedeln
Clm   Codex latinus monacensis: lateinische Handschrift der Bayerischen Staats-
                      bibliothek München
CSg   Codex Sangallensis: Handschrift der Stiftsbibliothek St. Gallen
CTur   Codex Turicensis: Handschrift der Zentralbibliothek Zürich
Clausing   Stephen Clausing: Notker's *Anlautgesetz*. JEGP 78 (1979) 358–73
Cod. man.   Codices manuscripti. Zeitschrift für Handschriftenkunde
Coleman   Evelyn S. Coleman: Bibliographie zu Notker III. von St. Gallen. In:
                      Fs. Sehrt 1968, 61–76 (S. auch Firchow)
Courcelle   Pierre Courcelle: La Consolation de Philosophie dans la tradition
                      littéraire. Antécédents et postérité de Boèce. Paris 1967 (mit 133 photo-
                      graphischen Abbildungen) (L)

Dolch   Josef Dolch: Lehrplan des Abendlandes. Zweieinhalb Jahrtausende seiner
       Geschichte. Ratingen (auch Darmstadt) ^{2}1965

Fenselau   Hermann Albert Fenselau: Die Quantität der End- und Mittelsilben ein-
       schließlich der Partikeln und Präfixe in Notker's althochdeutscher Über-
       setzung des Boethius: ‚de consolatione philosophiae'. Teil I. Darstellung
       und tabellarische Übersicht. Halle/S. 1892 (Diss. Halle-Wittenberg)

Firchow   Evelyn Scherabon Firchow: Bibliographie zu Notker III. von St. Gallen.
       Zweiter Teil. In: Fs. Jones 1983, 91-110 (S. auch Coleman)

Fischer   Hanns Fischer: Schrifttafeln zum Althochdeutschen Lesebuch. Tübingen 1966
       (L)

I. Fleischer Ida Fleischer: Die Wortbildung bei Notker und in den verwandten Werken.
       Eine Untersuchung der Sprache Notkers mit besonderer Rücksicht auf die
       Neubildungen. Diss. Göttingen 1901

O. Fleischer Oskar Fleischer: Das accentuationssystem Notkers in seinem Boethius.
       ZfdPh 14 (1882) 127-72, 285-300

Fs. de Boor 1971 Mediaevalia litteraria. Festschrift für Helmut de Boor ... . Hg. v.
       Ursula Hennig und Herbert Kolb. München 1971

Fs. Braune 1920 Aufsätze zur Sprach- und Literaturgeschichte, Wilhelm Braune ... darge-
       bracht von Freunden und Schülern. Dortmund 1920

Fs. Jones 1983 *Spectrum Medii Aevi*. Essays in Early German Literature in Honor of George
       Fenwick Jones. Hg. v. William C. McDonald. Göppingen 1983 (= Göppinger
       Arbeiten zur Germanistik, 362)

Fs. Sehrt 1968 Germanic Studies in Honor of Edward Henry Sehrt. ... Hg. v. Frithjof
       Anderson Raven (u.a.). Coral Gables/Florida 1968 (= Miami Linguistics
       Series, 1)

Gabriel   Eugen Gabriel: Die Entwicklung der althochdeutschen Vokalquantitäten in
       den oberdeutschen Mundarten. Wien 1969 (= Studien zur österreichisch-
       bairischen Dialektkunde, 5) (L)

Gibson   Margaret Gibson (Hg.): Boethius, his Life, Thought and Influence. Oxford
       1981 (L)

Gl.   Glosse(n)

Glauche   Günter Glauche: Schullektüre im Mittelalter. Entstehung und Wandlungen des
       Lektürekanons bis 1200 nach den Quellen dargestellt. München 1970 (= Mün-
       chener Beiträge zur Mediävistik und Renaissance-Forschung, 5) (L)

Graff   E[berhard] G[ottlieb] Graff (Hg.): Althochdeutsche, dem Anfange des 11ten
       Jahrhunderts angehörige, Übersetzung und Erläuterung der von Boethius ver-
       faßten 5 Bücher De Consolatione Philosophiae. Zum ersten Male hg. v.
       E. G. G. Berlin 1837

Grimm   Jakob Grimm: Deutsche Grammatik. 4 Bde. mit Register v. Karl Gustav
                 Andresen. Ausg. bearb. v. Wilhelm Scherer, Gustav Roethe u. Edward Schrö-
                 der. Berlin, Gütersloh u. Göttingen 1870, 1878, 1890, 1898 u. 1865. Nach-
                 druck, Hildesheim 1967 u. 1971

Gruber   Joachim Gruber: Kommentar zu Boethius, De Consolatione Philosophiae. Ber-
                 lin und New York 1978 (= Texte und Kommentare, 9) (L)

Grundriß   Grundriß der germanischen Philologie

Hattemer   Heinrich Hattemer (Hg.): Denkmahle des Mittelalters. St. Gallen's alt-
                 teutsche Sprachschaetze. 3 Bde. St. Gallen 1844-49. Nachdruck, Graz 1970.
                 3, S. 9-255 Consolatio

Haubrichs   Wolfgang Haubrichs: *Error inextricabilis*. Form und Funktion der Labyrinth-
                 abbildung in mittelalterlichen Handschriften. In: Text und Bild. Aspekte
                 des Zusammenwirkens zweier Künste in Mittelalter und früher Neuzeit. Hg.
                 v. Christel Meier und Uwe Ruberg. Wiesbaden 1980 (mit 39 photographischen
                 Abbildungen und 21 Figuren) (L)

Hellgardt   Ernst Hellgardt: Notkers des Deutschen Brief an Bischof Hugo von Sitten.
                 In: Befund und Deutung. Zum Verhältnis von Empirie und Interpretation in
                 Sprach- und Literaturwissenschaft, 169-92. Tübingen 1979

Hermann   Hermann Julius Hermann: Die deutschen romanischen Handschriften. Mit 44
                 Tafeln, davon 1 Farbenlichtdruck und 2 Heliogravuren und 236 Abbildungen im
                 Texte. Leipzig 1926 (= Beschreibendes Verzeichnis der illuminierten Hand-
                 schriften in Österreichn, N.F., 2)

Jellinek   M.H. Jellinek: Bemerkungen zum Notkertext. ZfdA 72 (1935) 109-12

Karg-Gasterstädt E[lisabeth] Karg-Gasterstädt: Notker Labeo. In: Die deutsche Literatur des
                 Mittelalters. Verfasserlexikon. Bd V (Nachträge), Hg. v. Karl Langosch.
                 Berlin 1955, Sp. 775-90 (L)

Kelle   Johann Kelle: Das Verbum und Namen in Notker's Boethius. SAWW 109 (1885)
                 229-316

Kelle 1883   Ders.: Rez. v. Piper, Die Schriften Notkers und seiner Schule, 1. AfdA 9
                 (1883) 313-29

Kelle 1888a   Ders.: Die philosophischen Kunstausdrücke in Notkers Werken. ABAW 18,
                 1. Abt. (1888) 1-58

Kelle 1888b   Ders.: Die S. Galler deutschen Schriften und Notker Labeo. Mit 6 Tafeln.
                 Ebenda (1888) 205-80

Kelle 1892   Ders.: Geschichte der Deutschen Litteratur von der ältesten Zeit bis zur
                 Mitte des elften Jahrhunderts. Berlin 1892

Kelle 1896   Ders.: Über die Grundlage, auf der Notkers Erklärung von Boethius De con-
                 solatione philosophiae beruht. SBAW (1896) Heft 3, 349-56

*Kelle 1901   Ders.: Die rethorischen Kunstausdrücke in Notkers Werken. ABAW 21, 3. Abt.
                 (1901) 445-54

King	James C. King (Hg.): Notker der Deutsche. Boethius' Bearbeitung der ‚Categoriae' des Aristoteles. Tübingen 1972 (= ATB 73) (L)
King 1975	Ders. (Hg.): Boethius' Bearbeitung von Aristoteles' Schrift ‚De interpretatione'. Ebda 1975 (= ATB 81) (L)
King 1979	Ders. (Hg.): Martianus Capella, ‚De nuptiis Philologiae et Mercurii'. Ebda 1979 (= ATB 87) (L)
Kruszewski	Anton Kruszewski: Die St. Galler Handschrift der Notkerschen Psalmenübersetzung und ihr Verhältnis zu den übrigen Schriften Notkers hinsichtlich des Anlautgesetzes und der Accentuation. In: Jahresbericht über das Kaiser-Karls-Gymnasium zu Aachen für das Schuljahr 1897/98, 3-13. Aachen 1898
L	mit reichen Literaturangaben
Lachmann	Karl Lachmann: Über althochdeutsche Betonung und Verskunst. In: Kleinere Schriften zur deutschen Philologie von Karl Lachmann, hg. v. Karl Müllenhoff, 1, 358-406. Berlin 1876. Gelesen 1831/32, 1834 in der Ak. d. Wiss. in Berlin
Laistner	M.L.W. Laistner: Thought and Letters in Western Europe, A.D. 500 to 900. London ^{2}1957 = Paperback, Ithaca/N.Y. 1966 (L)
Lindahl	Nils Lindahl: Vollständiges Glossar zu Notkers Boethius De consolatione philosophiae, Buch I. Diss. Uppsala 1916
Lloyd	Albert L. Lloyd, jr.: Vowel Shortening and Stress in the Old High German of Notker Labeo. JEGP 60 (1961) 79-101
Lloyd 1968	Ders.: Vowel plus *h* in Notker's Alemannic. In: Fs. Sehrt 1968, 109-21
Mazal	Otto Mazal: Buchkunst der Romanik. Graz 1978 (= Buchkunst im Wandel der Zeiten) (mit 100 teilweise farbigen photographischen Abbildungen) (L)
MBKDS	Mittelalterliche Bibliothekskataloge Deutschlands und der Schweiz. Bd I: Die Bistümer Konstanz und Chur, bearb. v. Paul Lehmann. München 1918
Meier	Gabriel Meier: Geschichte der Schule von Sankt Gallen im Mittelalter. Jahrbuch für Schweizerische Geschichte 10 (1885) 33-127
Meier, Catalogus	Catalogus codicum manu scriptorum qui in bibliotheca monasterii Einsidlensis O.S.B. seruantur. Descripsit P. Gabriel Meier O.S.B., bibliothecarius. Tomus I complectens centurias quinque priores. Einsiedeln und Leipzig 1899
Mohlberg, Katalog	Katalog der Handschriften der Zentralbibliothek Zürich. I. Mittelalterliche Handschriften. Von Leo Cunibert Mohlberg. Zürich 1951
Mohr	William Mohr: Is it Notker's *Anlautgesetz* or *Anlautsgesetz*? Modern Philology 71 (1973) 172-5
von Moos	Peter von Moos: Consolatio. Studien zur mittellateinischen Trostliteratur über den Tod und zum Problem der christlichen Trauer. 4 Bde. München 1971 (= Münstersche Mittelalterschriften, 3) (L)

Morciniec   Norbert Morciniec: Die nominalen Wortzusammensetzungen in den Schriften
                   Notkers des Deutschen. PBB (H) 81 (1959) 263-94 (L)

Müller   Rudolf Wolfgang Müller: Rhetorische und syntaktische Interpunktion. Unter-
                   suchungen zur Pausenbezeichnung im antiken Latein. Diss. Tübingen 1964 (L)

Näf   Anton Näf: Die Wortstellung in Notkers Consolatio. Untersuchungen zur Syn-
                   tax und Übersetzungstechnik. Berlin und New York 1979 (= AhdSG, 5) (L)

Naumann   Hans Naumann: Notkers Boethius. Untersuchungen über Quellen und Stil.
                   Straßburg 1913 (QF, 121)

Ochs   Ernst Ochs: Lautstudien zu Notker von St. Gallen (zum Oberdeutschen des
                   11. Jahrhunderts). Diss. Freiburg i.Br. 1911

Ochs 1913   Ders.: Zweierlei Notker? PBB 38 (1913) 354-8

Ostberg   K[urt] Ostberg: The 'Prologi' of Notker's 'Boethius' Reconsidered.
                   German Life & Letters 16 (1962/3) 256-65 (L)

Ostberg 1979/80   Ders.: Who Were the Mergothi? Ebenda 33 (1979/80) 97-101

Patch   Howard Rollins Patch: The Tradition of Boethius. A Study of his Im-
                   portance in Medieval Culture. New York 1935

Penzl   Herbert Penzl: Zur Erklärung von Notkers Anlautgesetz. ZfdA 86 (1955)
                   196-210

Penzl 1968   Ders.: Die Phoneme in Notkers alemannischem Dialekt. In Fs. Sehrt 1968,
                   133-50

Penzl 1971   Ders.: Lautsystem und Lautwandel in den althochdeutschen Dialekten.
                   München 1971

Penzl 1973   Ders.: Zur synchronischen und diachronischen Interpretation althoch-
                   deutscher Schreibungen. Phonetica 27 (1973) 36-43

Pickering   F[rederick] P. Pickering: Augustinus oder Boethius? Geschichtsschreibung
                   und epische Dichtung im Mittelalter - und in der Neuzeit. 2 Bde. Berlin.
                   I. Einführender Teil. 1967; II. Darstellender Teil. 1976 (PSQ, 39, 80) (L)

Piper   Paul Piper (Hg.): Die Schriften Notkers und seiner Schule. 3 Bde. Frei-
                   burg/Br. u. Tübingen 1882/83. (= Germanischer Bücherschatz, 8-10) 1, V,
                   XCVIII-CX, 3-363 Consolatio

Piper 1882   Ders.: Aus Sanct Galler handschriften. III. ZfdPh 13 (1882) 305-37,
                   445-79 (305-16, 461-63 Kollation v. CSg 825 u. CTur C 121)

PSQ   Philologische Studien und Quellen

QF   Quellen und Forschungen zur Sprach- und Culturgeschichte der germanischen
                   Völker

de Rijk   L.M. de Rijk: On the Curriculum of the Arts of the Trivium at St. Gall
                   from c. 850 - c. 1000. Vivarium 1 (1963) 35-86

SAWW   Sitzungsberichte der Akademie der Wissenschaften in Wien, philosophisch-
                historische Klasse

SBAW   Sitzungsberichte der Bayerischen Akademie der Wissenschaften, philo-
                logisch-philosophische und historische Klasse

Schatz   Josef Schatz: Althochdeutsche Grammatik. Göttingen 1927

Scherrer   Gustav Scherrer: Verzeichnis der Handschriften der Stiftsbibliothek von
                St. Gallen. Halle/Saale 1875. Nachdruck, Hildesheim und New York 1975

Schieb   Gabriele Schieb: *Sament, samt, ensamen, ensamt, zesamene*. Ein Ausschnitt
                aus dem Bereich 'zusammen' und seiner Bezeichnungen. PBB (H) 82, Sonder-
                band (1961) 217-34

Sehrt   Edward H. Sehrt (Hg.): Der Psalter nebst Cantica und katechetischen Stücken.
                3 Teile. Halle/S. 1952, 1954/55 (= Notkers des Deutschen Werke. Nach den
                Handschriften neu hg. v. E.H. Sehrt u. Taylor Starck, 3; ATB 40, 42/43)

Sehrt 1936   Ders.: *ze-zuo* in Notker. JEGP 35 (1936) 331-6

Sehrt/Legner   Ders. und Wolfram K. Legner: Notker-Wortschatz. Das gesamte Material
                zusammengetr. v. Sehrt und Starck, bearb. u. hg. v. Sehrt u. Legner.
                Ebda 1955

Sehrt/Starck   Ders. und Taylor Starck (Hg.): Boethius, De consolatione Philosophiae.
                3 Teile. Ebda 1933/34 (= NDW 1; ATB 32-34)

Sehrt/Starck 1934 Dies.: Zum Text von Notkers Schriften. ZfdA 71 (1934) 259-64

Sehrt/Starck 1935 Dies. (Hg.): Marcianus Capella, De nuptiis Philologiae et Mercurii.
                Halle/S. 1935 (= NDW 2; ATB 37)

Sehrt/Starck 1936 Dies.: Notker's Accentuation of the Prepositions *an, in, mit*. Modern
                Language Notes 51 (1936) 81-86

E. Sievers   Eduard Sievers: Zur accent- und lautlehre der germanischen sprachen.
                PBB 4 (1877) 522-39 u. 5 (1878) 63-163

E. Sievers 1920 Ders.: Steig- und Fallton im Althochdeutschen mit besonderer Berück-
                sichtigung von Otfrids Evangelienbuch. In: Fs. Braune, 148-98. Dortmund
                1920

P. Sievers   Paul Sievers: Die Accente in althochdeutschen und altsächsischen Hand-
                schriften. Berlin 1909 (= Palaestra, 57)

Sonderegger   Stefan Sonderegger: Althochdeutsch in St. Gallen. Ergebnisse und Probleme
                der althochdeutschen Sprachüberlieferung in St. Gallen vom 8. bis ins 12.
                Jahrhundert. St. Gallen u. Sigmaringen 1970 (= Bibliotheca Sangallensis,
                6) (mit 16 photographischen Abbildungen) (L)

Sonderegger 1971 Ders.: Die Frage nach Notkers des Deutschen Ausgangspunkt. In: Fs. de
                Boor 1971, 119-33

Sonderegger 1974   Ders.: Althochdeutsche Sprache und Literatur. Eine Einführung in das
                   älteste Deutsch. Darstellung und Grammatik. Berlin u. New York 1974
                   (= Sammlung Göschen, 8005) (L)

Sonderegger 1978   Ders.: Gesprochene Sprache im Althochdeutschen und ihre Vergleichbar-
                   keit mit dem Neuhochdeutschen. Das Beispiel Notkers des Deutschen von
                   St. Gallen. In: Ansätze zu einer pragmatischen Sprachgeschichte. Zürcher
                   Kolloquium, 1978. Hg. v. Horst Sitta. Tübingen 1980, 71-88

Sonderegger 1982   Ders.: Schatzkammer deutscher Sprachdenkmäler. Die Stiftsbibliothek Sankt
                   Gallen als Quelle germanistischer Handschriftenerschließung vom Humanismus
                   bis zur Gegenwart. St. Gallen und Sigmaringen 1982 (= Bibliotheca
                   Sangallensia, 7) (mit 20 photographischen Abbildungen) (L)

Sonnenburg   P[eter] Sonnenburg: Bemerkungen zu Notkers Bearbeitung des Boethius.
                   Programm des Königlichen Gymnasiums zu Bonn, Schuljahr 1886-87. Bonn
                   1887, 3-12

Steffens   Franz Steffens: Lateinische Paläographie. 125 Tafeln in Lichtdruck mit
                   gegenüberstehender Transkription nebst Erläuterungen und einer systema-
                   tischen Darstellung der Entwicklung der lateinischen Schrift. Berlin und
                   Leipzig ²1929

Steinmeyer   Elias Steinmeyer: SanGallensia. ZfdA 17 (1874) 431-504 u. 18 (1875)
                   160 (452-64, 504 Kollation v. CSg 825)

Steinmeyer 1873   Ders.: Zur ahd. litteraturgeschichte. ZfdA 16 (1873) 131-41

Studer   Eduard Studer: Leonz Füglistaller, 1768-1840. Leben und germanistische
                   Arbeiten. Diss. Basel. Freiburg (Schweiz) 1952

Tax   Petrus W. Tax (Hg.): Notker der Deutsche. Der Psalter. Psalm 1-50.
                   Tübingen 1979 (= ATB 84) (L)

Traeger   Franz Traeger: Studien zur Sprache von Notkers "Boethius". Programm des
                   Kgl. human. Gymnasiums in Landshut für das Studienjahr 1905/06.
                   Landshut 1906

Valentin   Paul Valentin: Althochdeutsche Phonemsysteme (Isidor, Tatian, Otfrid,
                   Notker). Zeitschrift für Mundartforschung 29 (1962) 341-56

Valentin 1969   Ders.: Phonologie de l'allemand ancien. Les Systèmes vocaliques. Paris
                   1969 (= Études linguistiques, 8)

Wissenschaft im MA   Wissenschaft im Mittelalter. Ausstellung von Handschriften und In-
                   kunabeln der Österreichischen Nationalbibliothek, Prunksaal 1975. (Bearb.
                   v. Otto Mazal, Eva Irblich, István Németh.) Graz ²1980 (mit 32, darunter
                   4 farbige, photographischen Abbildungen) (L)

Wittig   Joseph S. Wittig: King Alfred's *Boethius* and its Latin Sources: A Recon-
                   sideration. Anglo-Saxon England 11 (1983) 157-98 (L)

Zürcher   Josef Zürcher: Graphetik - Graphemik - Graphematik unter besonderer Be-
                   rücksichtigung von Notkers Marcianus Capella. Zürich 1978 (Diss. Zürich) (L)

EINLEITUNG

Allgemeines

§ 1. *Boethius'* De consolatione Philosophiae *und St. Gallen*. Die berühmte Trostschrift, die
der zu Tode verurteilte Staatsmann wohl kurz vor seiner Hinrichtung im Jahre 524 oder 525 im
Gefängnis unweit Pavia geschrieben hat, blieb fast 3 Jahrhunderte lang im Dunkel des frühen
Mittelalters verborgen, erlebte dann aber in der frühen Karolingerzeit eine Wiedergeburt, ja
einen Aufschwung, der das Werk, zumindest in gelehrten Kreisen, bis weit in die Neuzeit hin-
ein beliebt sein ließ. Im Mittelalter wurde es seit der 2. Hälfte des 9. Jahrhunderts zu
einem Schulbuch und es ist auch danach an vielen *collegia* und Universitäten, solange Latein
die Sprache der Gelehrsamkeit war, fleißig benutzt worden.[1]

Es gibt gewiß viele Gründe für diese Beliebtheit. Die *Consolatio* gehört wegen ihrer lite-
rarischen Form, der Alternierung von Prosa und Poesie, zu der Gattung der menippischen Satire
- was später einfach *prosimetrum* genannt wurde. Das Werk bot so nicht nur durchgehend eine
(spät)klassische römische Prosa, sondern auch Gedichte oder vielleicht sogar poetische Ge-
sänge (es gibt Hss. mit Neumen über diesen Texten) in mehreren klassischen Versmaßen (oder
Metren) von hoher Qualität. Auch die Philosophie als weibliche Gestalt (und wohl auch als
allegorische Personifikation für das *alter ego* von Boethius *persona*) mußte solange anziehend
wirken, wie der Geist, vielleicht auch das Herz, der Gebildeten mit so vielen anderen Per-
sonifikationen weiblicher Tugenden (und Laster) vertraut waren. Daß die *domina Philosophia*
über erhebliche rhetorische und logische Gaben verfügt, hat die meisten Leser vermutlich fas-
ziniert - in positivem oder negativem Sinne. Überhaupt war die Sprache, die da gemeistert
werden mußte, gewiß nicht leicht und stellte gerade für die engagierten Leser eine dauernde
Herausforderung dar.

Auch dem gedanklichen Gehalt nach hat das Werk viel zu bieten.[1a] Neuplatonisches,
stoisches, auch aristotelisches Gedankengut, das sich mehr oder weniger gut mit christlich-
dualistischem (die spätere "Frau Welt"-Thematik etwa) verbinden ließ;[2] auch grundlegende Ausführungen über philosophische und religiöse Begriffe wie den Wert der Güter und des Ehrenhaf-
ten dieser Welt im Vergleich mit dem *summum bonum* (die spätere Problematik des "ritterlichen
Tugendsystems"), über *fatum* und *fortuna, infortunium* und Providenz, Schicksal und Willensfrei-
heit. Die Tatsache, daß Boethius, der im Mittelalter allgemein als Christ, ja als christ-

---

1 Vgl. die Bibliographie in Bieler, Einl., XVI-XXVI; auch Brunhölzl, 26f., Laistner, 85-7,
  Gruber, 1-48, Courcelle, *passim*, Pickering, Patch, wie auch die einschlägigen Beiträge
  in Gibson.
1a S. die klare Übersicht über das Gesamtwerk in Pickering, I, 98-153.
2 Dazu vor allem jetzt von Moos; auch Silk ist noch immer beachtenswert.

licher Märtyrer galt, sich in dieser existentiell anmutenden Schrift nicht oder kaum in
christlicher oder biblischer Sprache äußert, hat zumindest im Mittelalter wohl eher posi-
tiv gewirkt, wird doch der Eindruck geweckt, daß man auf rein weltlichem, "heidnischem" Wege ganz weit kommen kann; oft brauchte man einen christlich-biblischen Überbau bloß mit
einigen Gedanken oder Worten der Anknüpfung aufzusetzen.

Damit sind wir schon bei Erklärung und Interpretation. Da die *Consolatio* seit der Karolingerzeit als Schulbuch in vielen Klosterschulen fungiert, wurde sie oft glossiert und erklärt[3]. Ja, fast alle Handschriften, die wir aus dem Mittelalter noch haben, sind in irgend-
einer Form kommentiert. In den meisten Fällen besteht der Kommentar aus oft sehr knappen,
aber nicht selten auch umfangreicheren, interlinearen und marginalen Glossen oder Scholien
- was Froumund von Tegernsee um 1000 als *glossica circumscriptio* (vgl. Naumann, 7) bezeichnet hat. Einige Male kommen auch laufende Kommentare vor, wobei der Text der *Consolatio* bloß
wortweise und oft stark abgekürzt nur insofern geboten wird, als er erklärt wird.

Seit etwa 900 gibt es zwei wichtige Gesamtkommentare zur *Consolatio*: einen sehr weit ver-
breiteten, der allgemein Remigius von Auxerre zugeschrieben wird und in mehreren Fassungen
und Formen auf uns gekommen ist, und den sogenannten *Anonymus S. Galli*, der weniger verbreitet und anscheinend in den meisten Fällen in einer kürzeren und in einer längeren Version
überliefert worden ist; die kürzere Form erscheint normalerweise als *glossica circumscriptio*,
die längere als laufender Kommentar.[4] Naumann nannte diesen anonymen Kommentar *X*, den des Remigius *R*, und auch ich werde diese Abkürzungen gelegentlich benutzen. Beiden gemeinsam sind
die vielen Worterklärungen durch synonyme Ausdrücke (in *X* auch öfters durch ahd. Glossen),
aber sonst ist *R* im allgemeinen durch viele philosophische, klassische und mythologische Er-
klärungen gekennzeichnet, *X* durch grammatische, syntaktische, rhetorische und logische und
biblisch-religiöse Verdeutlichungen; *X* befaßt sich weit mehr mit dem Trivium, *R* ist mehr ge-
lehrt und humanistisch. Beide Kommentare wurden als so unentbehrlich betrachtet, daß sie
schon vorhandenen *Consolatio*-Hss. als *glossica circumscriptio* beigeschrieben wurden, meistens
X allein oder *R* allein; da aber auch *R* fast immer namenlos blieb, finden sich vor allem nach
dem 10. Jahrhundert viele Hss. mit aus der (oder einer) "anderen" Fassung eingemischten Glossen. Die Lehrer und Studenten haben öfters einfach aus ihnen zugänglichen Hss mit Glossen oder
Kommentar das abschreiben lassen, was ihnen nützlich und relevant zu sein schien, und sie haben wohl nicht selten auch aus Eigenem geschöpft, wenn ihnen das Vorliegende fehlerhaft oder
nicht gut genug zu sein schien. Oft wurde auch eine glossierte Hs. oder ein laufender Kommentar
als Ganzes abgeschrieben, wobei auch wiederum die Glossen ergänzt oder verkürzt werden konnten.
Anscheinend ist die Anzahl der Variationen und der Varianten Legion. Methodisch ist allerdings

---

3 Glauche, bes. 29f., 59-61, 84f., 91-100; Courcelle, bes. 241-74 und den "Stammbaum",
   S. 269.
4 Naumann, Kap. 1; Courcelle, ebenda und 204-06.

wichtig, daß man bei später beigeschriebenen Glossen sorgfältig unterscheidet zwischen den beiden Phasen, und zwar (was oft übersehen wird und zu Verwirrung führt) in bezug auf die jeweilige Zeit der Niederschrift von Grundtext und Kommentar und gegebenenfalls auch auf die verschiedene Schriftheimat.

Es ist nicht verwunderlich, daß das gelehrte Kloster St. Gallen auch eine Vorliebe für Boethius und besonders seine *Consolatio* hatte. Obwohl vor Notker direkte Aussagen über dieses Interesse selten sind,[5] spricht Notkers Bemühung um die *Consolatio* und andere Werke des Römers buchstäblich Bände, und sein Lieblingsschüler, Ekkehard IV., schrieb seine *Casus S. Galli* auch kompositorisch im Zeichen der *fortuna/infortunium*-Dialektik. Vor allem sprechen die frühen Hss.-Kataloge der Stiftsbibliothek eine deutliche Sprache. Schon kurz vor 900 besaß die Bibliothek 2 oder 3 *Consolatio*-Hss., und noch im Katalog vom Jahre 1461 werden neben Notkers deutscher Bearbeitung 2 Hss. aufgeführt.[6] Leider lassen sich, wie so oft, solche Angaben mit heutigen Hss. nicht ganz zur Deckung bringen.

Welche Texte zur *Consolatio* zu Notkers Zeiten in St. Gallen vorhanden waren, ist zumindest teilweise feststellbar. Bis heute sind in der Stiftsbibliothek vorhanden CSg 844 und CSg 845.[7] Hs. 845 ist eine nicht mehr ganz vollständige Fassung des *Anonymus S. Galli* in der längeren Form und als laufender Kommentar überliefert (= G_1). Da sie anscheinend erst im 11. Jahrhundert geschrieben wurde, hat Notker sie kaum kennen können. Aber G_1 ist eine unmittelbare, oft ungeschickte Abschrift dieses Kommentars in CEins. 179 (= E_1), der im 10. Jahrhundert von einem St. Galler Schreiber in einer größeren Glossenschrift sehr sauber und übersichtlich geschrieben wurde.[8] Wann und wie E_1 nach Einsiedeln kam, ist unbekannt, es ist aber anzunehmen, daß die Hs. in St. Gallen war, bis G_1 daraus kopiert wurde. Es ist auch zu bedenken, daß das Kloster Einsiedeln erst 936 gegründet wurde, und man wird nicht sofort angefangen haben, Kommentare zur *Consolatio* statt des Primärtextes selbst zu sammeln.

CSg 844 (= *G*) weist neben einigen einleitenden Texten die *Consolatio* vollständig auf. Der Text wurde in St. Gallen geschrieben, nach früherer Auffassung im 9., nach heutiger

---

5 Man beachte aber z.B. den Umstand, daß die literarische Begegnung zwischen Notker
'   Balbulus und Hartmannus als *prosimetrum* gestaltet wurde.
6 Im "Verzeichnis der Privatbibliothek Hartmuts aus dem Jahre 883" werden 2 *Consolatio*-
   Hss. erwähnt (MBKDS, 87), im "Verzeichnis der Privatbibliothek des Abtes Grimald
   (841-872)" eine Hs. (ebenda, 89). Da die privaten Bände Grimalds nach seinem Rück-
   tritt im Jahre 872 gewiß der Stiftsbibliothek übergeben wurden (er starb 895/6),
   war sein *Consolatio*-Bd möglicherweise schon gegen 880 an Ort und Stelle, so daß Hart-
   mut ihn übernehmen konnte. Je nachdem gab es kurz vor 900 zwei oder drei *Consolatio*-
   Bde in St. Gallen. Der Katalog vom Jahre führt neben Notkers Fassung mindestens 2
   andere auf:
       G 11 Idem (= Boethius) de consolacione philosophie thetunice ...
       H 11 Boecius in pluribus et Prudencius./
       I 11 Idem de consolatu philosophico./
       K 11 Idem de eodem./   (MBKDS, 111)
7 S. Scherrer, 287f.; Bruckner, 3, 118; Bergmann, 31f. (Nr. 242 und 243).
8 Vgl. Meier, Catalogus, 142-44; Bruckner, 5, 178 und das Faksimile auf Tafel XXVII
   rechts unten, S. 109 der Hs.

meistens im 10. Jahrhundert.[9] Die Glosse, eine *glossica circumscriptio*, wurde im 10. Jahrhundert von éinem St. Galler Schreiber in einer ganz kleinen Glossenschrift beigeschrieben,
und diese Hand ist, wie ich glaube, mit der von E_1 identisch. Es handelt sich um die kürzere Fassung des *Anonymus S. Galli*. CSg 844 ist intensiv benutzt worden, so daß u.a. viele
Glossen abgerieben und nicht mehr oder kaum noch sichtbar sind. Eine der im Katalog vom
Jahre 1461 erwähnten *Consolatio*-Hss. war gewiß CSg 844. Ob CSg 845 die andere war, ist nicht
ganz klar, da ein bloßer Kommentar nicht unbedingt als *Consolatio*-Hs. gilt.

Auch die heutige Hs. Neapel IV.G.68 (= N) stammt aus St. Gallen. Sie enthält u.a. die
Consolatio in einer von CSg 844 etwas verschiedenen Fassung, die von einer französischen
Hand (Tours? Corbie? Fleury?) in der zweiten Hälfte des 9. Jahrhunderts geschrieben wurde.[10]
Es handelt sich dabei wohl um eine der beiden Grimalt-Hss. bzw. die Hartmut-Hs. (s. oben Fn.
6). Die Glosse wurde im 10. Jahrhundert oder etwas früher (kurz vor 900) von mehreren St.
Galler Händen in Glossenschriften verschiedenen Formats beigeschrieben, es ist wiederum die
kürzere Fassung des *Anonymus S. Galli*. Diese Glosse in N ist fast identisch mit der in G.
Da sie aber in G im Gegensatz zu N von éiner Hand geschrieben wurde, liegt es nahe, daß die
G-Glosse eine direkte Abschrift der N-Glosse ist. Wann N von St. Gallen nach Italien gewan-
dert ist, wissen wir nicht, ich möchte aber annehmen, daß es zur Zeit des Humanismus (oder
später) geschah. N war zu Notkers Zeiten gewiß noch in St. Gallen (s. unten, § 2). Die Hs.
war Jahrhunderte lang praktisch verschollen, bis der amerikanische Mediävist E.T. Silk sie
in den 30ger Jahren dieses Jahrhunderts wiederentdeckte.[11] Ich bin geneigt, sie eher als CSg
845 mit dem 2. *Consolatio*-Text im Katalog v. J. 1461 zu identifizieren.

Da der *Consolatio*-Text in G eine Abschrift der Tegernseer Hs. T (Clm 18765) ist, wurde
G in den früheren kritischen Ausgaben von Peiper (1871) und Weinberger (1934) kaum, der noch
unbekannte Text von N nicht berücksichtigt. Die neueste kritische Ausgabe der *Consolatio*,
die Ludwig Bieler für das *Corpus Christianorum* besorgt hat (1957), geht zwar auch kaum auf

---

9 Scherrer, Peiper, XI (nach C. Halm), Weinberger, XX (Nr. 69) und noch Bieler sind für
   das 9. Jahrhundert, Kelle 1896, 350, Courcelle, 270, Fn. 6, und Bischoff, wie angeführt
   bei Ostberg, 264 Fn. 11, für das 10. Bruckner, 3, 118 sagt: "In der Hauptsache von 1
   Hand, 10. Jh.", aber S. 25 Fn 101 und 37 Fn 183 weist er die Hs. der Mitte des 9. Jahrhunderts zu. Die frühe Zuweisung hängt oft mit dem Wunsch zusammen, G mit einem der
   Hartmut-Bände oder mit dem Grimald-Band zu identifizieren. Die Datierung scheint mir
   noch durchaus offen zu sein; nur eine genaue kodikologische Untersuchung kann hier
   weiterhelfen. Courcelles Angriff, ebenda, auf Kelle ist überflüssig, da Kelle ausdrück-
   lich G ins 10. Jahrhundert setzt. Courcelle aber datiert nur auf Grund des lateinischen Prologs. Da dieser aber der eigentlichen Hs. vorgeheftet wurde und selber bloß
   nach 919 entstanden sein muß, kann G selbst auch *vor* 919 geschrieben worden sein, der
   Prolog aber *muß* nicht im 10. Jahrhundert kopiert und angefügt worden sein; vgl. unten,
   § 8 zur Affiliation der Hss. Vgl. das Faksimile von G, S. 76, in Sonderegger, Abb. 7,
   gegenüber S. 144.

10 S. das Faksimile von fol. 77[v] bei Bieler, gegenüber dem Titelblatt; Bergmann, 83
   (Nr. 713).

11 Vgl. Bieler, Einl., XIV und Fn 25.

G ein, reiht aber N unter den frühesten und besten Hss. ein und berücksichtigt sie im
kritischen Apparat vollständig mit. Da Bielers Ausgabe auch sonst sehr zuverlässig ist,
benutze ich sie allgemein als Grundlage für meine Zitate und Hinweise.

Ob weitere St. Galler *Consolatio*-Texte, die Notker vorgelegen haben können, erhalten
sind, ist noch nicht genügend untersucht worden. Das gilt auch für weitere Glossen und
Kommentare zur *Consolatio*. Insbesondere ist der Remigius-Kommentar, den Notker gewiß benutzt hat, in und um St. Gallen für das Mittelalter nicht belegt.[12]

§ 2. *Notker, die* Consolatio *und die Kommentare.* Warum hat Notker die *Consolatio* bearbeitet?
Auch für ihn gibt es deutlich manche formale und vor allem inhaltliche Gründe.

Ein Hauptgrund war gewiß die muttersprachliche Aneignung des Lateins im Dienste höherer
pädagogisch-monastischer und letztlich religiös-theologischer Ziele.[1] Wie auch sonst zer-
legt Notker dabei zuerst den Grundtext in kleinere Einheiten, die dann jeweils mit Hilfe von
Glossen- und Kommentarmaterial übersetzt und weiter erklärt werden, nicht selten in einer
kombinatorischen Ineinsverarbeitung beider Schichten. Dabei zeigt sich einerseits oft Notkers
starkes Interesse an den *artes*: an Rhetorik und Logik sowie deren Abfolge in der "Behandlung"
des Boethius durch die Philosophie, an Grammatischem und Syntaktischem, an Arithmetik, Geo-
graphie und Astronomie. Andererseits beschäftigen ihn immer wieder philosophische, religiös-
theologische wie auch historische und klassisch-mythologische Fragen. Die vielen Exkurse,
die häufig fast nur auf deutsch abgefaßt worden sind,[2] bezeugen die besondere Faszination des
doctissimus magister Notker mit der Bildung und Gelehrsamkeit seines Zeitalters und deren
Weitergabe. Die Meisterschaft und Originalität von Notkers Übersetzungskunst offenbaren sich
hier überall; Notkers *Consolatio* zeigt auch, namentlich in der ersten Hälfte, Notkers Feinheiten in der Sprachgestaltung - diese Liebe zum Detail muß ihm viel bedeutet haben.

Als seinen Grundtext hat Notker, darin hatte Kelle recht,[3] den Text der *Consolatio* in G
(CSg 844, s. oben § 1) benutzt. Aber er ersetzt gelegentlich Wörter durch andere, läßt auch
etwas aus oder fügt, oft mittels der Abkürzungen *.i. 'idest'* oder *.s. 'subaudi'* (oder Ähnliches, auch *'scilicet'*), Varianten ein. Diese *uariae lectiones* lassen sich zwar nicht immer
quellenmäßig belegen, aber meistens lassen sie sich auch in G, N und/oder E_1 nachweisen.

---

12 Mit Ausnahme von Remigius' Kommentar zu Metrum III, 9, der, wenn auch namenlos, in
    E_1 und G_1 vorkommt; s. Courcelle, 406.

1   Für den berühmten Passus aus Notkers Brief an Bischof Hugo s. jetzt Hellgardt, 172, und
    seine Erläuterungen, 184-89. Zur Klosterschule im allgemeinen, s. Clark, *passim*, Meier
    und Dolch, § 11, vor allem de Rijk.

2   Besonders die ganze Reihe in Buch II, Kap. 10-15.

3   Kelle 1896, 350. Notkers *esset* for *foret* (7,30) findet sich als Glosse nur in G, das-
    selbe gilt für *respexi* statt *respicio* (14,19) und *triguillam* im Text selbst für das
    normale *Trigguillam* (21,19). Der 2. Apparat der Ausgabe wird manche andere Überein-
    stimmungen zwischen Notker und G verzeichnen.

Mehrere exklusive Übereinstimmungen zwischen Notkers Latein und dem Textmaterial in N
oder E_1 lassen darauf schließen, daß er auch N und E_1 gekannt und immer wieder benutzt hat.[4]

Aus pädagogischen Gründen hat Notker den Grundtext und damit sein eigenes Werk in Kapitel
aufgeteilt und jedes Kapitel mit einer Überschrift versehen. Diese Überschriften hat er anscheinend teilweise selbständig auf Grund von Text und Kontext formuliert, oft aber haben vor
ihm die Kommentare, vor allem der *Anonymus S. Galli*, Ähnliches getan, und Notker hat sich dadurch anregen lassen.

Wie in den meisten seiner übrigen Texte hat Notker auch in seiner *Consolatio* die Syntax
der Vorlage durchgehend vereinfacht, und zwar nicht nur die der Prosen, sondern auch die der
Metren (vgl. seine Bearbeitung von Martianus Capella, *De nuptiis*.). Auch hier haben pädago-
gische Gründe wohl eine wichtige Rolle gespielt. Aber, wie jüngst Herbert Backes in einer in-
formativen Analyse gezeigt hat, dürfte auch ein theoretisches syntaktisches Modell Notker ge-
leitet haben.[5] Backes' fruchtbarer Neuansatz muß allerdings konfrontiert werden mit der bisher übersehenen Tatsache, daß in G, Notkers Basistext, oft und vor allem in den Metren sogenannte "construe marks"[6] vorkommen, Gruppen von Punkten und Strichen, die gleichfalls die vorliegende Syntax vereinfachen oder zumindest verdeutlichen, indem sie andeuten, welche ge-
trennten Satzteile (Worte) näher zusammengehören. Da solche syntaktischen Zeichen sonst
meistens in "Schulbüchern", d.h. bei den Dichtern wie auch in Texten von *De nuptiis* und der
Consolatio, vorkommen, könnten auch andere *Consolatio*- wie auch *De nuptiis*-Hss., die Notker
vorgelegen haben, uns aber heute (noch) unbekannt sind, sie aufgewiesen haben. Auf jeden Fall
müssen zunächst diese Zeichen in G studiert werden; sie könnten von Notker selber stammen,
oder er fand sie vor und hat sich dann *nolens volens* mit ihnen auseinandersetzen müssen.

Für seine kommentierende Bearbeitung und seine Exkurse hat Notker viele Quellen benutzt.
Die ganze Problematik wird in der Einleitung meines *Notker latinus* zu dieser Neuausgabe der
Consolatio eingehend behandelt werden. Hier sei nur das Nötigste dazu gesagt.

Wie vor allem Hans Naumann ausführlich nachgewiesen hat,[7] benutzte Notker für seine durch-
gehende Kommentierung sowohl Remigius' Kommentar (R) wie den *Anonymus S. Galli* (X). Wie ich
oben dargelegt habe, war X Notker in einer längeren (E_1) und in einer kürzeren Fassung (G
und N) zugänglich, und ich zweifle nicht, daß er diese 3 Texte immer wieder benutzt und ex-
zerpiert hat (der *Notker latinus* wird zahlreiche weitere Belege bringen).

---

4 So haben nur Notker und N in 20,29 *inferrent* und in 28,25 *epi*; besonders treffend ist
   das Fehlen von *liberos* in 63,26 bei Notker: N hat über dem Wort Tilgungszeichen. Die Lesart *hunc* für *huncine* hat Notker nur mit einer Glosse in E_1 gemein (36,19) und die Präposition *in* (34,2) bei *inhabitare in ea* findet sich nur als Glosse in E_1: *in illa patria*
   angedeutet.
5 Backes, 31-64; es handelt sich um einen St. Galler Traktat über grammatische und syntaktische Fragen in 4 Teilen. Es ist eine merkwürdige Koinzidenz, daß nun auch Anton Näf
   sich, bes. 78-83, mit diesem Traktat, der schon ein Jahrhundert lang gedruckt vorliegt
   aber bisher nahezu totgeschwiegen wurde, im Hinblick auf Notkers Sprachleistung beschäftigt.
6 Einige sind Sonderegger, Abb. 7, zu sehen. Vgl. im allgemeinen Bischoff 1979, 218 mit
   weiterer Literatur in Fn 63.
7 Naumann, Kap. 2.

Auch von Remigius' Kommentar muß Notker mindestens ein Exemplar zur Verfügung gehabt haben. Leider ist ein solcher Gesamtkommentar in St. Gallen unbekannt und für die Stiftsbibliothek und nähere Umgebung nicht belegt. Entweder gab es ein Exemplar in der Bibliothek, das dann irgendwann nach der Benutzung durch Notker wieder verschwand, oder Notker hat sich ein Exemplar (oder auch mehr als eins) eine Zeit lang von einer anderen Bibliothek ausgeborgt. Dieses Exemplar kann selbst erhalten sein oder auch nicht.

Nun beschäftigen mein Kollege Joseph Wittig und ich uns schon Jahre lang mit den glossierten Hss. der *Consolatio*, vor allem im Hinblick auf zuverlässige und brauchbare Ausgaben von X und R; dabei hatte sich Wittig vor allem der Hss. von R angenommen, während ich mich zunächst um X kümmern würde. Wie oben angedeutet, ist die Textlage von X, was Notker betrifft, nicht sehr schwierig. Wittigs Untersuchungen dagegen haben die Textlage von R schon dadurch sehr viel komplexer gemacht, als er etwas 25 mehr R-Hss. aufgespürt hat über die etwa 30 hinaus, die Courcelle schon aufgeführt hatte.[8] Wittigs *Prolegomena* zu einer Ausgabe sind in Arbeit und werden in Form einer Monographie zuerst erscheinen; die Herausgabe des Kommentars des Remigius (oder vielmehr der Kommentare des "Remigius") kann schon wegen der vielen Varianten befriedigend wohl nur mit Computer bewerkstelligt werden, und Wittig ist auch in dieser Hinsicht schon weit fortgeschritten. Aber bisher ist es noch nicht gelungen, eine der so zahlreichen R-Hss. als *die* Quelle für Notkers Übernahmen aus R festzumachen, und die Lage würde dadurch nicht einfacher werden, falls Notker mehrere R-Exemplare benutzt hat oder "sein" Exemplar doch nicht erhalten geblieben wäre.[9] Meine Ausgabe von X ist gleichfalls in Arbeit; ich habe N, G und E_1 ganz abgeschrieben und G sowie E_1 an Ort und Stelle kollationiert und untersucht.[10] Während meiner nächsten Forschungsreise werde ich versuchen, die restlichen Texte zu studieren.

---

8 Courcelle, 405f. bietet eine (vorläufige) Übersicht der Hss. Meine Information beruht auf einem Referat, "Commentary on *de consolatione philosophiae*", das Wittig im Mai 1985 während eines Kolloquiums über "Boethius and the Middle Ages" am Warburg-Institut der University of London gehalten hat. Ich danke ihm auch hier sehr freundlich für die Überlassung einer Kopie. Vgl. (auch vorläufig) die neuere Übersicht bei Wittig, 186-89.

9 Neben schon Naumann bekannten Hss. wie K (Maihingen I, 2, lat. 4, 3), Y (Clm 19452), Tr (Trier 1093) werden wegen auffälligen Übereinstimmungen mit Notker u.a. in die engere Wahl gezogen werden - vgl. Courcelle, 405f. - : Paris lat. 15090 (aus Toul), Vat. Pal. lat. 1581 (aus Lorsch), Clm 14836, London, Harley 3095, sowie die Courcelle noch nicht bekannten Hss. Antwerpen M. 16.8 (*olim* Plantin-Moretus lat. 190), Vat. lat. 3363 und Paris 6639. Einige dieser Hss. sind für Notker als direkte Vorlagen zu spät, so daß auch hier mit Verlusten gerechnet werden muß.

10 Zu einer Kollation von N an Ort und Stelle bin ich noch nicht gekommen. Ich habe aber einen ausgezeichneten Mikrofilm dieses *Consolatio*-Textes benutzen können, den das *Corpus Christianorum* mir zur Verfügung gestellt hat (es ist derselbe Film, den Ludwig Bieler für seine Neuausgabe der *Consolatio* benutzt hat), und ich möchte auch hier Dom Eligius Dekkers sehr herzlich für seine Bereitwilligkeit danken, mir den Film zu schicken und auf Jahre hinaus zum Gebrauch zu überlassen.

Naumann hatte auch darauf hingewiesen (72), daß Notker ab und zu eine Variante aus *R*
für eine *uaria lectio* in seinem *Consolatio*-Text benutzt. Da Naumann aber die *X*-Überliefe-
rung bei weitem nicht ausgeschöpft hatte[11] und ich noch nicht weiß, welche *R*-Hs(s). Notker
gekannt hat, habe ich mich entschlossen, Hinweise auf *R* für solche *uariae lectiones* im 2.
Apparat der Ausgabe auszulassen; der *Notker latinus* wird manche neue und wohlbegründete Lösung alter Probleme bringen, und die wenigen von Notker aus *R* übernommenen Textvarianten werden dort leicht nachgetragen werden können.

Die Überlieferung

§ 3. *Übersicht.*[1] Im Einzelnen kommen folgende Texte zum Abdruck:

1. *A*: Hs. 825 der Stiftsbibliothek in St. Gallen. Sie enthält auf S. 4-271 den bis auf eini-
   ge abgeschnittene Wörter und Buchstaben vollständigen Text von Notkers *Consolatio*. Erste
   Hälfte des 11. Jahrhunderts (wohl um 1025).
   Ausgaben: Sehrt/Starck, 1-397; Piper, 1, 1-363; Hattemer, 3, 7-255; Graff.[2]
   Abbildungen: S. 5 und 6: Sonderegger 1982, Abb. 6 und 7.
               S. 97: Bruckner, 3, Taf. XLII.
               S. 271: Sonderegger, Abb. 13 gegenüber S. 156.
               S. 6 und 7, 110 und 111, 184 und 185: diese Ausgabe gegenüber den entsprechen-
               den Seiten zu Anfang eines jeden Bandes.
   Besprechung: Scherrer, 278f.; Bruckner, 3, 118; Sehrt/Starck, V-XX und 398-403; Sehrt/
                Starck 1936; Sehrt 1936; Jellinek; Sonderegger, bes. 85-91; Ostberg; Ostberg
                1979/80; Kelle; Kelle 1888a; Kelle 1896; Kelle 1901; Naumann; Ochs; Lloyd;
                Lloyd 1968; Steinmeyer; Kelle 1883, 313-17; Piper, V; Piper 1882, 305-16;
                Sonnenburg; Traeger; usw.

Die Fragmente (aufgeführt nach der Reihenfolge von Notkers *Consolatio*):

2. *G*: Hs. 844 der Stiftsbibliothek in St. Gallen. Sie enthält auf S. 1-3 den lateinischen
   Prolog, aber ohne Überschrift, entsprechend *A* 4, 2-5, 8. S. 1-4 bilden ein Doppelblatt,
   das der eigentlichen Hs. vorgeheftet wurde; *G* enthält danach einen lateinischen Text der

---

11   Es wird wohl ein Rätsel bleiben, warum Naumann, der für seine Untersuchungen 3 Einsiedler
    Hss benutzt hat (S. IX: CCEins 302, 322 und 149), sich über den reichhaltigsten und am
    deutlichsten geschriebenen CEins 179, *E*₁, ausschweigt und ihn offensichtlich nicht kennen-
    gelernt hat. *N* war zu der Zeit noch nicht wiederentdeckt worden.

1   Mit Ausnahme von *W* habe ich alle Texte im Original an Ort und Stelle kollationieren und
   studieren können. Auch standen mir von allen Texten ausgezeichnete photographische Repro-
   duktionen zur Verfügung. Meinem Kollegen Joseph Wittig möchte ich auch hier freundlich für
   eine Kopie seiner eingehenden Kollation der ganzen Hs. *W* danken, Frau Dr. Eva Irblich für
   liebenswürdig gegebene Informationen zu Einzelstellen in *W*.

2   Graff hat im selben Jahr den Text nochmals herausgebracht: 'Althochdeutsches Lesebuch (!)
   enthaltend die althochdeutsche Übersetzung der Consolatio des Boethius' (Berlin, Nicolai).
   Ich kenne diese Ausgabe nicht, sie zeugt aber doch wohl eher von nationalistischen und
   altertümelnd-deutschen Bestrebungen als von einer neu entflammten Liebe für Boethius.

Consolatio (mit einigen einleitenden Texten) und *X* als *glossica circumscriptio*. 10. Jahrhundert? Erste Hälfte des 11. Jahrhunderts?

Ausg.:   keine.

Abb.:   keine.

Bespr.:   Scherrer, 287; Bruckner, 3, 118; Bergmann, 31 (Nr. 242); Naumann, 72f.; Kelle
            1896, 350; Courcelle, 270f.; Ostberg; Ostberg 1979/80.

3. *W*: Hs. 242 der Österreichischen Nationalbibliothek in Wien. Sie enthält auf f. 84^V-85^V
   gleichfalls den lateinischen Prolog ohne Überschrift, entsprechend *A* 4, 2-5, 8. Vorher
   geht der lateinische Text der *Consolatio*, so daß der Prolog als Epilog fungiert. Mitte
   des 11. Jahrhunderts.

Ausg.:   keine.

Abb.:   keine des Prologs selbst. Dieselbe Hand und Aufmachung findet sich aber:
            F. 70^r: Mazal, Taf. 33 (mit S. 34; oben Initiale D)
            F. 13^r: Hermann, 44, Fig. 22 (Ausschnitt, aber mit Initiale P).

Bespr.:   Eva Irblich in Wissenschaft im MA., 110f. (Nr. 54); Hermann, 44f.; Naumann,
            72f.; Ostberg; Ostberg 1979/80.

4. *D*: Hs. C 121 der Zentralbibliothek in Zürich. *D* ist eine Sammelhandschrift, die aus St.
   Gallen stammt. Sie enthält auf f. 49^V-51^V Metrum III, 9 der *Consolatio* Notkers, aber
   ohne Überschrift, entsprechend *A* 148, 25-151, 19. Erste Hälfte des 11. Jahrhunderts, wohl
   etwas jünger als *A*.

Ausg.:   Sehrt/Starck, 191-95; Piper 1882, 461-63 (diplomatischer Abdruck); Hattemer,
            3, 128-31.

Abb.^3:   F. 51^r: Fischer, Taf. 11a.

Bespr.:   Mohlberg, Katalog, 59 und 362 (Nachtrag); Bruckner, 3, 127; Sehrt/Starck,
            VI-IX und 398; Piper, V-XII; Piper 1882, 464f.; Hattemer, 3, 530f.; Hellgardt,
            176 und Fn 12; Fischer, 13*.

K o d i k o l o g i s c h e s

§ 4. *A: Allgemeines*. Der nahezu vollständige Text von Notkers *Consolatio* steht in A, S. 4-271.
Diese Sammelhs., die von Ildefons von Arx (Stiftsbibliothekar, 1824-33) paginiert wurde, enthält auch eine unvollständige Abschrift von Notkers Bearbeitung der *Categoriae* (s. King, VIIf.)
auf S. 275-338 und einen Auszug aus einem lateinischen Glossar (S. 339-42, 9. Jh.).

Die Hs. ist in einen modernen dunkelbraunen Ledereinband ohne Schließen gebunden. S. 1-2
bilden ein Vorsatzblatt aus Papier, auf S. 1 steht eine Notiz in von Arx' Hand., S. 2 ist leer.

---

3 Dieselbe Hand zeigt sich auch sonst in *D*, so auf f. 28^r, wo die Abhandlung QUID SIT
  SYLLOGISMUS beginnt; s. Bruckner, 3, Taf. XLI rechts.

S. 3-4 sind aus Pergament; mit diesem Blatt beginnt die erste Lage der Hs. Was die *Consolatio*
betrifft, besteht *A* aus 17 regelmäßigen Quaternionen (17 x 4 Doppelblätter = 17 x 16 Seiten =
272 Seiten): S. 3-274.[1] S. 3 zeigt oben rechts die rote Signatur 825, gleich darunter eine
ältere, schwarze, *D.n. 190.*, von Pius Kolb (Stiftsbibliothekar, 1748-62). In der Mitte der
oberen Hälfte der Seite steht eine 7-zeilige Notiz, unterzeichnet *P.P.K.*, zweifellos Pater
Pius Kolb. In der Mitte der unteren Hälfte findet sich schwarz der Abteistempel aus der Ba-
rockzeit. Mitten auf dem unteren Rand hat eine Hand des 15. Jahrhunderts in einer Bastarde
geschrieben: *liber monasterij sc̄ galli 1490*; es ist dieselbe Hand, die auch sonst in *A* die
Ränder für Beschriftungen benutzt hat. Einige Federproben stehen auf dem oberen Rand und unter der Notiz von Kolb. S. 272-74 sind leer, nur daß S. 272 nochmals den Abteistempel trägt.

Das Pergament ist gemischt, die Doppelblätter können dick oder dünn sein. Bei dünnem Pergament kann es leicht vorkommen, daß die Beschriftung der anderen Seite durchscheint, so daß
gewisse Stellen auf Film oder Photographie als Rasuren aussehen, es aber nicht sind. Das Pergament ist meistens weißlich und sauber.[2] Die normale Tinte ist dunkelbraun, die Tinten für
Rubrizierung können dunkelrot, rot oder orange sein. Die Liniierung wurde mit Griffel angebracht, die Zirkellöcher wurden aber fast immer abgeschnitten (Ausnahme z.B. S. 33/34).

Der *Consolatio*-Text wurde zweifellos im St. Galler Skriptorium wohl um 1025 geschrieben,
und zwar in der Hauptsache von einer Hand (= *A1*). Wie schon Piper und Sehrt/Starck festge-
stellt haben,[3] hat eine zweite Hand, *A2*, S. 177, 1-17, eine dritte, *A3*, S. 177, 18-30 und
S. 178, ganz, geschrieben; die Hände *A2* und *A3* erscheinen in *A* nur hier, auf dem letzten
Blatt der 11. Lage.[4]

---

1 So schon richtig Kelle 1883, 313f. gegen Piper.
2 Aber die Qualität des Pergamentes ist nicht immer gut. Es gibt manche ursprüngliche, auch
   größere Löcher auf den Rändern, nicht selten auch im Schreibraum, so z.B. 43/44 (Außenrand)
   47/48 unten, 61/62 unten (Innenrand), 65/66 unten, 109/10, 19-20 (großes Loch im Text), 22
   und 28-29 (jeweils kleines Loch im Text). Es scheint gelegentlich die Qualitätskontrolle ge-
   fehlt zu haben. Ob das Kloster zu dieser Zeit auch wirtschaftlich heruntergekommen war? Vgl
   Kelle 1892, 266f., und zu *De nuptiis* King 1979, XVIIf. Die Löcher im Schreibraum habe ich
   im 1. Apparat vermerkt, die auf den Rändern normalerweise nicht.
3 Piper 1882, 315, Sehrt/Starck, V.
4 Es ist möglich, daß das heutige Blatt 177/78 nicht ursprünglich ist sondern eine frühe Re-
   paratur. Leider läßt sich mit meinem Mikrofilm nicht feststellen, ob 177/78 irgendwie an
   das ursprüngliche Gegenblatt 163/64 angeklebt worden ist.
   Die Frage, ob es in St. Gallen gewisse "Notker-Hände" gab, d.h., Schreiber, deren Auftrag
   es war, die oft nicht leichten Notker-Texte abzuschreiben, ist bisher kaum gestellt worden.
   Doch wäre eine positive Antwort in mancher Hinsicht wichtig, etwa im Hinblick auf techni-
   sche Einheitlichkeit, Dialektformen im Deutschen, Abweichungen von Notkers Idealen, usw.
   Hier können nur erste Hinweise gegeben werden - vgl. Piper 1882, 322.
   Folgende Feststellungen dürften von Belang sein. Hand *A1* ist identisch mit der Hand β, die
   vor allem Notkers *De nuptiis* von 93,2 bis zum Schluß geschrieben hat; s. King 1979, XX, und
   vergleiche sein Faksimile von S. 93, Z. 2-Ende, gegenüber S. 93, etwa mit der Abbildung 13
   von *A* 271 in Sonderegger, gegenüber S. 156. Und *A3* ist identisch mit der Hand, die das
   Fragment *D* geschrieben hat. Es darf hinzugefügt werden, daß Hand α von *De nuptiis* (s. King,
   ebenda) - sie hat fast den ganzen Text bis 93,2 geschrieben - mit der Hand identisch ist,
   die Notkers *De musica* in CSg 242, S. 10-16, kopiert hat; vgl. das Faksimile von S. 57 in
   King 1979, gegenüber S. 57, oder das von S. 29 bei Bruckner, 3, Taf. XLII rechts oben, mit
   Bruckner 3, Taf. XLI links, S. 10 von CSg 242.

Die Haupthand A1 ist eine nicht sehr runde, ziemlich schlanke und meistens etwas rechts-
geneigte spätkarolingische Minuskel, die vor allem gegen Ende von A die Tendenz hat, spitzig
zu werden (s. die Faksimiles). Die Ober- und Unterlängen sind nicht sehr lang, so daß die
Schrift oft kompakt und etwas gedrungen wirkt, aber die Majuskeln heben durch ihr großes Format diesen Effekt wieder etwas auf. Im Duktus differenziert Hand A1 meistens stark zwischen
dünnen und dicken Strichen. Die Hand ist allgemein sehr geübt und überaus deutlich.

Doch ist die Hand in mehrfacher Hinsicht variabel. Zunächst kann sie, vor allem in Buch
III, sehr ungleichmäßig, ja plump aussehen, wobei dann die Buchstaben mit breit geschnittener
Feder groß und weniger gut proportioniert niedergeschrieben erscheinen. Rauheres Pergament ist
vielleicht daran schuld, aber wohl eher eine große Eile beim Schreiben. Die Hand hat aber anscheinend auch eine Vorliebe für größere Buchstaben. Sie schreibt nämlich die erste(n) Zeile(n)
mancher Seiten in kleiner Schrift, so daß diese Zeilen sehr gefüllt werden, um dann bald in
ein größeres Format hinüberzuwechseln mit weit weniger Zeichen pro Zeile. In Buch III ist A1
oft durchgehend groß, in Buch IV und V dagegen meistens sehr klein und manche Zeilen sind über-
füllt; es sieht so aus, als ob nicht genug Pergament zur Verfügung gestanden hätte, so daß der
Schreiber mit wenig Raum für viel Text auskommen mußte.[5]

Hand A2 ist im Duktus A1 sehr ähnlich, wenn auch etwas runder; sie ist groß und kräftig.
Einige Buchstabenformen sind verschieden von denen in A1, vor allem A, T, U und g; auch
schreibt A2 neben dem h-förmigen z das heutige, während A1 nur das erstere kennt.

Dagegen schreibt Hand A3 verhältnismäßig klein, die Ober- und Unterlängen sind, mit Ausnahme des langen s, nicht oder kaum verkürzt und die Rechtsneigung ist etwas stärker, vor
allem vielfach bei langem s, f, h, k und l. Die Schrift wird allerdings auf S. 178 recht viel
größer, offensichtlich um einen optimalen Anschluß an die nächste Lage zu erreichen, die wohl
schon, von Hand A1 geschrieben, fertig vorlag, oder zumindest angefangen worden war.

A zeigt auf den Außenrändern, gelegentlich auch auf den Innenrändern, allerlei gleichzeitige
Zeichen, die kodikologisch von Belang sein können: Buchstaben, Punktgruppen, Striche. Im allgemeinen scheint deren Zweck zu sein, auf etwas in der (danach oder davor stehenden) Zeile aufmerksam zu machen. Das können vor allem bei den Buchstaben e, N und r verbesserungsbedürftige
Stellen sein (s. unten, § 6), gelegentlich steht ein Buchstabe auch als Vorwegnahme einer
(später einzutragenden) Initiale oder Majuskel. Auch Gruppen von 2 oder 3 Punkten fungieren
offensichtlich als Hinweise auf solche besonderen Buchstaben oder auf vorzunehmende Verbesserungen. Aber in manchen Fällen ist nicht deutlich, warum Punkte und vor allem Striche angebracht wurden.[6] Ich habe es deshalb für nützlich gehalten, solche Zeichen regelmäßig im 1.
Apparat zu erwähnen, gerade auch dann, wenn irgendein Zweck nicht erkennbar ist.

---

5   Ein weiteres Zeichen von Armut? S. oben Fn 2.
6   So steht 80,7 vor der Initiale E auf dem Rand nicht nur ein kleines e sondern auch die
    Punktgruppe .·.. Vor 90,10 deutet dieselbe Punktgruppe wahrscheinlich an, daß *muros* zu
    mures verbessert werden soll (die Korrektur unterblieb), aber die Funktion von .·. vor
    105,14 ist nicht deutlich.

Im Zusammenhang mit der Erwähnung von *inextricabilem laborinthum* durch Boethius (176,15) hat *A* dort Z. 19-28 im Text eine Federzeichnung eines Labyrinths.[7]

A ist im allgemeinen gut erhalten. Die Hs. wurde anscheinend noch im späten Mittelalter und im frühen Humanismus benutzt. Darauf weisen nicht nur die Kolumnentitel in einer spätgotischen Bastarde auf dem oberen Rand fast aller Seiten hin,[8] sondern auch Randnotizen in meistens derselben Hand und die auch in Hs. *R* des Psalters vorkommenden spätmittelalterlichen Händchen mit ausgestrecktem Zeigefinger.[9]

Leider ist die Hs. an einigen Stellen auch beschädigt (abgesehen von etwas Wurmfraß am Anfang). S. 5/6 hat sich mal gelöst, ist aber unter geringem Textverlust neu angeklebt worden. S. 255/6 wurde die obere Außenecke unter Textverlust in Z. 1-3, S. 257/8 der obere Außenrand unter Textverlust in Z. 1-2 abgeschnitten oder abgerissen. Auf S. 243/44 gibt es von Z. 2-23 in der Mitte des Blattes einen großen Fleck. S. 259, 262, 267, 270 und 271 sind verschmutzt, S. 67 ist stark abgerieben; da es die erste Seite der 5. Lage ist, war die Hs. vermutlich zumindest an dieser Stelle eine Zeit lang nicht fest gebunden. Auch S. 197 ist ziemlich stark abgerieben. S. 259/60 unten wurde nach der Beschriftung eingerissen, der Riß dann aber genäht. Weitere zugenähte Risse finden sich S. 97/98 unten, 113/14 oben und 157/8 unten; da sie aber nicht im Schreibraum sind, können sie alt sein.

Format: ca. 28 x 21 cm; Schreibraum: ca. 23 x 17 cm. Jede Seite hat 30 Zeilen mit Ausnahme der 5. Lage, S. 67-82, die aus ungeklärten Gründen 29 Zeilen pro Seite enthält. Die Zahl der Zeichen (Spatien) pro Zeile wechselt stark nach Maßgabe der größeren oder kleineren und engeren Schrift; sie reicht von etwa 45-55 in großen Teilen von Buch I-III bis 55-90 (oder mehr) auf vielen Seiten von Buch IV und V. Es wird daher wohl unvermeidlich sein, beim Abdruck gelegentlich aus einer sehr langen Zeile deren zwei zu machen.

§ 5. *A: Hierarchie der Schriften.*[1] Die Hs. *A* ist offensichtlich eine Gebrauchshandschrift, nicht ein irgendwie vornehmer oder repräsentativer Codex. Die Anwendung verschiedener, hierarchisch abgestufter Schriften erscheint daher - etwa im Vergleich mit der Hs. *R* von Notkers Psalter - als weniger differenziert.

Zuerst ein paar Feststellungen zum Aufbau und zur Einteilung der Bearbeitung. Das Werk beginnt mit einem lateinischen Prolog, der anschließend von Notker frei ins Ahd. übertragen wurde Dann folgt die eigentliche *Consolatio*-Bearbeitung.

---

7 Vgl. jetzt Haubrichs, bes. 74 mit Schema 3, Typ A/7, und 161 mit Abb. 10, und Batschelet-Massini.

8 Diese Hand schreibt regelmäßig die Buchangabe der *Consolatio* oben auf den Rand, etwa: *primus (secundus, etc.) liber boecij*, auch abgekürzt: *.1. lib.* oder ausführlich, wie 137: *.3. liber boetij de consolatu philosophico.·*, (man beachte dieselbe humanistisch klingende Bezeichnung für die *Consolatio* wie im Katalog von 1461, oben § 1, Fn 6).

9 So steht vor 36,13 die Angabe *.12.*, auf S. 97 ein Hinweis auf den Globus im Kloster St. Gallen, 154, 25/26 und 228,25/26 die Notiz *nō h'* (= *nota hic*), usw. Händchen finden sich etwa zu derselben Stelle auf S. 97 (s. das Faksimile dieser Seite bei Bruckner, 3, Taf. XLII), 67 unten, 72 Mitte, 91 unten, 140 Mitte, 213 Mitte, 233 oben. All diese Hinweise betreffen meistens philosophisch oder mythologisch wichtige Stellen

1 Vgl. Tax, Einl., § 4

Notker hat die Einteilung der *Consolatio* in 5 Bücher beibehalten, Anfang und Ende eines jeden Buches werden durch *Incipit*- bzw. *Explicit*-Formeln gekennzeichnet. Aber wie in den meisten seiner übrigen Werke hat er auch hier eine weitere Einteilung in Kapitel oder Abschnitte angebracht, wobei der Inhalt eines jeden Abschnitts durch eine lateinische Überschrift (eine Art von *titulus*) knapp angedeutet wird.[2] Buch I enthält 31 Kapitel, II 52, III 124, IV 56 und V 49; Kapitel 49 von Buch V ist *EPILOGUS* überschrieben und die *Explicit*-Formel zu diesem Buch folgt anschließend und beendet Notkers Werk, so daß dieser Epilog zu Boethius' *Consolatio* gehört, nicht primär zu Notkers. Da Boethius selber sein Werk mit einer Art Epilog abschließt, hat Notker es wohl nicht für nötig gehalten, seinen eigenen Prolog durch einen eigenen, zweiten Epilog zu ergänzen.

Der Text ist durchgehend in einer dunkelbraunen bis schwarzen (spät)karolingischen Minuskel geschrieben. Es wird also nicht, wie in Hs. *R* oder Bruchstück *X (SP)* des Psalters, der Primärtext durch Rubrizierung oder einen größeren Schriftgrad hervorgehoben. Neue Sätze beginnen normalerweise mit einem entsprechenden Großbuchstaben, die Anfänge eines jeden neuen Kapitels aber mit einer 3-4 Zeilen hohen rubrizierten Initiale;[3] das gilt auch für den deutschen Prolog, während der lateinische mit einer 7-8 Zeilen hohen, also doppelt so großen, rubrizierten Initiale einsetzt.

Die Kapitelüberschriften sind in einer etwa 2 Zeilen hohen *Capitalis rustica* mit orange oder roter Tinte geschrieben, der jeweilige erste Buchstabe (nur einmal, in Abschnitt IV, 14, innerhalb der Überschrift) ist etwas größer als die folgenden. Auch die *Incipit*- und *Explicit*-Formeln erscheinen in einer rubrizierten *Capitalis rustica*, gleichfalls mit etwas höheren Anfangsbuchstaben, aber in etwas größerem, etwa 2,5 Zeilen hohem, Format. Kapitälchen sind sehr selten. Sie kommen, abgesehen von einigen Ligaturen, nur 97,16 zweimal (Hinweise auf das Kloster St. Gallen und den mit Notker gleichzeitigen Abt Burchard)[4] vor, und vielleicht 177,7, das M in der Abkürzung DM = DEUM am Satzanfang. Im ersteren Fall ist die (über bloße Minuskel hinaus) auszeichnende Funktion ohne weiteres klar.

Da öfter die rubrizierten Kapitelinitialen durch eine Punktgruppe oder den entsprechenden Kleinbuchstaben auf dem Rand angedeutet erscheinen, wurden sie wohl nachträglich eingetragen;

---

2 Die Überschrift fehlt vor III, 1, das Fehlen ist aber wohl zufällig und durch den Seitenwechsel (die *Incipit*-Formel zu Buch III steht noch auf S. 108, der erste Abschnitt beginnt mit entsprechender Initiale auf S. 109) verschuldet, d.h., der Schreiber hat die Überschrift abzuschreiben vergessen. Im Gegensatz zu Piper, aber mit Sehrt/Starck habe ich dieses Kapitel als III, 1 mitgezählt.

3 Es gibt nur eine Ausnahme: Das am Zeilenanfang stehende *Sedet* (224,11) weist eine solche rote Kapitelinitiale *S* auf. Ob dies Zufall ist, oder ob hier, zwischen den heutigen Abschnitten IV, 48 und 49, ein weiteres Kapitel anzusetzen ist, läßt sich nicht entscheiden; es ist aber möglich, daß eine Kapitelüberschrift weggefallen ist. In diesem Falle hätte Buch IV nicht 56, sondern 57 Abschnitte.

4 S. das Faksimile dieser Seite bei Bruckner, 3, Taf. XLII.

darauf weist auch der Umstand hin, daß ab und zu (z.B. 73,13 *Si*) eine Initiale nicht eingetragen wurde. Ob der Hauptschreiber von *A* auch der Rubrikator war, ist kaum auszumachen, ist
aber zumindest wahrscheinlich, denn oft hat der Schreiber Raum für besondere Buchstabenformen,
die untere Schleife eines *Q* etwa, freigelassen. Ob der Rubrikator auch die rubrizierten *In-
cipit-* und *Explicit*-Formeln sowie die roten Kapitelüberschriften erst nachträglich geschrieben hat, ist fraglich; zumindest an einigen Stellen ist die rote Tinte der Kapitelüberschriften verschieden von der, mit der die Kapitelinitialen geschrieben wurden.

Es muß noch erwähnt werden, daß in *A* gelegentlich eine rote Strichelung (Betupfung) normaler
Groß- und sogar Kleinbuchstaben vorgenommen wurde, und zwar erscheinen auf 16 und 17 nur die
Großbuchstaben, 179,24 das *P* von *Postquam* und 243-271, die 2 letzten Quaternionen von *A*, re-
gelmäßig die Großbuchstaben und gelegentlich auch Kleinbuchstaben so geschmückt.

Die verhältnismäßig wenigen Interlinearglossen, meistens lateinische Übersetzungen griechischen Wortgutes, erscheinen in einer etwas kleineren Minuskel, aber nicht eigentlich in
einer (ganz kleinen) Glossenschrift, wie etwa in Hs. *R* des Psalters.

Die Hierarchie der Schriften läßt sich folgendermaßen kurz zusammenfassen:

a) Rubrizierte Großinitiale am Anfang des lateinischen Prologs, d.h. am Anfang des ganzen
   Werkes;

b) rubrizierte Initiale zu Beginn des Textes des deutschen Prologs und eines jeden neuen
   Kapitels;

c) rubrizierte *Capitalis rustica* etwas größeren Formats in den *Incipit-* und *Explicit*-Formeln;

d) rubrizierte *Capitalis rustica* etwas kleineren Formats in den Kapitelüberschriften;

e) unrubrizierte Kapitälchen;

f) normale karolingische Minuskel.

Die Strichelung ist zu unregelmäßig, um zum ursprünglichen Konzept von *A* gehören zu können.

§ 6. *Korrekturen und Rasuren; die Ränder.*[1] *A* weist mancherlei Verbesserungen auf. Einige Male
hat der Schreiber ganze Sätze ausgelassen, die dann von ihm selbst oder von anderer Hand mit
Einfügungszeichen auf dem Rand nachgetragen wurden, so z.B. S. 39, S. 67, S. 102. Davon ist
zumindest ein Fall etwas beunruhigend: auf S. 67 wurde aus einem lateinischen Satzgefüge das
ganze zweite Glied wie auch die entsprechende deutsche Wiedergabe zunächst ausgelassen (Z.
12a/b und 14a/b). Dies würde bedeuten, daß es in St. Gallen zwei Fassungen dieser Stelle gab,
eine unvollständige, die dem Schreiber von *A* vorlag, und die regelmäßige und vollständige,
die der zweiten, ergänzenden Hand zur Verfügung stand.

Die Zahl der Korrekturen und Rasuren von Einzelwörtern und Buchstaben ist ziemlich groß.
Da ich die Hs. an Ort und Stelle eingehend überprüfen konnte, habe ich auch mehr und teilweise
anderes als meine Vorgänger gefunden.

---

1 Vgl. Bischoff 1979, 61 Fn 37, 217; King 1979, XXIX; Tax, Einl., § 5.

Nach der Entdeckung des "Rasurengesetzes" in Hs. *R* von Notkers Psalter[2] war ich natürlich auf Ähnliches in *A* bedacht. Aber von der Kunst der Verbesserung gemäß dem Ra-
surengesetz in *R* (eine verbesserungsbedürftige Stelle wurde meistens durch ein kleines
r auf dem Rand [= *require*, 'prüfe nach'] angezeigt, das dann nach erfolgter sorgfältiger
Korrektur und/oder Rasur wiederum radiert wurde) ist in *A* wenig zu spüren.

Allerdings sind die Ränder in *A* oft für Zeichen benutzt worden, die auch auf etwas zu
Verbesserndes hindeuten. So kommt etwa 7mal zwischen S. 99 und 109 ein großes, mit trok-
kener Feder eingeritztes *e* (= *emenda*) vor, auch ca. 15mal von S. 6-24 ein gleichfalls mit
trockener Feder eingeritztes *N* (= *Nota*); einige Male begegnet auch das *r* (S. 130 und 151),
und auch Gruppen von 2 oder 3 Punkten weisen anscheinend immer wieder auf Fragwürdiges
hin, so z.B. 82,7/8; 90,10; 159,4; vor allem aber hat der Schreiber selber von S. 111-252
mehr als 35 Male ein normal geschriebenes *e* bei Stellen angebracht, die fast immer ver-
besserungsbedürftig waren. Es ist aber merkwürdig und vor allem für jemand, der von *R*
kommt, etwas irritierend, daß in den meisten Fällen keine Verbesserung vorgenommen wurde
und daß die Buchstaben und Punktgruppen auch stehengeblieben sind, ob verbessert wurde
oder nicht. In 144,18 wurde das *e* zumindest anradiert, wenn auch eine nützliche Korrektur
nicht vorgenommen, und nur in 146,20 wurde es ganz radiert, da es anscheinend nichts zu
verbessern gab. Man muß aber zweifeln, ob die Leser schon damals, durch solche Zeichen
angeleitet, von sich aus das Unrichtige durch das Richtige, vor allem im Deutschen, ersetzen konnten und es auch getan haben. Auf jeden Fall muß in so gekennzeichneten Zeilen
meistens etwas verbessert oder verändert werden; auch der spätgeborene Herausgeber bleibt
den weniger als perfekten Schreibern dankbar, da sie ihn zumindest auf die Spur gesetzt haben. Alle Fälle werden im 1. Apparat aufgeführt und gegebenenfalls näher erläutert.

§ 7. *Die Fragmente*. Es werden die wichtigsten kodikologischen Züge angegeben und be-
sprochen.
G. Das Doppelblatt, das den lateinischen Prolog enthält, wurde der eigentlichen Hs. vorgeheftet. Der Text wurde von 2 Händen in spätkarolingischer Minuskel wohl in St. Gallen
geschrieben. Die erste Hand hat nur S. 1, Z. 1-6 (bis *nesciat*) kopiert, die zweite den
Rest des Textes. Die erste Hand ist ziemlich schlank, eckig und etwas rechtsgeneigt;
sie wirkt, da die meisten Striche dick sind, etwas schwerfällig. Die Haupthand ist gleichfalls etwas rechtsgeneigt, sie ist aber fast übertrieben rund und wirkt dadurch zwar ele-
gant, aber auch etwas selbstgefällig. Die Zeit der Niederschrift ist umstritten, aber auf
Grund einiger auffälliger Brechungen und Knickungen in der Schrift der Haupthand, vor allem
bei *i* und *u*, halte ich dafür, daß diese Hand etwa gleichzeitig mit den Händen *A*1 und *A*2
ist, 1025 oder etwas später.

---

2 S. Tax, Einl., XXIII.

Das Pergament ist ziemlich dick und weiß; es ist von dem der eigentlichen Hs. verschieden, auch die Tinte ist ein dunkleres Braun.

Eine Überschrift fehlt. Das erste Textwort, *Oportet*, beginnt mit einer 6 Zeilen hohen rubrizierten Initiale. S. 1, Z. 7-9 sind ziemlich stark abgerieben. Auch finden sich auf S. 1 viele Federproben: die Anfangsworte des Prologs wurden sowohl oben wie unten auf dem Rand wiederholt, auf dem rechten Rand stehen allerlei Notizen, teilweise in spätmittelalterlichen Händen, auch eine große Initiale J und einige weitere Buchstaben. Auf S. 1/2 sind oben 2 Stücke ob viel Textverlust abgerissen, unten gibt es etwas Wurmfraß und Z. 5 von unten ein kleines altes Loch wie auch einige Löcher auf dem unteren Rand. Auch finden sich einige "neue" Tintenflecken auf S. 1, die durchscheinen. Auf S. 2 steht die Punktgruppe : vor Z. 7 *contra ... italiam* (wie so oft in *A*). Von S. 3/4 ist oben ein Stück abgerissen, so daß von S. 3, Z. 1-3, etwa die Hälft des Textes, von Z. 4 *p(ost duce)ntos* kaum oder nicht mehr zu sehen ist.

S. 1 hat 20, S. 2 21, S. 3 10 Zeilen des Textes. Der Rest von S. 3 ist mit einem lateinische Kommentar zu dem Anfang der *Consolatio* in ganz kleiner Glossenschrift ausgefüllt. S. 4 ist mit Ausnahme einiger Federproben (u.a. 8 Initialentwürfe), die teilweise wieder radiert wurden, lee

Format: ca. 22 x 16 cm; Schreibraum: ca. 15 x 10,5 cm. 22 Zeilen pro Seite (die eigentliche Hs. hat 21) - S. 1 hat wegen der größeren Initiale in Z. 2 nur 21 -, 45-50 Zeichen (Spatien) pro Zeile.

W. Der Text des lateinischen Prologs steht f. 84^V-85^V, nach dem lateinischen *Consolatio*-Text. Eine Hand hat die ganze Hs. geschrieben. Sie ist spätkarolingisch, ziemlich rund und wirkt sehr gedrungen, da viele Striche sehr dick sind, die Ober- und Unterlängen meistens kurz, und auch die Großbuchstaben oft nur 1,5 Zeilen hoch sind. Schriftheimat: Süddeutschland; die Reichenau oder St. Gallen selbst kommen in Frage. Das Alter der Hand ist nicht ganz leicht zu bestimmen; wohl kaum 12. Jahrhundert, dazu ist sie noch zu rund, sondern eher etwa Mitte des 11. Jahrhunderts. Nicht nur zeigen sich, wie in *A* und *G*, mehrere Brechungen und Knickungen, vor allem bei *i*, *u*, *n*, sondern auch das moderne kurze *s* erscheint oft am Ende eines Wortes im Satz, z.B. 4a^2, 9 *eis*, 11 *zenonis*, 11/12 *s*^{2} von *transactis*.

Das Pergament ist ziemlich dick und leicht gelblich, aber an einigen Stellen nachgebräunt. Die Tinte ist ein sehr dunkles Braun, für Rubrizierung wird eine orange Tinte benutzt.

Eine Überschrift fehlt. Das erste Textwort, *Oportet*, beginnt mit einer 7 Zeilen hohen rubrizierten Initiale, der Rest und die folgenden Worte der 1. Zeile bis *QUE* stehen in einer kleinen Capitalis rustica (fast Kapitälchen), die gestrichelt wurde; auch alle Großbuchstaben am Satzanfang sowie 4a^2, 8/9 .R.P. erscheinen gestrichelt. F. 84^V, Z. 4 von unten ist wegen einer starken Rasur auf f. 84^r nach dem Schluß des *Consolatio*-Textes (wurde eine *subscriptio* entfernt?) durchgebrochen, so daß nur *gentis .&. xx* und *R* / noch ganz sichtbar sind. Auf dem oberen Rand stehen einige, teilweise wieder radierte Federproben, u.a. *perenhardus* (auch f. 82^V auf dem oberen Rand wird derselbe Name erwähnt: *perenhardus carus amicus . doctor bonus*); leider wird dieser so häufige Name wohl kaum für Datierung und Lokalisierung benutzt werden

können. Auch auf dem unteren Rand stehen einige radierte Buchstaben. F. 85 hat in der Mitte
der 3. Zeile von unten ein kleines Loch, das sich nach unten in einem kleinen Einriß fortsetzt.
Das Pergament ist an 2 Stellen oben und auch Z. 2-4 von unten nachgedunkelt, auch der Außenrand von f. 85^r erscheint dunkler, gleichfalls die linke Hälfte von f. 85^v. Auf f. 85^v unten
stehen weitere Federproben wie auch der Bibliotheksstempel.

Format: ca. 22 x 16 cm; Schreibraum: ca. 16,5 x 9,5 cm. Jede Seite hat 22 Zeilen (f. 84^v
hat wegen der größeren Initiale in Z. 2 nur 21, f. 85^v bis zum Schluß 16 Zeilen), jede Zeile
ca. 40-45 Zeichen (Spatien).

D. Die Hand, die diesen Text von Metrum III, 9 in dieser Sammelhandschrift, f. 49^v-51^v, kopiert hat, kommt auch sonst in D^1 vor und ist mit Hand A3 (s. oben § 4, Fn 4) identisch. Hier
ist sie noch kleiner als auf A 177 unten, hat keine feste Schreibrichtung und benutzt viele
dicke Striche und kleine Buchstaben, auch langes s und k sind immer, l und d oft sehr kurz;
nur die Majuskeln sind fast immer 2,5-3 Zeilen hoch. Es gibt öfters Brechungen und Knickungen,
z.B. bei e, i, n, u und der Ligatur st; f ist im Gegensatz zum langen s steif aufgerichtet.
Schriftheimat: St. Gallen. Erste Hälfte des 11. Jahrhunderts. Da auf diesen Seiten mit der Akzentuierung und der Interpunktion sehr lässig umgegangen wird und auch einige Male jüngere
Formen auftreten, möchte man die Niederschrift auch zeitlich weiter von Notker abrücken und
etwa um 1040 ansetzen. Weiterer Aufschluß dürfte von einer Untersuchung der "Notker-Hände" des
St. Galler Skriptoriums zu erwarten sein.

Das Pergament ist dünn, so daß die andere Seite durchscheint, und weißlich. Die Tinte ist
ein helleres Braun, das 0 am Anfang, eine 2 Zeilen hohe Majuskel, erscheint nicht rubriziert.
Eine Überschrift fehlt.

Vor f. 50^r Z. 7, 50^v Z. 1 und 51^r Z. 14 wurde ein e auf dem Rande davor radiert (s. oben
§ 6) und jeweils eine Korrektur in der Zeile angebracht.

Format: ca. 19 x 15,5 cm; Schreibraum: ca. 15 x 12 cm. Jede Seite hat 19 Zeilen (14 Zeilen
auf f. 51^v bis zum Anfang des nächsten Textes in derselben Z. 14), jede Zeile ca. 45-50 Zeichen
(Spatien).

§ 8. *Affiliation der Handschriften.* Im Gegensatz zu Notkers Psalter war anscheinend seine
Consolatio-Bearbeitung außerhalb St. Gallen nicht oder kaum verbreitet. Obwohl es nur wenige
Textzeugen gibt - und sie stammen alle aus St. Gallen oder näherer Umgebung - läßt sich die
Affiliation im einen Fall nur annähernd, im zweiten nicht eindeutig bestimmen.

Was die doppelte Überlieferung von Metrum III,9 betrifft, so erscheint D zwar als jünger
denn A, bietet aber an einigen Stellen bessere und wohl ursprünglichere Lesarten, so daß D
nicht von A abhängig sein kann.[1] Es hat also den Anschein, daß beide Fassungen via Zwischen-

Fußnote zu § 7

1 S. oben § 3, Fn 3.

Fußnote zu § 8

1 S. Sehrt/Starck, VI und 398, IX.

stufen auf das Original oder den Archetyp zurückgehen; wieviele Stufen jeweils anzusetzen wären, läßt sich nicht feststellen, aber textlich scheint A, sprachlich D weiter vom Original entfernt zu sein. Möglicherweise wurde D ursprünglich und früh als ein gesonderter Text (sozusagen als Vorbote des Ganzen) von Notker bearbeitet; darauf könnte neben dem Fehlen einer Überschrift in D auch die "redaktionelle" Variante *ih meino* statt des distanzierenden *St meinet* (d.h. die Philosophie) in A149,8 hindeuten. Es sei daran erinnert, daß das Metrum III,9 auch sonst getrennt und selbständig behandelt wurde[2] und daß die Erklärung dieses berühmten Metrums durch Remigius Notker zur Verfügung stand, und zwar in E_1 als zweite, wenn auch anonyme Glosse zu diesem Metrum innerhalb von X.[3]

Die dreifache Überlieferung des lateinischen Prologs scheint weniger problematisch zu sein. Kurt Ostberg hat alle drei Fassungen einer vergleichenden Untersuchung unterzogen; er nimmt an, daß die Fassung in A auf dem Text in G beruht und daß G als Ganzes dem 10. Jahrhundert angehört. So bleibt für Ostberg, wenn auch mit einigen Einschränkungen, G die Quelle für A, während sich für ihn die Fassung in W weit mehr von A denn von G abhängig erweist, wobei allerdings W einige Male selbständig ist (258).

Vielleicht ist aber die Lage etwas anders. Ostberg selber macht (unter Hinweis auf Naumann, 72f.) darauf aufmerksam, daß das Doppelblatt, das in G diesen lateinischen Prolog enthält, auf verschiedenem Pergament und mit anderer Tinte geschrieben wurde als G selber, und er ist sich der Tatsache bewußt, daß es "may indeed have been inserted at the beginning of the volume after the other pieces had been written" (256). Die ursprünglich spätere Anfügung von biographischem Material am Anfang von Boethius' *Consolatio* oder gelegentlich, wie in W, am Schluß ist eine Form des *accessus ad auctorem*[4] und in der handschriftlichen Überlieferung sehr häufig. Das Doppelblatt in G könnte also auch recht viel später vorgeheftet worden sein, und das Problem ist jetzt konkret, ob der Prologtext in G älter ist als A, so daß mit Ostberg Notker aus G geschöpft hat, oder aber ob A älter ist als dieser Prolog in G, so daß G von A abhängig ist.

Ich kann mich des Eindrucks nicht erwehren, daß gerade dieses Doppelblatt erst nach 1000 geschrieben wurde; schon Heinzel war nicht entgangen, daß es sich hier um "an archaic style of handwriting" (so Ostbergs Wiedergabe, 256) handelt, und gewiß hat die Haupthand in ihrer übertriebenen Rundheit etwas gekünstelt Altertümelndes. Es kommen aber demgegenüber Brechungen und Knickungen vor, besonders bei i und u, die im 11. Jahrhundert immer häufiger werden und diese

---

2 Courcelle, 290-99 und die Übersicht, 406-08.
3 D hat den Wechsel u/f innerhalb des Anlautgesetzes im Gegensatz zu A weithin durchgeführt - vgl. dazu Sehrt/Starck, VI-VIII und unten § 13. Aber aus mehreren Gründen ist die Verallgemeinerung von Sehrt/Starck:"Erstens zeigt das Bruchstück D, daß die Regel für die Setzung von u und f ursprünglich auch für das 3. Buch von Bo. galt" (VIII) unberechtigt.
4 Vgl. die 5 sogenannten "*uitae Boeti*", abgedruckt bei Peiper, Einl., XXVIII-XXXV.
5 Diese Eckigkeit teilt diese Hand mit den anderen Schreibern, die um oder nach 1000 Notkers Werke abgeschrieben haben. Es ist wohl kaum zufällig, daß diese Hand sich auf den Tafeln in Bruckner 3 nicht nachweisen läßt, und ich habe sie in den vielen CCSg, die ich gesehen habe, nicht weiter gefunden. Altertümelnde Schreiber aber gibt es auch sonst während des 11. Jahrhunderts im St. Galler Skriptorium, z.B. in G_1 (CSg 845).

Eigentümlichkeit gotischer Schriften schon anzukündigen scheinen. Falls der Prolog in *G* zu spät für Notker war, wäre dieser *G*-Prolog am ehesten eine Abschrift von der Fassung in *A*. Dieser Sachverhalt wird durch mindestens eine Variante bestätigt. In 4,11f. (Ostbergs Beispiel 12) schreibt *A transactis iam ... annis*, während *G* nur *transactis ... annis* hat. Es ist viel wahrscheinlicher, daß *G* das *iam* ausließ, als daß *A* es ergänzt hätte. Ähnliches gilt für die sinnlose Variante (Beispiel 22 bei Ostberg) *deinde potius est* in *G* statt des richtigen *deinde potitus est* in *A* 4,23 (und *W*), 'er hat sich bemächtigt'.

Das obige Beispiel mit *iam* macht es auch unwahrscheinlich, daß *W* (mit *iam*!) von *G* allein abgeschrieben wurde. *W* ist wohl doch am ehesten eine Abschrift von *A*, aber, falls auch *W* im 11. Jahrhundert in St. Gallen kopiert wurde, könnte der Schreiber leicht auch *G* herangezogen haben, möglicherweise allerdings auch eine andere, uns verlorengegangene St. Galler Fassung; dieser Text hätte dann wohl noch die wahrscheinlich ursprüngliche Lesart *perculsus* (Ostberg, Beispiel 24) in *W* gegenüber der *lectio facilior* in *A* 4,29 und *G percussus* aufgewiesen.

Die Entscheidung in solchen Fragen wird wohl nur fallen können, wenn die Quellen, auf die Ostberg schon so viel Mühe verwendet hat, noch reicher fließen. Eine Überprüfung dieser Quellen an den St. Galler Handschriften selbst wird auf jeden Fall methodisch erforderlich sein.[6]

§ 9. *Abkürzungen und Ligaturen.*[1] Die Texte, die in dieser Ausgabe zum Abdruck kommen, wurden im 11. Jahrhundert in oder im Falle von *W* vielleicht unweit St. Gallen in spätkarolingischen Schriften geschrieben. Sie haben teil an den normalen (spät)karolingischen Schreibgewohnheiten, auch was die Abkürzungen und Ligaturen betrifft.

Bei Abkürzungen benutzen die Hss., wie üblich, Kontraktionen und Suspensionen. Bei einer Kontraktion wird etwas im Wort ausgelassen, die Auslassung wird durch ein Zeichen angedeutet. In unseren Texten gelten als Kontraktionszeichen fast nur der übergeschriebene Strich oder Haken (*m/n*-Strich, *er*-Strich, Querstrich durch Ober- und Unterlängen, *ur*-Haken, *us*-Haken).[2] Eine besondere Gruppe bilden die *p*-Formen: $\underline{p}$ = *per*, $\dot{p}$ = *post*, $\bar{p}$ = *pr(a)e*, ρ = *pro*. Als Zeichen für Suspension - es wird etwas am Ende eines Wortes ausgelassen - gelten der Punkt wie auch die oben erwähnten Striche und Haken. Eine öfters vorkommende besondere Form der Abkürzung (Kontraktion und Suspension) ist die Aussparung eines Buchstabens (bzw. einiger Buchstaben) durch Höherstellung des folgenden: $\overset{o}{u}$ = *uero*, *at*$\overset{i}{q}$ = *atqui*.

---

6 Ostberg 1979/80 hat auf Grund einer Autopsie der CCSg 248 und 251 von Bedas *De sex huius saeculi aetatibus*, einer der Quellen des lat. Prologs, m. E. überzeugend zeigen können, daß die Form *mergothorum* (4,15), die als Name für einen Gotenstamm sehr ungewöhnlich ist, auf einer falschen Abtrennung beim Lesen beruht: *theodoricus cognomento ualamergothorum suscepit regnum*, wo "richtig" *ualamer gothorum* zu lesen ist, *uala mergothorum* aber offensichtlich gelesen wurde.

1 S. Bischoff 1979, 192-213; Bischoff, 417-22, 435-37; Battelli, bes. 101-14; King, XVIf.; King 1975, XVIf.; King 1979, XXVIf.; Tax, Einl., § 7.
2 Für *-us* in der Endung *-ibus* findet sich oft ; oder , (-ib; oder -ib' oder -ib,).

Da King die normalen Beispiele jeweils schon zusammengestellt hat,[3] ist es wohl unnötig, sie hier zu wiederholen, zumal Hand *A1* identisch ist mit der, die teilweise den
Text von *De nuptiis* abgeschrieben hat (s. oben § 4, Fn 4). Auf besondere Fälle gehe ich
natürlich ein.

Wie in den anderen Bänden dieser Ausgabe wurden die normalen Abkürzungen stillschweigend
aufgelöst, allerdings mit Ausnahme von *.i.* = *id est* und *.s.* = *subauditur, subaudi*, usw. bzw.
scilicet. Die Auflösung liegt um so mehr auf der Hand, da die Schreiber sehr regelmäßig und
folgerichtig gearbeitet haben. In besonderen Fällen habe ich aufgelöst, aber die Form der
Handschrift im Apparat vermerkt (wie schon teilweise meine Vorgänger); es handelt sich dabei
meistens um Formen, in denen der eine Strich mehr als eine Funktion ausübt: *agn̄e* = *a genere*
(48,22), *cōphendit* = *comprehendit* (255,11), vielleicht auch *eni ꝫ* = *enim uel* (235,23).[4] Nicht
ganz eindeutig ist *ōms* = *omnes*, nicht *omnis* (69,24). In einigen Fällen erscheint ein über-
flüssiger Strich, so z.B. *sūmpsisti* = *sumpsisti* (52,14), *ūmbratiles* = *umbratiles* (125,20f.),
dūū uiros = *duumuiros* (128,6) oder *tām* = *tamen* (133,19). Zweimal sind zwei Formen durchein-
andergeraten: *ūsquā* = *umquam* (27,8) und *magistratū'* = *magistratum* (124,8). Eine Verwechslung
von *m* und *n* fand wohl statt bei *nūne* = *Num me* (37,18). Was bei *n̄tā tū* = *non tam* (162,15)
geschehen ist, weiß ich nicht. Und die mögliche Verwechslung von 2 *p*-Formen: *ppositis* =
propositis des Grundtextes (157,23f.), beruht vielleicht auf den Glossen: *G* und *N* erklären
propositis als *antepositis*, *E₁* sogar als *antepositis . superioribus questionibus*.

Auch die Fragmente *G*, *W* und *D* kürzen normal ab. Bemerkenswert ist nur, daß *W* einmal (4a²,
Z. 8f., nicht aber Z. 30) für *rem publicam* in *A* und *G* *.R.P.* schreibt.

An Ligaturen kommen vor *NT*, *OR*, *VS* in Capitalis- oder Kapitälchenform, *æ*, *&*, *ft*, langes
st, *vs* sowie ein an *h* und *n* unten angehängtes *i*, z.B. in *nihil*, in Minuskelform. Solche Ligaturen stehen meistens am Ende der Zeile, wenn wenig Platz übriggeblieben ist; dies macht deutlich, daß Ligaturen als eine Form von Abkürzungen funktionieren. Alle Ligaturen mußten aus
technischen Gründen aufgelöst werden, *æ* ausgenommen, aber die Kapitälchenformen wurden als
Kapitälchen gesetzt.

In den Texten dieser Ausgabe sind die Abkürzungen und die meisten Ligaturen aufs Latein
beschränkt; im Deutschen kommen nur *æ*, *&*, *ft* und *st* als Ligaturen vor. Deutsche Formen mit
& wurden im Text mit *et* abgedruckt, aber im Apparat vermerkt.[5]

Die Faksimiles in den Bänden dieser neuen Ausgabe bieten viele Beispiele für das geltende
Abkürzungswesen. Die Technik des seiten- und zeilengetreuen Abdrucks zeigt auch in dieser
neuen *Consolatio*-Ausgabe häufig, wie Ligaturen am Ende der Zeile funktionieren.

---

3 Zuletzt King 1979, XXVIf. S. auch Bruckner, 2, 31-34 für die Abkürzungen in St. Gallen von
  750-840, Bruckner, 3, 27 Fn 113 für die Blütezeit des St. Galler Skriptoriums. Bischoff
  1979, 200-13 bietet jetzt eine sehr nützliche, mit zahlreichen Beispielen versehene Übersicht: "Formen und Methoden der hoch- und spätmittelalterlichen Abkürzungen".
4 Es zeugt von einem guten Schreibergewissen, wenn bei *uehemt̄* = *uehementer* (172,1) der
  Strich durch Rasur in der Mitte geteilt wurde.
5 Beispiele: 47,29 *ōug&*, 47,30 *lēr&*, 136,27 *hēiz&*, 195,9 *mūh&*, 37,20 *&teuuār*, 101,3 *&teuuas*.

§ 10. *Ausrückung von Majuskeln.*[1] Wenn ein Satzanfang mit dem Beginn einer neuen Zeile zusammenfällt, wird in manchen mittelalterlichen Hss. der Großbuchstabe um ein Spatium ausgerückt. Dies ist in den meisten in St. Gallen geschriebenen Hss. des 9.-11. Jahrhunderts, die ich gesehen habe, der Fall und gehört wohl zu den Schreibtraditionen dieses Skriptoriums während dieser Zeit.

Im allgemeinen rückt *A* aber nicht aus. Allerdings gibt es einige Ausnahmen. Halb ausgerückt erscheinen: 8,1 U(t), 74,23 S(uspensio) - der linke Rand auf dieser Seite ist überhaupt nicht gut justiert, s. unten -, 82,18 N(am), 82,28 A(t), 88,17 D(escripsi), 92,5 T(áz), 92,10 S(ic), 92,23 Ú(nde), 92,27 N(ec), 96,7 S(îd), 96,16 U(uîr), 100,18 T(ér), 100,29 D(epositio), 106,22 S(élbêr). Auffälligerweise finden sich fast alle Beispiele in Buch II. Die Fälle von ganzer Ausrückung sind: 5,13 S(ô), 6,20 H(as), 6,27 T(ês), 8,5 U(uánda), 67,27 I(nquit), 74,21 E(t) - s. oben zu 74,23 -, 84,29 U(tinam), 84,30 U(uólti), sowie von Hand *A3* 177,26 T(otum), 178,4 S(imile), 178,17 A(rgumentum). Technisch ließ sich nur die ganze Ausrückung wiedergeben; die halbe habe ich daher in meinem Abdruck von *A* nicht berücksichtigt.

Alle Fragmente rücken normal aus; da die Hand *A3* auch *D* geschrieben hat (s. oben § 4 Fn 4), hat man hier ein gutes Beispiel von Kontinuierlichkeit. Es handelt sich um die Majuskeln, die im Parallelabdruck (s. die Einlegehefte) auf das Zeichen für Zeilenschluß / folgen.

Beim karolingischen *k* ist es oft nicht leicht, den Großbuchstaben von der Minuskel zu unterscheiden. Im lateinischen Prolog erscheint 5,4 der Name *karolus* (= Karl der Große) nach kleiner Pause, und in *W* steht der Name am Satzanfang, ausgerückt und sogar mit gestricheltem *k (K)*; nur hier kann kein Zweifel sein, daß *Karolus* zu lesen ist, denn das *K* erscheint - mit Recht - kodikologisch zweimal hervorgehoben. Ob man auch in *A* und *G* den Namen großgeschrieben lesen darf, bleibt unentschieden.

Zufällig kommt beim Abdruck des lateinischen Prologs nach *A* keine Majuskel am Zeilenanfang vor, so daß beim Parallelabdruck der Fragmente *G* und *W* die Ausrückung nicht sichtbar gemacht werden konnte. Beim Abdruck von *D* habe ich aber das Prinzip der Ausrückung zeigen können, auch wenn andere Großbuchstaben jetzt am Zeilenanfang stehen als in der Hs. selbst.

P h i l o l o g i s c h e s

§ 11. *James C. King: Die Akzente bei Notker und in der Fachliteratur, besonders bei Sehrt und Starck.* In seinem um 1015 an Bischof Hugo II. von Sitten geschriebenen Brief, 1835 von Jacob Grimm veröffentlicht, äußerte sich Notker zur Sache wie folgt:

---

1 S. King, XIX; King 1975, XIX; King 1979, XXIX; Tax, Einl., § 8; Kelle 1883, 315.

Oportet autem scire quia uerba theutonica sine ac/centv scribenda
non sunt . pręter articulos . ipsi soli sine accentu pronuntiantur/
acuto et circumflexo.
                       Codex Bruxellensis 10615-729, fol. 58ra, Z. 25-27[1]

Seither hat diese Akzentlehre Germanisten immer wieder gefesselt. Grimm streifte sie im
ersten Band der 'Deutschen Grammatik' S. 17-20, Anmerkung über accent. Im Beitrag 'Über
die quantität der althochdeutschen endsilben' (1876) gab Wilhelm Braune eine Übersicht über
Notkers Akzentuationssystem, u. zw. in den Stammsilben (S. 129-134) und den Endsilben
(134-138). Er verarbeitete die 'Consolatio' *A*5-38 nach Heinrich Hattemers Ausgabe S. 13-42.
1892 erweiterte Eduard Sievers' Schüler H.A. Fenselau Braunes Studie in seiner Dissertation
'Die Quantität der End- und Mittelsilben einschließlich der Partikeln und Präfixe in Notker's
althochdeutscher Übersetzung des Boethius: "de consolatione philosophiae"'. Er benutzte dabei Paul Pipers Ausgabe der 'Consolatio', von der er die zwei ersten Bücher durchnahm.

Wir sind Oskar Fleischer wegen seiner hervorragenden Leistung 'Das accentuationssystem
Notkers in seinem Boethius' (1882) sehr zu Dank verpflichtet. Er legte seiner Untersuchung
Hattemers Ausgabe mit Berichtigungen und Ergänzungen von Elias Steinmeyer und Paul Piper
(1874/75 bzw. 1882) zugrunde. Die beiden ersten 'Consolatio'-Bücher stellte er wegen ihrer
genaueren Akzentuierung den übrigen drei entgegen. Nach ihm wollte Notker nicht nur die Vokallänge jeder starkbetonten Silbe und mancher nebenbetonten bezeichnen, sondern auch seine
Schüler im richtigen Vorlesen unterstützen. Fleischer unterschied eine logische oder rhetorische Hervorhebung beim Hauptton und ein rhythmisches Prinzip bei der Mehrsilbigkeit; auf
diese Weise vereinbarte er Karl Lachmanns Neigung zur Versbetonung (1831-34) mit der Eduard
Sievers' zur Prosabetonung (1877/78). Alle Fälle, in denen Notker die Vokallänge bzw. Betonung angab, sind im einzelnen dargelegt worden.

Für 'Das Verbum und Nomen in Notker's Boethius' (1885) gebrauchte Johann Kelle Hattemers
Ausgabe, mit der er die Handschriften *A* und *D* verglich. Hatte er doch den ersten Band der
Piperschen Ausgabe 1883 vernichtend rezensiert. Kelle führte jede Verbal- und Nominalform
auf und machte auf flasche und fehlende Akzente aufmerksam. Insofern ergänzte er Fleischer,
der keineswegs das gesamte Material behandelt hatte.

Es kam Anton Kruszewski in der Studie 'Die St. Galler Handschrift der Notkerschen Psalmen-
übersetzung und ihr Verhältnis zu den übrigen Schriften Notkers hinsichtlich des Anlautgesetzes und der Accentuation' (1898) darauf an, die Abweichungen von Notkers Gebrauch zu er-
örtern. Paul Sievers verzeichnete in den 'Accenten in althochdeutschen und altsächsischen
Handschriften' (1909) die Hauptpunkte von Notkers Verfahren und gelangte zum Schluß, daß dieser mit den Akzenten nicht nur die Vokallänge, sondern auch den Tonwert habe bezeichnen
wollen (S. 21-27).

---

1 Siehe Hellgardt und Piper 1, 859-61.

Die von Edward H. Sehrt und Taylor Starck besorgte Ausgabe von Notkers 'Consolatio',
die 1933 zu erscheinen begann, wurde freudig begrüßt. Die Pipersche war schon längst ver-
griffen, und die beiden Amerikaner trugen der neuesten Forschung Rechnung. Immerhin wurden
Bedenken gegen die starke Normalisierung, die sogenannte "Leidenschaft der Gleichmachung"
(so Otto Behaghel Sp. 89) geäußert. M.H. Jellinek bedauerte, daß die Verweisung eines handschriftlichen Belegs in den Apparat eine Aussage über echt und unecht enthalten könne (S. 110).
Diese Kritik galt ja auch der Regelung der Akzente. Trotz der allgemeinen Ansicht, daß die
beiden ersten Bücher der 'Consolatio' Notkers Usus am genauesten vertreten, korrigierten
Sehrt und Starck z.B. bei der Wiedergabe von *A*5 die Akzentuierung zehnmal. (Der Schreiber des
Fragments *D* verstieß ca. 336mal gegen Notkers Norm, der der entsprechenden Stelle in *A*,
S. 148-51, nur 15mal.) Um den Herausgebern gerecht zu werden, muß man zugeben, daß sie Notkers
Intention aufs gründlichste erforschten. Sie arbeiteten mit ausgezeichneten Photographien
aller Handschriften und sammelten die Belege für den damals entstehenden 'Notker-Wortschatz'
(1955), so daß sie die von Fleischer geschaffene Grundlage und Kelles Feststellungen auf Grund
des vollständigen Materials zu präzisieren vermochten.

Die Einzelheiten von Notkers Akzentsystem werden nun nach Sehrt und Starck ausgeführt, mit
Ergänzungen nach Fleischer und Kelle.[2]

1.a) Die kurzen Vokale tragen in der Wurzelsilbe deutscher Wörter den Akut (*á é í ó ú*),
meistens auch dann, wenn ein starkbetontes Präfix oder das erste Glied eines Kompositums der
Wurzel vorangeht, und in gewissen Ableitungssuffixen. Man hat es hier also mit der allgemeinen Bezeichnung der Haupttonigkeit und mit einer beschränkten der Nebentonigkeit zu tun.

b) Die langen Vokale tragen in der Wurzelsilbe den Zirkumflex (*â ê î ô û*), meistens auch
dann, wenn ein starkbetontes Präfix oder das erste Glied eines Kompositums der Wurzel vorangeht, in Flexionsendungen und manchmal auch in Ableitungssuffixen, zum Teil je nachdem, ob
Leichtes oder Schweres dem Suffix folgt. Hier ist die Rede von der allgemeinen Bezeichnung
der Haupttonigkeit und von einer weitgehenden der Nebentonigkeit.

c) Die Diphthonge mit kurzer erster Komponente tragen wie die kurzen Vokale den Akut auf
dem ersten Bestandteil (*éi áu éu íu óu*) bei der Haupttonigkeit. Das Ableitungssuffix *-héit*
und die Flexionsendung *-íu* sind auch durch den Akzent bezeichnet.

d) Die Diphthonge mit langer erster Komponente tragen wie die langen Vokale den Zirkumflex
auf dem ersten Bestandteil (*îa îe îo ûo*) bei der Haupttonigkeit. Vgl. auch das Ableitungssuffix *-tûom* und die Formen *dîa dîe dîen*.

2. Der bestimmte Artikel erhält bei deutlicher Demonstrativwirkung den Akzent, u. zw.

a) unmittelbar vor einem Nomen, dem ein adnominaler bzw. abhängiger Genitiv folgt, z.B.
*A*20,2 *díe uérte dero stérnōn.* Der zum Genitiv gehörige Artikel bleibt offensichtlich ohne Akzent.

---

2 Siehe Sehrt/Starck 'Consolatio', VI, IX-XVI, 398; dies. 'Marcianus Capella', VII; dies.
  1934 und 1936; O. Fleischer; Kelle.

b) vor - aber nicht nach - *sélb*, z.B. *A37, 1 Táz sélba* gegenüber *A181, 13 Sélbiu diu uuinescáft*.

c) vor Kardinalzahlen, z.B. *A154, 30 Tíu fíer uuórt*, vorausgesetzt, daß die Zahl als Substantiv nicht näher bestimmt ist, z.B. *A139, 6 dero genámdôn drîo*. Vor Ordinalzahlen trägt der Artikel keinen Akzent, z.B. *A97, 28 tes ánderes* und *57,24 Ter dritto*.

d) in adverbiellen Redensarten wie z.B. *A187, 21 in día uuîs* und *148,23 dés mézes*.

e) vor einem wesentlichen Relativsatz, wie z.B. *A174, 8/9 Únde díz ist tér nágel iôh tíu stíura . mít téro daz uuérlt-zímber gehálten uuírt . státe . únde úngeuuértet.* gegenüber einem unwesentlichen, z.B. *A169, 1/2 Diu hítât . téro diu natura gérôt*.

Der unbestimmte Artikel bzw. die Kardinalzahl *éin* ist stets akzentuiert. Meinesteils deutet die Akzentuierung des einfachen Demonstrativums *der* bei Notker auf eine beginnende Bezeichnung der Satzbetonung.

3. Der Nominativ der Personalpronomina begegnet mit und ohne Akzent, aber am Anfang des Satzes immer mit Akzent; die übrigen Casus sind meistens mit dem Akzent versehen. Die neutralen Formen *iz is siu* sind nur an erster Stelle durch den Akzent bezeichnet. *únsêr* und *íuuêr* weisen zwei Akzente auf. Das unbestimmte persönliche Fürwort *man* trägt nur am Anfang des Satzes den Akut.

4. Die meisten Präpositionen treten mit Akzent auf, so z.B. *án bî dúrh fóne fóre fúre mít óbe úf úmbe únder úz zúo*. *in* bleibt ohne Akzent außer vor akzentlosem Artikel. Auch *be* und *ze* kommen akzentlos vor.

5. Akzentuiert sind die starkbetonten Präfixe *ánt- éte- ún- úr-*; sie gehen der Wurzelsilbe voran, deren Nebenton in der Regel bezeichnet ist. Den akzentlosen Präfixen *be- deh- er- fer- ge- in- ind- int- ne- neh- ze-* folgt die starkbetonte Wurzel, die den Akzent erhält.

6. Ohne Akzent sind auch die Partikeln *na no nu dir de lio*.

7. Jedes Glied eines Kompositums kann bekanntlich als selbständiges Wort auftreten. Ein Glied trägt den Hauptton, das andere den Nebenton, der gewöhnlich durch einen Akzent, je nach der Vokallänge den Akut bzw. Zirkumflex, bezeichnet ist. So ist z.B. *úmbe* bei *úmbe-gân (gât úmbe)* starkbetont, bei *úmbe-gân (úmbe-gât)* nebenbetont. Bei *so-uuár* und *to-man* ist ein oder das andere Glied tonlos geworden.

8.a) Zu den regelmäßig akzentuierten Suffixen zählen *-án -bár -êr -êst -fált -háft -héit -ín -lôs -nisse -ônt -sám -scáft -túom -uuárt -uuért*.

b) *-are -en -ing -unga* sind in der Regel mit keinem Akzent versehen.

c) Unflektiertes *-íg* und *-lích* tragen den Akzent. Flektiert aber verlieren sie den Akzent nach O. Fleischer (S. 165/166) vor einer Flexionsendung mit langem Vokal. Auch unflektiert büßen sie ihn nach kurzer Wurzelsilbe ein, so bei *bírig, zímig, sólih* und *uuélih*. Nach Fleischer kommen auch die Steigerungssuffixe *-ôr* und *-ôst* vor langer Flexionsendung ohne Länge- bzw. Tonbezeichnung vor. Es kommt dadurch nämlich das rhythmische Prinzip bei der Mehrsilbigkeit zum Ausdruck.

d) Mit -*ô*- und -*ê*- der zweiten bzw. dritten schwachen Konjugation hat es eine eigene
Bewandtnis, deren Ausführung wir Kelle verdanken.

-*ô*- trägt den Akzent im Ind. Präs., Impv. Pl., Inf. und Ger.; im Konj. Präs. und Impv. Sg.
erscheint -*o*-. Im Ind. Prät. steht -*ô*- nur vor -*ta*, sonst -*o*-, auch im ganzen Konj. Prät.
Das -*ôt* des unflektierten Part. Prät. gilt auch vor einer Flexionsendung mit kurzem Vokal,
sonst -*ot*-. Beim Part. Präs. zeigen -*ônde* -*ôndo* -*ônt*- immer den Akzent, letztes auch vor
langer Flexionsendung. (Kelle, S. 258-60, 269)

-*ê*- trägt den Akzent im Ind. Präs., Impv. Pl. und Inf.; im Konj. Präs. und Impv. Sg. erscheint -*e*-. Im Ind. und Konj. Prät. steht ausschließlich -*e*-. Das -*êt* des unflektierten
Part. Prät. ist genügend belegt, aber das flektierte kommt zu selten vor, als daß man von
der Länge des -*e*- reden könnte. Das Ger. und Part. Präs. weisen nur -*e*- auf. Ausnahmsweise
begegnen *háben* und *lében* mit akzentlosem -*e*- in allen Formen. (Kelle, S. 262, 272)

9. In der Flexion erhält ein langer Vokal der Endung den Zirkumflex, was für den Nebenton
der betroffenen Silbe spricht. So bezeichnet *â* den Nom. Akk. Pl. der *ô*-Stämme; *ê* die 1. Pl.
Ind. Präs. -*ên*, die Endungen -*êst* -*ên* -*ênt* des Konj. Präs., den Nom. Sg. Mask. -*êr* des
starken Adj. und den Dat. Pl. -*ên* aller Adj.; *î* die Endungen -*îst* -*în* -*înt* des Konj. Prät.;
ô den Gen. Dat. Pl. -*ôn* der *ô*- und *n*-Stämme; und *û* den Gen. Dat. Akk. Sg. sowie den Nom. Akk.
Pl. Fem. -*ûn* der *n*-Stämme. Von den Diphthongen trägt -*íu* den Akzent im Nom. Sg. Fem. und
Nom. Akk. Pl. Ntr. des starken Adj. und Pron. Beim einfachen Dem. pron. *der* treten -*ía* -*íe*
(auch -*á*- -*é*- -*íu*) auf.

In den letzten Jahren hat das Interesse an Notkers Akzentsystem nicht gerade nachgelassen.
So erschien z.B. 1935 Charles T. Carrs sorgfältige Studie 'Notker's Accentuation System in
His Translations of Aristotle's "Categories" and "De Interpretatione"'.

Eugen Gabriel verfaßte die aufschlußreiche Monographie 'Die Entwicklung der althochdeutschen Vokalquantitäten in den oberdeutschen Mundarten' (1969), von der S. 45-101 der Akzentuierung in den althochdeutschen Sprachdenkmälern gelten, 61-81 Notker und seinen Schriften. Gabriel zitiert Notkers 'Consolatio' nach Sehrt und Starck, begnügt sich aber mit einer
"auszugsweisen Darstellung" von Fleischers Ergebnissen (61-64). Er meint, Notker habe in
erster Linie die Betonung notieren wollen, wobei er zusätzlich auch zur Bezeichnung der Vokallänge gekommen sei (64). Auf Eduard Sievers' 'Steig- und Fallton im Althochdeutschen mit besonderer Berücksichtigung von Otfrids Evangelienbuch' (1920) und einer Vorlesung seines Lehrers Eber-
hard Kranzmayer fußend, teilt er dem Akut die steigende Intonation bzw. die Stoßtonigkeit, dem
Zirkumflex die steigend-fallende bzw. die Schweiftonigkeit zu (64/65). Auf diesem Wege der
musikalischen Akzentlehre, der meines Erachtens fern von Notkers Absicht liegt, kommt er darauf, die Diphthonge mit kurzem Silbenträger (*éi áu éu íu óu*) "steigende" zu nennen, die mit
langem (*ía íe ío úo*) "fallende". P.W. Tax folgt ihm übrigens dabei (Psalter S. XXXIIIff.).

Was mich zum folgenden Exkurs führt: Vom Standpunkt der physikalischen Phonetik aus um-
fassen beide Reihen lauter fallende Diphthonge, denn eine größere Intensität kennzeichnet

die erste Komponente bzw. den Silbenträger als die zweite bzw. den Begleitvokal. Echte althochdeutsche Belege für steigende Diphthonge bei Notker wären etwa das *ié* von *iéhen* und das
uó von *uuóla*. Notker wollte meiner Meinung nach nur die unterschiedliche Dauer des ersten
Bestandteils vermerken, nicht etwa eine melodische Eigenschaft. Die erste Reihe besteht
außerdem aus Verbindungen, die noch heute Zwielaute sind, während die zweite solche enthält,
die alle in der Hochsprache zu langen Monophthongen geworden sind bis auf *io*, das eine
zweifache Entwicklung aufweist (z.B. *io > je*, *nio > nie*). Von der zweiten Reihe läßt sich
auch bemerken, daß der Sonant in dem Maße länger wurde, wie der Begleitvokal zur Tonlosigkeit
abgeschwächt wurde, daß die erste Komponente die zweite gleichsam in sich aufsog. Zu dieser
Auseinandersetzung siehe u.a. Grimm, der umsonst einen anderen Nachdruck bei *ie* suchte als
bei *éi* (1, S. 86/87, Anm.**). Braune (130) und O. Fleischer (136) brachten schon ihrerzeit
Verständnis für den eigentlichen Unterschied auf. Paul Valentin deutet in seiner 'Phonologie
de l'allemand ancien' (1969) den Begleitvokal der Diphthonge mit langem Silbenträger als
Schwa (293).

Herbert Penzl betrachtet die Akzente bei Notker im 'Lautsystem und Lautwandel in den althochdeutschen Dialekten' (1971) S. 92-101. Stefan Sonderegger bespricht das System in seiner
Darstellung 'Althochdeutsch in St. Gallen' (1970) 83, 86, 108, 110 und im Göschenband 'Althochdeutsche Sprache und Literatur' (1974) 109/10, 142/43. Sein Schüler Josef Zürcher gibt in
'Graphetik - Graphemik - Graphematik unter besonderer Berücksichtigung von Notkers Marcianus
Capella' (1978) 30-35, 54/55, 80-83 und 165-69 die Akzentuierung im Althochdeutschen überhaupt
und bei Notker insbesondere wieder.

In der 'Althochdeutschen Grammatik' von Braune/Eggers ([13]1975) wird Notkers Akzentsystem
in § 8, Anm. 8 durchgenommen, in der 'Althochdeutschen Grammatik' von Josef Schatz (1927)
S. 7. Zu den Akzenten in Notkers Psalter siehe Tax XXXIII-VII, in den 'Categoriae' King XV,
in der Abhandlung 'De interpretatione' denselben 1975, XIV/XV und im 'Martianus Capella' denselben 1979, XXIV.

Zum Schluß sei folgendes bemerkt: In fast jedem Punkt erhellt Notkers Intention für die
Akzentuierung aus seiner Bearbeitung der 'Consolatio', vor allem der beiden ersten Bücher. Da
aber keine seiner Schriften in der von ihm betreuten Urfassung erhalten ist, unterscheiden
sie sich in der Genauigkeit, mit der sie seine Akzente, ja seinen ganzen Sprach- und Schreib-
gebrauch, widerspiegeln. Je weiter sich eine beliebige Abschrift in der Zeit und dem Raum
vom Meister entfernt, umso weniger gibt sie das Original getreu wieder. So liegt z.B. der
mehr als ein Jahrhundert später in Einsiedeln entstandene Codex Sangallensis 21 (*R*) des Psalters am weitesten vom Codex 825 (*A*). Die übrigen Werke verteilen sich zwischen diesen zwei
Extremen.

Notkers Akzentsystem bleibt mit anderen Worten ein mehr oder minder verwirklichtes Ideal.
Daß der Klosterlehrer die Akzentsetzung von vornherein restlos durchdacht hat, brauchen wir
nicht anzunehmen. Vielmehr hat er meiner Ansicht nach mit der Zeit manches geglättet und er-

gänzt. Er kann zuweilen auch dieses und jenes übersehen, ja sich gelegentlich - bewahre! - sogar verschrieben haben.

Stand der Schreiber unter Notkers unmittelbarer Aufsicht, so wird er wohl gut ausgebildet worden sein, wird er sich bei der Arbeit viel Mühe gegeben, wird der Auftraggeber die beendete Aufgabe tüchtig durchgelesen haben. Da das verwickelte System dem heutigen Notkerforscher noch Schwierigkeiten bereitet, kann man sich leicht vorstellen, daß der damalige Schüler bzw. Schreiber die größte Gewandtheit und den bewundernswertesten Fleiß aufbieten mußte, um Diakritisches, dessen Sinn ihm entging, befriedigend kopieren zu können. Kein Wunder also, daß er bald den Akzent wegließ, bald einen unberechtigten eintrug, bald den Akut durch den Zirkumflex ersetzte oder das Umgekehrte beging und bald den Akzent unaufmerksam setzte, so daß das Zeichen auf einen Konsonanten, auf die zweite bzw. zwischen die zwei Komponenten eines Diphthongs oder auf eine benachbarte Silbe fiel. Rasuren und andere Änderungen stellen sowohl Verballhornungen als auch Verbesserungen dar.

Letzten Endes soll sich der Herausgeber hüten, den überlieferten Text zu ändern, es sei denn, der Akzent wäre komisch-falsch gelandet, oder die Bedeutung der Stelle wäre gestört. Für Hypothetisches und sonstige Anmerkungen ist doch genug Raum im kritischen Apparat.

§ 12. *Die Akzente in Notkers* Consolatio.[1] Kings Ausführungen seien einige Ergänzungen spezifischer und meistens praktischer Natur hinzugefügt. Da Notkers System nicht ganz einfach und auch nicht ganz konsequent ist (Überschneidung von Funktionen der Betonung und der Bezeichnung langer Vokale auch in nicht hauptbetonten Silben), haben sogar sehr geübte Schreiber Schwierigkeiten gehabt, so daß alle möglichen Variationen in der Setzung oder Nichtsetzung dieser Zeichen vorkommen; King hat die vielen Möglichkeiten am Ende seines Beitrags aufgeführt, und seine Liste gilt auch für die Schreiber der *Consolatio*-Texte.

In dieser diplomatischen Ausgabe erscheinen die vom System abweichend gesetzten Akzente auch im Text, mit Ausnahme ganz weniger Fälle fehlerhafter oder irreführender Zeichen; die regelrechten Formen werden normalerweise mit einem Sternchen versehen im 1. Apparat aufgeführt.

Es gibt auch eine Anzahl von verbesserten Akzenten in *A*. Da die Verbesserungen fast immer systemgemäß und "richtig" sind, gab es doch wohl in den meisten Fällen eine Instanz, an die man sich wenden konnte, sei es eine über das System informierte Person, sei es eine korrekt geschriebene Handschrift, sei es vielleicht sogar eine schriftlich festgelegte Anleitung. Beispiele solcher Verbesserungen sind etwa 14,11 *súnna* (Akut aus Zkfl. verbessert), 9,19

---

1 Vgl. allgemein Bischoff 1979, 216; Bischoff, 438f.; zu Notker vor allem Braune/Eggers, § 8, Anm. 8; King, XV; King 1975, XIVf.; King 1979, XXIV; Tax, Einl., § 10 und 11; P. Sievers, 21-27; zur *Consolatio* bes. Sehrt/Starck, IX-XVI und 398; Sehrt/Starck 1934, 259-61; Sehrt/Starck 1936; Gabriel, 61-67; Kelle 1883, 316f.; sowie Zürcher, O. Fleischer und Fenzelau, *passim*.

mêter-uuúrchun, 244,7 *frêhto*, 192,13 *stête stât* (Akut zu Zkfl. verbessert), 220,21 *ángest* (Zkfl. über *e* radiert), besonders treffend 256,9 *tiu chîesunga des chîesenten tât*, wo der Akut in *tîu* radiert wurde; der Akzent wäre ganz richtig gewesen, wenn der Genitiv *des chîesenten* von *chîesunga* abhängig gewesen wäre - vgl. oben King in § 11, Punkt 2a) -, er hängt aber von *tât* ab.

Einige Male wurde ein Wort verbessert, die dadurch unrichtig gewordene Akzentuierung aber nicht: 8,14 *uuâs* (aus *uuât*), 30,10 *kerúobôn* (aus *keróubôn*), was darauf schließen läßt, daß für den Schreiber die Akzentuierung selber wichtiger war als der Unterschied zwischen Akut und Zkfl. Dies gilt auch für viele andere Fälle.

Notker selber hat anscheinend seine Akzentuierung nicht aufs Latein erstreckt. Doch erscheinen etwa 15mal lateinische Wörter[2] mit Akzent versehen: nur *alâni* (4,7) mit Zkfl. (dafür aber in *A*, *G* und *W*), mit Akut z.B. *fôrtu/nam* (86,10f.), *gémmas* (141,1), *ángelos* (150,26), *ôrdo* (3mal nahe beisammen: 217,19; 218,2; 222,13). Ich habe solche Formen in den Text hineingenommen, zumal die Akzente sonst richtig sind, sofern sie nicht irreführend waren, wie *únde mala* (26,16), *Únde catullus* (123,25), *sól* (173,7). Eine merkwürdige Mischform findet sich 8,23: *quêdâ*.

Es muß noch erwähnt werden, daß einige Male ein *h*-förmiges *z* vorkommt, bei dem die obere linke Schleife mit einem Haarstrich, der wie ein Akut aussieht, nach rechts verlängert erscheint: *iz´* (22,10 und 25,4), *taz´* (50,23), *daz´* (51,6). Aber ein solches *z´* in *dâz´* (44,30) und *táz´* (51,13) legt nahe, daß es sich hier nur um einen Schnörkel handelt; ich habe daher diese Fälle in Text und Apparat unberücksichtigt gelassen, zumal diese "Akzente" nicht regelrecht wären (Sehrt/Starck[3] fassen sie als Akute auf, um dann die solchermaßen unrichtig akzentuierten Formen in den Apparat zu verweisen).

Und schließlich: Bei der Betrachtung einzelner Fälle kommt einem gelegentlich der Gedanke, ob Systemungemäßes doch nicht, im Sinne einer feineren dynamischen Abstufung, richtig sein könnte. So heißt es 140,10f. in einer sentenzartigen Formulierung: *Uuto sôl dâr sîn daz effectum . dâr diu efficientia neîst?* Zweifellos ist das erste *dar* stärker betont als das zweite, und man fragt sich, ob die Abfolge Zkfl.-Akut dem nicht Rechnung trägt. Man vergleiche umgekehrt *tîa geskîht . tîa* (46,27).

§ 13. *Das Anlautgesetz.*[1] Notkers Anlaut(s)gesetz[2] besagt, daß die ahd., ursprünglich stimmhaften Verschlußlaute *b d g* als stimmlose Verschlußlaute *p t k (c q)* erscheinen, wenn sie am

---

Fußnoten § 12

2 Im ursprünglich griechischen Namen *talês* (Thales von Milete) in 87,23 wird durch den Zkfl. wohl versucht, das griechische *etha* wiederzugeben.
3 Etwa Sehrt/Starck, 69 zu Z. 3.

Fußnoten § 13

1 Vgl. Clausing; Penzl; Braune/Eggers, § 103; Weinberg und Zürcher, *passim;* Baesecke; Schatz, § 148; King, XIIIf.; King 1975, XIIf.; Sehrt/Starck, VI-VIII, XVIf.; Ochs 1913; Steinmeyer 1873, bes. 138-40.
2 Ohne oder mit s̲? Vgl. die Übersicht bei Mohr.

Anfang eines Satzes oder Satzteiles nach Pause oder im Wortanlaut nach vorhergehendem stimm-
losem Wortauslaut (auch in Zusammensetzungen) stehen; *b d g* bleiben im Wortanlaut erhalten
nach Sonorlauten (Vokale und *l m n r*).[3] Insgesamt läßt sich diese Regelung für *b d g* aus den
vorliegenden frühen Notkertexten, vor allem aus *A*, deutlich genug ableiten. Ob dieses "Gesetz"
auch *u* (= *v*)/*f* einbezog, ist umstritten; ich halte dafür, daß der feinhörige Notker auch diesen Wechsel in der Schreibung berücksichtigte, bzw. berücksichtigen wollte, daß er aber aus
gewissen Gründen diese Regelung aufgegeben hat, d.h. später nicht mehr darauf bestand.

Obwohl wir über solche Gründe nur spekulieren können, scheint es mir wahrscheinlich zu sein,
daß éin Grund das Zeichen *u* selber ist. In karolingischen lateinischen Texten wird traditionell
fast immer *u* für den Vokal *u* wie den Konsonanten *v* benutzt, *v* in beiden Funktionen nur gelegentlich. Notker hat, wie es für einen lateinisch ausgebildeten Gelehrten natürlich ist,
u auch für den deutschen *v*/*f*-Laut geschrieben, vor allem wohl in stimmhafter Umgebung (wie
im Latein). Aber in deutschen Wörtern war *f* gewiß das häufiger benutzte, daher "eingespiel-
te", Zeichen (die stimmlose oder stimmhafte Aussprache hat sich sowieso nach dem jeweils ge-
sprochenen Dialekt bestimmt), so daß eine Alternierung mit *u* doch wohl recht künstlich wirken mußte. Darüberhinaus können die beiden Striche dieses *u* in Kombination mit anderen
strichreichen Buchstaben sehr verwirrend wirken, und man muß Sehrt/Starck recht geben, wenn
sie nahelegen, daß die Schreibung *Ánderíu fíur* statt *uíur* (150,10) in *A* und *D* (*D* führt den
Wechsel *u*/*f* durch) zum Zweck hatte, die Aufeinanderfolge von *i u u i u* zu durchbrechen
(S. VIII). Die Tatsache, daß *D* für das Metrum III, 9 den Wechsel *u* (*v*)/*f* noch weithin aufweist, kann leicht als ein Überrest (*survival*) der früheren strengen Regelung aufgefaßt werden, zumal Notker (wie andere auch) möglicherweise dieses faszinierende Metrum gesondert behandelt und schon vor der ganzen *Consolatio* bearbeitet hatte.

Wie unser diplomatischer Abdruck zeigt, gibt es eine große Anzahl von Abweichungen von
diesem "Gesetz" - auch in der im allgemeinen so vortrefflich geschriebenen Hs. *A*. Wie in Kings
Ausgaben erscheinen auch in meinem Text die regelrechten Formen, mit Sternchen versehen, im
1. Apparat, aber auch ich haben den *u*/*f*-Wechsel nicht oder kaum mitberücksichtigt.

Auffällig bleibt auf jeden Fall, daß die "unrichtigen" Schreibungen der *b d g* so selten
verbessert wurden; doch gibt es ein paar Fälle, so z.B. wenn in 212,25 ein ursprüngliches
áber óuh táz, das zu *áber dáz óuh* umgestellt wurde, die richtige Verbesserung von *táz* zu *dáz*,
freilich durch eine andere Hand, aufweist. Anscheinend wußte dieser Schreiber über das Anlautgesetz Bescheid.

Umgekehrt kommt es nicht selten vor, daß ahd. *t*, der ursprünglich stimmhafte Reibelaut *d*,
als *d* erscheint. Diese hyperkorrekten Formen (sie sehen wie unverschobene mittel- oder niederdeutsche Wörter aus) sind öfter einfache Vokabeln wie *dág*, *dôd*, *dûon* oder *drágen*, z.B. in
15,16; 65,17; 97,12; 147,13; 168,29; 169,3; 181,20; 230,5; usw. Vielleicht gab es zu dieser
Zeit in St. Gallen auch mittel- oder niederdeutsche Schreiber.

---

3 Beispiele: 5,9 Sanctus paulus kehíez tíen . díe ...; 5,16 Tánnân geskäh pi; nach Pause:
   5,20 Énêr híez ... ôtacher . tíser híez ...; in einem Wort: 40,11 mûot-pehéftedôn '*affectionum*'.
4 Vgl. oben § 8 und Fn 2.

§ 14. *Gegensätze im Vokalismus.*[1] Für schwachtoniges *e* schrieb Notker selber vor allem in
Endungen *e*. Doch kommt schon in der *Consolatio* dafür *i* vor: 81,13 îngetâniz, 99,9 frémide,
170,4 grîfile, 12,30 láchennis '*medicina*', 13,13 mîdinne; dieses *i* steht sehr oft auch in
der Superlativendung *-ist-*, z.B. 85,7 êristo, und in der Präposition *bi* (etwa 5,16; 15,12),
dessen *i* sogar noch als lang bezeichnet wird: 196,28 pî demo. Für die Hand *A2* auf S. 177
ist die Schreibung *i* für Schwa normal; auffälligerweise schreibt Hand *A3*, die auch *D* kopiert
hat, auf S. 177/78 *e* (es wurde 178,1 nehéinimo zu nehéinemo verbessert), aber in *D* sehr oft
(ca. 15mal) *i*. Auch die von *A1* verschiedenen Korrekturhände haben das *i* gern: 38,12 hábint.

Umgekehrt steht in *A* für ursprünglich Notkersches *i* in der Vorsilbe *in(t)-* oft *en(t)-*:
109,11 enthábe, 138,17/18 enfáren (aber 138,15 indrînnen), 156,13 enfángen (aber 156,10 infángen), ja in 64,25 steht *e*[1] von *enfángen* auf Rasur (von *i*?). Es ist schwer zu sagen, ob in
solchen Fällen orthographische Unsicherheit oder schon dialektischer Einfluß vorliegt; im
Mitteldeutschen ist ja *i* in Endungen ganz gewöhnlich.

A hat auch einige Male für den Diphthong *îe* nur *î*: 53,5 crîzes (ähnlich 94,27), 34,10 gezîrten, 42,10 nîte, 118,5 tînoe, 199,26 flîgendo, 200,25 gelîhterôt. Es ist wohl zu früh für
die mhd. Monophthongierung, doch gibt eine Schreibung *hîlten* (223,16) statt des normalen
hîelten etwas zu denken, zumal die Monophthongierung wie *i* für *e* im Mitteldeutschen beheima-
tet ist.

Für regelrechtes *ûo* erscheint in *A* mehrmals *û* oder *u*, auch *ûe* ein paarmal: 32,18 getûen,
233,4 mûede; auf den wenigen Seiten von *D* findet sich 5mal *û* oder *u* (*D* läßt oft Akzente weg),
einmal *ue* (151a,17 fueret), einmal *zuo > zu* radiert (s. unten).

Bei *ze/zû* (*zu*)/*zûo* als Präposition gibt es, wohl ähnlich wie bei *be/bi/bî*, eine Dreistu-
fung. Notker hat hier, wie vor allem Sehrt 1936 gezeigt hat, gewiß *ze* geschrieben, aber die
Varianten *zûo*, *zû* und *zu* sind mehrmals vertreten. Umgekehrt steht für regelrechtes betontes
zûo in Vorsilben und nach *dára* einige Male *zû* oder *zu*. Es sieht so aus, als schwenkten solche
Schreiber, die nicht genau über Notkers eigene Formen Bescheid wußten, auf eine Mittellinie
ein: *zû* oder *zu* für unbetontes *ze* und betontes *zûo*. Bei solchen Varianten ist vielleicht auch
die "Doppelpräposition" *zuze*, die in *A* 4mal als *zûze* (offensichtlich Notkers Form) vorkommt,
nicht ohne Einfluß; vgl. die Schwankungen und Stufungen in englisch *to* und *too* sowie in nie-
derländisch *te* = Präposition 'zu', *toe* = Adverb 'zu' und *tot* (aus *tote*) = Präposition 'bis'.

Eine Verschreibung ist umgekehrt gewiß 49,18 rûoment '*discedunt*' (Verwechslung mit rûomen
'rühmen'); solche Beispiele sind in *A* sehr selten.

In den Fällen, wo die Abschwächung eines Diphthongs (*îe > î*, *ûo > û*) vorzuliegen scheint,
muß man wohl mit Gabriel, 66f., und anderen zumindest annehmen, daß der erste Bestandteil
relativ starktonig, der zweite sehr schwachtonig war, so daß man das zweite Element im Dialekt
kaum artikulierte (beim Sprechen wie beim Hören und Schreiben).

---

1 Vgl. King, XIV; King 1975, XIIIf.; King 1979, XXIII; Sehrt 1936; Kelle und die Gramma-
   tiken von Braune/Eggers und Schatz, *passim*.

Der Umlaut von $\hat{u}$ erscheint in *A* als *iu*: 84,15 hîuser; auch der normale Diphthong (aus *eu*) wird *iu* geschrieben, aber dieses *iu* ist gleichfalls eine Art von Umlaut. Offensichtlich leiden die Schreiber an einer gewissen Unsicherheit, die zumindest teilweise in ihrer Sprech- und Sprachwirklichkeit gegründet sein kann; vor allem zeigen sich einige Entrundungen, bes. bei *diur-* und *stiur*: 27,6 úndûron, 51,29/30 úndûrlicho, 177,9 (Hand *A*2) und 172,11 stûor-rûoder. Im letzten Fall könnte einfach Vorwegnahme von *ûo*[2] vorliegen, aber daß 2 verschiedene Schreiber eine möglicherweise hyperkorrekte Form so nahe beieinander haben, stimmt etwas bedenklich.[2]

§ 15. *Orthographisches.*[1] Die Schreiber der *Consolatio*-Texte haben auch ihre individuellen Rechtschreibungseigentümlichkeiten.

So setzt der Schreiber von *A* gelegentlich dem *e* einen Schnörkel auf, der wie ein Komma aussieht: so bei *flebilis* (6,14), *tôten* (16,11), *hábetôn* (45,1). Dieser Schnörkel hat mit Akzentuierung nichts zu tun,[2] wie der Zkfl. über einem solchen *e* in *êr* (45,11) beweist, auch ist es keine besondere Form der *cauda*, denn auch das *g* von *fôgel* (199,4) zeigt oben eine Art Komma, diesmal *c*-förmig.

Das geschwänzte *ę* steht meistens für lat. *ae* oder *œ*, die beide gelegentlich vorkommen: *Haec* (7,20), *sœua* (7,7), so *abrahę* (114,21), aber *abrahœ* (114,11). Im Falle von *prae* als Präposition und Vorsilbe erscheint fast immer *pre*, aber das geht wohl auf Notker selber zurück, der etwa auch für *Graec-* normalerweise *grec-* schrieb. Das *ę* vertritt auch recht oft lat. *oe*, z.B. *fęderatę* (aber *foedere*) in 4,8, *cęperat* (4,30), aber *coeperat* (4,11). Auch *G* und *W* schreiben im lat. Prolog *oe* oder *ę*, wenn auch in verschiedener Mischung. Umgekehrt wird *ę* ein paar mal für $\bar{e}$ oder *e* geschrieben: *ęquitare* 'reiten' und *ęquitandi* (162,15), *fętuum* (217,6), *excęlso* (265,25), wiederholt in *cęteri* (sogar *cȩeri*). Einmal findet sich *coetera* (160,11). Zweisilbiges *ae* und *oe* bleiben unverändert: *aer* (168,6), *coegit* (4,23, alle 3 Hss.), *boetius*. Ein *e* wird gelegentlich an *a* angeschrieben, so daß eine Art Ligatur entsteht, um eine Verbesserung *a* zu *e* anzudeuten, z.B. *sæ* (23,27).

Für *y* tritt oft *i* ein: *liras* (19,3), *cipriani* (22,20), *pithagoricum* (28,24) und *pithagoras* (28,25), *lidorum ... ciro* (= *Cyro*) und *lidia* (51,2/3); vgl. *zephyrus* (31,21) und *zephiri*

Fußnote zu § 14
2 Die vollständigste und beste Zusammenstellung all dieser Fälle ist noch immer Kelle. Leider hat er, nachdem er 1883 Pipers Ausgabe verrissen hatte, sich geweigert, diese Ausgabe zu benutzen; all seine Zitate und Verweise beziehen sich auf Hattemers Ausgabe und sind nicht leicht auffindbar, zumal die Zitierweise nicht fehlerfrei ist. Auch ist nach Kelle alles fehlerhaft, was nicht der strengen Norm Notkers (wie Kelle sie auffaßt) entspricht. Vom Standpunkt einer liberaleren Auffassung von Notkers Sprache verschwindet das Interessanteste (mit dem wirklich Fehlerhaften) in den Fußnoten, und diese sind in Kelles Arbeit so klein gedruckt, daß ich ein Vergrößerungsglas benötige.

Fußnoten zu § 15
1 Vgl. King, XVf.; King 1975, XVf.; King 1979, XXVf.; Bischoff 1979, 156; Bischoff, 420; Zürcher, *passim*; Tax, Einl., § 9 und Fn 41.
2 Schon von Kelle 1883, 318, richtig erkannt.

(67,2). Dagegen heißt es normal ("klassisch") *tyrannos* (18,15/16) und *symmachus* (4,26) in *A* und *G*, während *W* sogar zu *simachus* vereinfacht. Umgekehrt wird statt *sidera* oft *sydera* geschrieben, was vielleicht poetischer aussieht.

Für *u* erscheint sehr oft ein *v*; meistens als *-v̄* (= *-um*) am Ende eines lat. Wortes, gelegentlich um eine längere Reihe von parallelen Strichen aufzubrechen, so in *vůoft* (11,5) oder *vuúrten* (256,17,[3] auch übergeschrieben, um einen darunter stehenden Buchstaben zu ersetzen: *bacho̊s* (36,2).

Statt *z* findet sich in deutschen Wörtern ab und zu ein *c: cênzeg* (28,3; 123,8), *céssa* (40,17).

In den obigen Fällen habe ich es normalerweise nicht für nötig gehalten, im 1. Apparat mit den "richtigeren" Formen und mittels eines Sternchens nachzuhelfen. Es gibt aber zwei Erscheinungen, wobei ich Formen mit Sternchen und/oder die klassischen Formen aus dem lateinischen Grundtext der *Consolatio* (im 2. Apparat nach Bieler) eingesetzt habe. Erstens hat der Schreiber in *A* fünfmal *ff* nach kurzem Vokal (auch viermal *tt*) vereinfacht: *grîfele* (7,22), *tréfeŃ* (41,5), *trîfet* (78,26), *grîfile* (170,14), *begrîfen* (242,22; 255,24, aber 242,22 *pegrîffen* und 242,21 *begrîffen*!) und *chnútele* (197,5) sowie *nebrútet* (18,5; 18,8/9; 18,12)[4]. Zweitens setzt der Schreiber einige Male *t* für *c* in lat. Wörtern,[5] wodurch sie nicht immer leicht verständlich sind, so z.B. *gretia* (16,16), *dissotiantur* (236,16; vgl. *sotius* in *W* 4a[2],18), *fallatium* (40,9), *permetiosa* 'perniciosa' (45,8/9); in solchen Fällen habe ich Bielers Schreibung im 2. Apparat vermerkt, wo nötig auch eine *lectio facilior* mit Sternchen im 1. Apparat, vor allem wenn es sich um Notkers eigenes Latein handelt.

§ 16. *Interpunktion.*[1] Wie in den meisten anderen in St. Gallen geschriebenen Werken Notkers bezeichnet auch in *A* der hochgestellte Punkt die große Pause, der Punkt auf halber Zeilenhöhe die kleine Pause; beide Punkte stehen normalerweise horizontal in der Mitte.

Anscheinend kann die kurze Pause auch anders wiedergegeben werden. In *A* kommt oft (ca. 200mal) eine Kombination von Punkt auf Zeilenhöhe mit darüber einem schräg nach recht geführten Haarstrich vor, einem sehr kursiven Ausrufezeichen ähnlich. Sehrt/Starck wissen um Kelles Hinweis auf diese Kombination als *distinctio suspensiva*, nehmen aber an, daß der Strich als Korrekturzeichen gemeint sei: "Trotz Kelles Hinweis ... scheint uns der schräg über einem

---

3 Oft erscheint für *iu* die Schreibung *iv*, besonders in der Endung *-iu* und am Ende der Zeile: 8,14/15 kezîv/ges, 19,15 sêlbîv /, 44,13 állîv /; vgl. auch 13,4 und 13,14 tv̂ / und im Latein 7,27/28 Colore vi/uido.

4 Auch *pp* wird zweimal zu *p* vereinfacht in *úppig* (79,4; 126,14).

5 Die Verwechslung von *c* mit *t* hat wohl auch die Verballhornung von Ciceros erstem Namen *marci* (Genitiv) zu *martii* in 98,17 verschuldet.

1 Vgl. Bischoff 1979, 214–16; Bischoff, 438f.; Battelli, 212–15; Müller, *passim*; King, XVIIIf.; King 1975, XVIIIf.; King 1979, XXVIIIf.; Sehrt/Starck, XVII–XIX; Tax, Einl., § 13; Zürcher, 96f. und 99 unten.

hochgesetzten Punkt stehende Strich sicher nichts als eine Korrektur zu bedeuten" (XVIIf.).
Dies ließe sich verteidigen, wenn diese Kombination einige Male vorkäme. Aber sie ist häufig
und deutet eben normalerweise eine kurze Pause an. Und in der Praxis war das Zeichen *!*
Schreibern wie Lesern wohlvertraut, kommt es doch in vielen liturgischen Hss., vor allem in
Psalterien, seit der Karolingerzeit immer wieder vor, um die kurze Pause anzudeuten.[2] Ich
denke, daß das Zeichen *!* das bedeutet, was es darstellt: Die Stimme bleibt oben, "aufgehängt",
geht nicht hinunter wie normalerweise am Ende eines Satzes, der nicht Ausruf oder Frage ist.
Dieser Sachverhalt wird durch den späteren Terminus *distinctio suspensiva* treffend erfaßt.[3]
Der Strich dient daher kaum als Korrekturzeichen, sondern muß vielmehr als *suspensio*-Strich
bezeichnet werden. Wie im Psalter habe ich deshalb dafür in meinem Text das kursive Ausrufezeichen (*!*) gesetzt.

Auch die große Pause wird oft anders wiedergegeben, und zwar fast immer durch eine Kombination von 1-3 Punkten und einem nach unten geführten Haken, der wie ein großes Komma aussieht.
Sehrt/Starck nehmen auch hier an, daß der Haken Korrekturzeichen sei, zumindest in der Kombination mit einem Punkt: "... der Punkt war zu niedrig gesetzt, und der Schreiber deutete mit
dem Komma an, daß er höher gerückt werden sollte" (XIX). Aber in der Punkt/Haken-Kombination
steht der Punkt nicht selten schon hoch (;́ oder ·,); auch äußern sich Sehrt/Starck nicht zu
der Funktion des Hakens allein (*A* 5,3 laborare,) oder in der Kombination mit 2 oder 3 Punkten.
Anscheinend liegt es weit mehr auf der Hand, auch hier den Haken zu deuten als das, was er
darstellt: Im Gegensatz zum Strich in *!* zeigt der Haken an, daß die Stimme sinkt, sie wird
hinuntergeführt, *uox deponitur*. Dies ist ja durchaus der Fall am Ende eines normalen Satzes.
Ich möchte daher von einem *depositio*-Haken oder -Strich sprechen und nehme an, daß er dazu
dient, die große Pause noch zu verstärken - wie die "überflüssigen" Punkte auch.[4]

Diese Punkt(e)/Haken-Kombinationen stehen meistens nach den rubrizierten Überschriften in
den Büchern I-III und nach den *Incipit*- und *Explicit*-Formeln der einzelnen Bücher. Im Text

---

2 S. Bischoff 1979, 214; für Notkers Psalter Tax, XL Fn 63; und schon Kelle 1883, 315.
3 Sehrt 1936, 334-36, ist noch einmal auf die Sehrt/Starcksche Auffassung zurückgekommen,
   um sie zu verdeutlichen, aber die versuchte Rettung am Schluß scheint mir nicht sehr er-
   folgreich zu sein. Die niedrige Punkte/Häkchen-Gruppe .', nach *lêrest* (172,4) kommt
   auch sonst oft für eine besonders starke Pause vor und ist zwar klein (die Schrift hier
   ist überhaupt klein und eng), aber aus einem Guß. Nach *síte* (231,11), das das letzte
   Textwort von Buch IV ist (es folgt die *Explicit*-Formel in der nächsten Zeile), steht
   einfach ein Fragezeichen + der *depositio*-Haken (Textende des IV. Buches!). Und bei
   suêr am Satzende (68,17) hatte der Schreiber zuerst das Zeichen *!* für die kleine Pause
   angebracht, es dann richtig durch einen *depositio*-Haken korrigiert, aber danach den ursprünglichen Strich nicht radiert, ein weiterer Fall von (halb) unterbliebener Verbesserung also.
4 In *De nuptiis* und auch einige Male in der *Consolatio* (53,6-18; 73,14-18; 100,25-29;
   107,10-28; 215,3-14) hat Notker mit Worten gesagt, wo in einem Satzgefüge eine *suspensio*, wo die *depositio* zu erfolgen hatte. Er wollte dabei gewiß das Textverständnis
   fördern. S. jetzt die Analyse dieser Modellfälle bei Backes, 56-64.

selber kommt fast nur die Punkt/Haken-Kombination öfter (ca. 50mal) vor, andere Kombinationen sehr selten.[5]

In meinem Abdruck von *A* habe ich bei solchen Kombinationen für große Pause immer den modernen Punkt gesetzt. Bei einer Kombination im Text selber habe ich diese im Apparat angegeben, bei einer Kombination nach einer Kapitelüberschrift und einer *Incipit*- oder *Explicit*-
Formel aber nicht. Denn erstens wurden alle Fälle in der Fußnote aufgeführt, zweitens nehmen
die Kombinationen öfter Formen an, die sich mit der Schreibmaschine nicht gut genug wiedergeben lassen, so daß das diplomatische Prinzip eine Grenze erreicht.

Das Fragment *G* benutzt nur den hochgestellten Punkt für die große Pause, den Punkt auf halber Zeilenhöhe für die kleine. Der Text in *W* hat Punkt auf halber Zeilenhöhe in beiden Funktionen, er kann auch horizontal in der Mitte stehen, erscheint aber nicht selten etwas nach links
gerückt; der Text schließt mit einer Dreierkombination (˙,˙). Das Bruchstück *D* verfährt wie *G*.[6]
Ich setze überall (.) für die kleine, (.) für die große Pause.

In meinem Abdruck der Texte erscheint also der moderne Punkt für die große Pause, für die
kleine das kursive Ausrufezeichen (*!*) und der Punkt in der Mitte (·) bzw. – bei sehr vollen
Zeilen – (·).

Das handschriftliche Fragezeichen, ursprünglich eine Neume,[7] ist unproblematisch, wenn auch
reich an Formen; es erscheint als modernes Fragezeichen.

---

5 In *A* überwiegt die Gruppe von 4 Zeichen (3 Punkte + 1 *depositio*-Strich) in den Büchern I
   und II. Hochgestellter Punkt steht nach den beiden Prologen, der *Incipit*-Formel von Buch
   I und II und der Überschrift in I, 14 und 24 sowie II, 3, 4, 7, 13 und 18, während ., nach
   der Überschrift in II, 45, .˙. nach II, 20 und ˙,˙ nach II, 23 angebracht wurde. Die Gruppe von 4 Zeichen steht auch nach der *Explicit*-Formel von Buch I (hier sogar auch nach dem
   letzten Textwort von Buch I: *háft*) und von Buch II.
   Buch III weist den hochgestellten Punkt auf nach der Überschrift in 20, 40-99, 102-124,
   während ; nach 100 und 101, ˙,˙ nach 14, sonst die Vierer-Gruppe steht (auch nach der
   Incipit- und *Explicit*-Formel), Abschnitt 1 aber ohne Überschrift und ohne Zeichen ist
   – wohl ein Versehen des Schreibers.
   In Buch IV steht auffälligerweise überall der hochgestellte Punkt nach jeder Überschrift
   sowie nach der *Incipit*- und *Explicit*-Formel, nur einmal findet sich innerhalb von Überschrift 14 ˙, nach POTENTIAM und vor dem Schlußwort PROPOSITIO, das offensichtlich einen
   neuen Einsatz darstellt.
   Die Überschriften in Buch V haben auch meistens den hochgestellten Punkt (auch nach der
   Incipit- und *Explicit*-Formel), aber nach 35 steht nichts und ; nach 15-17, 19, 21-25,
   28, 36, 37, 39 und 43-47 (wie auch nach dem letzten Textwort: *ságenne*).
   Insgesamt wirkt die Verteilung etwas uneinheitlich; der Sachverhalt ließe sich am besten
   dadurch erklären, daß mehr als ein Rubrikator am Werke war, aber das bedarf der weiteren
   Untersuchung.
   Auch im Text (lateinisch und deutsch) kommt ca. 50mal die Gruppe Punkt mit *depositio*-
   Strich statt des hochgestellten Punktes am Satzende vor. Die Gruppe von 2 Punkten +
   depositio-Haken habe ich im Text nur nach 157,30 *summa* als ˙., und nach 172,4 *lêrest*
   (s. oben Fn 3) gefunden, eine Vierer-Gruppe im Text nur nach *háft*, dem letzten Textwort
   von Buch I (s. oben). Für die Kombination ?, nach *síte* (231,11) s. oben Fn 3.
6 *W* interpungiert stärker als *A* und *G*, *D* ist oft nachlässig, vor allem am Zeilenende.
7 S. Bischoff 1979, 215: "... Form der Neume Quilisma, das mittelalterliche Musikschrift-
   steller als 'zitternde und steigende Tonverbindung' beschreiben, ... was die Auffassung
   als Tonzeichen unterstreicht".

Der Schreiber von *A* benutzt oft einen Galgen ($\sqcap$), wenn er bei Weiterführung von über
eine Zeile hinausgehenden Kapitelüberschriften den noch freien Raum normaler Textzeilen aus-
nutzt und die beiden Textarten voneinander trennen will. Ich habe diesen Galgen durch $\sqcap$
wiedergegeben.

Punkte, Striche und andere Zeichen werden auch für andere Zwecke verwendet. So trennt ein
Punkt *zu* von *iro* in *zuiro* (85,28), Punkte werden auch zur Tilgung von Buchstaben und Wörtern
benutzt, meistens als Unterpungierung, aber auch als Überpungierung oder gar als Umpungierung
oder Umzäunung (185,16: *únde*). Auch Striche üben diese Funktionen aus; durch Strich darunter
wird regelmäßig angedeutet, daß die Schleife eines Fragezeichens zu tilgen ist, so z.B. in
37,18 oder 52,11.[8] Ganze Wörter werden meistens einfach durchgestrichen, aber auch Tilgung
durch Strich darunter, z.B. in 219,16f., oder durch Strich darüber und darunter (223,26)
kommt vor. Auch Kombinationen werden benutzt. So gibt ÷ über dem Anfang, : über dem Ende
eines Wortes einige Male an, daß das Wort zu tilgen ist, z.B. 14,21 *uuás* oder 51,19 *regis*. Die
Zeichen / . / . erfordern ein paarmal (94,26 und 113,22) eine Umstellung, wobei die Idee ist,
daß das erste übergeschriebene / . die Stelle bezeichnet, wohin das andere, mit dem zweiten / .
übergeschriebene Wort verpflanzt werden soll. Ähnlich funktionieren übergeschriebene ˙˙ ˙˙
(48,23). Auch übergeschriebene Buchstaben werden für Umstellungen benutzt (57,22 oder 212,25).

Bei über oder unter der Zeile angebrachten Einfügungen wird kein Zeichen, ein Einfügungspunkt oder -häkchen verwendet; bei weiter weg stehenden, auf den Rändern befindlichen Auslassungen kommen allerlei andere Zeichen vor: / . (21,17; 267,18), $\sim$ (77,26), ν (58,1; 67,14),
die Schleife eines Fragezeichens (78,28), ⁚ (67,12), + (39,6), *h* mit Querstrich durch Ober-
länge (39,12; 102,19), und diese Zeichen werden doppelt gesetzt: vor der Auslassung und bei
der Einfügungsstelle im Text.

§ 17. *Getrennt- und Zusammenschreibung*.[1] Auch noch in vielen lateinischen Hss. in karolingi-
scher Minuskel werden oft kleine Wörter wie *at*, *et*, *sed*, vor allem aber Präpositionen wie
a(b), *ad*, *ex*, *in* mit dem folgenden Wort zusammengeschrieben. Diese Schreibgewohnheit wird in
den St. Galler Notker-Hss. auch auf das Deutsche angewandt, vor allem bei den Präpositionen
an, *be*, *in* und *ze*, und die *Consolatio*-Texte bilden keine Ausnahme. Gelegentlich wird auch
ein kurzes Wort, das folgt, mit dem vorhergehenden zusammengeschrieben, *A* 31,10 *dázter*,
A 59,21 *inis* (*in* = Personalpronomen). Dieser Gebrauch bei den Präpositionen ist durchaus
schwankend; bei *ze* wird sehr oft zusammengeschrieben, bei den anderen Kurzpräpositionen dürf-

---

8 Hier haben Sehrt/Starck, XVIIIf., ganz richtig gesehen.

1 Vgl. Bischoff 1979, 218f.; Bischoff, 439; King XVIIf.; King 1975, XVIIf.; King 1979,
   XXVIIf.; Tax, Einl., § 12; Zürcher, 52; Morciniec.

ten die Fälle der Zusammenschreibung denen der Getrenntschreibung die Waage halten. Um nicht
stillschweigend zu normalisieren, so daß das Phänomen als Problem stehenbleibt, habe ich auch
in dieser Neuausgabe (wie King und ich sowie schon Hattemer in früheren Notker-Bänden) in solchen Fällen der Zusammenschreibung - sie können öfters verwirrend sein - den Trennungsbogen
angewandt. In besonderen Fällen wie *samoso/samo so* oder *bediu/be diu* bleibe ich jeweils bei
der Hs., da sich nicht oder kaum ausmachen läßt, ob es sich um ein Wort oder zwei Worte handelt.

Umgekehrt, wenn auch in den *Consolatio*-Texten verhältnismäßig selten, erscheinen in den
lateinischen wie deutschen karolingischen Hss. Teile von Worten getrennt geschrieben, die
zweifellos zusammengehören, im Lateinischen meistens kurze Präfixe wie *ab-, ad-, ex-, in-,*
im Deutschen vor allem Enklitika und allerlei wenig- oder unbetonte Vorsilben, gelegentlich
auch vollbetonte Bestandteile von Zusammensetzungen. Eine Spezialuntersuchung über diese
Schreibgewohnheit (die möglicherweise eine Reaktion gegen die Zusammenschreibung mit Kurz-
wörtern ist) gibt es leider noch nicht. Aus ähnlichen Gründen wie oben habe ich im Deutschen
den Bindestrich, der den Hss. der *Consolatio* Notkers fremd ist, maßvoll eingeführt; es handelt
sich um folgende Kategorien:
a) Herkömmlich bei der Silbentrennung am Ende der Zeile;
b) bei Enklitika wie *zû-ze* oder *in-in, des-te* (77,24), auch *dir/der/dar*, ein abgeschwächtes
'dort, da', das einen Relativsatz einleiten kann, z.B. 6,14 *Îh-tir*. Die Negationspartikel
ne wird in *A* immer mit dem folgenden Zeitwort zusammengeschrieben, in *D* erscheint *ne* dreimal
zusammengeschrieben, 7mal (einschließlich 149a,6 *ne heiniu* !) steht es getrennt; da *D* auch
sonst unrichtig und irreführend trennt, z.B. 150a,19 und 20 zweimal *er strichet sî*, habe ich
bei *ne* in *D* den Bindestrich angebracht, falls nicht schon zusammengeschrieben wurde. Weiter:
c) bei allen eindeutigen Nominal-, Adjektiv- und Adverbialkomposita, z.B. 10,19 *mére-tîer*,
7,14 *árbéit-sámo*, 7,24 *Êr-uuírdigero*, 18,27 *zû-uersîhte*, 46,13 *ében-mûote*, 44,10 *âle-gáro*.
d) bei Verbalkomposita mit den 'alten', immer untrennbaren Präfixen *be-, ge-, er-, fer-,*
in(t)-/en(t)-, ze- sowie mit *misse-* und *fólle-* (im Sinne von lat. *per-,* wie in *fólle-chómen*
'peruenire').

Sonst habe ich den Bindestrich nicht angewandt; nicht bei den Verbalkomposita mit den
'jüngeren', heute trennbaren oder untrennbaren Präfixen wie *âne, fóre, úmbe, ûf, über* oder
únder, auch nicht bei *to dôh, dâr umbe,* usw. Ich folge der handschriftlichen Schreibung, da
die Frage, ob ein Wort oder nicht empfunden wird, zu der Zeit oft nicht entschieden sein
dürfte und ich durch die Nichtnormalisierung indirekt weitere Untersuchungen über St. Galler
und andere Schreibgewohnheiten anregen will.

Beim Latein habe ich den Trennungsbogen nicht, den Bindestrich nur bei der Silbentrennung
am Zeilenende und in einigen besonderen Fällen wie 4,2 *pseudo-apostolos,* 4,26 *contra-dicentes,*
83,2 *nihil-ominus* angewandt. In den wenigen Fällen, die in Frage kommen, folge ich regelmäßig
stillschweigend den Schreibungen der kritischen Ausgaben, normalerweise Bieler. Auf besondere
Fälle gehe ich im Apparat ein. Auch in einem klassischen Werk wie der *Consolatio* ist die

lateinische Grammatik so stark normiert, daß gewisse Schreibgewohnheiten bei Trennung und Zusammenschreibung keine veränderte Sprachwirklichkeit spiegeln und daher textkritische nicht relevant sein dürften. Trotzdem möchten Mittellateiner und vielleicht auch Kodikologen dem Thema mal eine Spezialuntersuchung widmen.

§ 18. *Einige Gedanken zu Notker und dem Philologischen*. Es ist allgemein anerkannt, daß die beiden ersten Bücher von Notkers *Consolatio*, sowie sie in *A* niedergeschrieben wurden, ein sehr gutes Bild von Notkers Sprache und deren vielen Feinheiten geben. Das heißt nicht, daß der Text vollkommen ist und, sozusagen, "Dudenperfekt"; dafür gibt es auch in Buch I und II zu viele Abweichungen von Ideal in zu vieler Hinsicht: Akzentuierung, Konsonantismus (bes. Anlautgesetz), Vokalismus, Rechtschreibung. Aber dieser Text war und ist Ausgangsbasis für alle statistischen Erhebungen; und die Zählungen, die vor allem Sehrt und Starck für ihren Notker-Wortschatz vornahmen, bleiben wertvoll. Man wird sich generell auf sie verlassen dürfen, wenn einige Notkerianer auch mit deren Interpretation und editorischer Verarbeitung nicht ganz einverstanden waren.

Inzwischen liegen einige gute Zusammenfassungen von Notkers Sprache vor;[1] sie hier zu wiederholen oder gar weiter zusammenzufassen, erscheint als unnötig. Auch im Hinblick darauf, daß unsere Neuausgabe im Prinzip diplomatisch ist, treten rein philologische Gesichtspunkte überhaupt etwas zurück - wir stellen (noch) keine kritische oder normalisierte Ausgabe her, der umfassende sprachliche Untersuchungen zugrundeliegen müßten.[2]

Da kodikologische Aspekte mehr im Vordergrund stehen, würde es naheliegen, Notkers Sprache nach Abschluß dieser Ausgabe neu zu beschreiben und darzustellen, und zwar indem man den kodikologischen Ansatz weiter ausbauen und systematisch nach Schreibern differenzieren würde, d.h., es ist zu fragen: wer schreibt was, wie, wann? Dabei sind auch die frühen Psalterfragmente durchaus einzubeziehen.

Wir wissen gut genug, wie Notkers Sprache *idealiter* aussah. Wie King in seinen Ausgaben habe auch ich in diesem *Consolatio*-Text diesen sprachlichen Idealzustand zumindest im 1. Apparat maßvoll festzuhalten versucht, indem ich, sofern der Text diesem Ideal nicht entspricht, die wichtigsten "richtigen" Notkerformen (*"lectiones meliores"*) dort mit einem Sternchen versehen vermerkt habe. Dabei liegen vor allem die Zählungen von Sehrt und Starck zugrunde, ich habe aber normalerweise solche Formen nur dann verzeichnet, wenn eine große statistische Mehrheit für sie spricht. Es bleiben genug Unsicherheiten und Zweifelsfälle; was "echt" Notker

---

1 Besonders Penzl 1971, 92-105 (§ 9); Valentin; Valentin 1969, 33-39, 123-28, 175-81, 242-58; vor allem die vielen Arbeiten Sondereggers: Sonderegger, 79-123; Sonderegger 1971; Sonderegger 1974, bes. 106-11; Sonderegger 1980, gehen immer wieder liebevoll und feinsinnig auf Notkers Wort- und Sprachkunst ein.
2 Einmal wird es nötig sein, die Sprache Notkers (oder "Notkers") zusammenfassend und unter Berücksichtigung der Schreiberhände neu zusammenzustellen. Dabei werden u.a. die Arbeiten von Kelle sowie vor allem der Notker-Wortschatz von Sehrt, Starck und Legner mit den Einleitungen zur Sehrt/Starckschen Ausgabe und den Aufsätzen beider Herausgeber gute Dienste leisten können.

ist, läßt sich öfter nicht entscheiden. Die *lectiones meliores* möchten aber, wenn auch folgerichtig nur im 1. Apparat, das sprachliche Idealbild lebendig erhalten und gegebenenfalls zur kritischen Herstellung gewisser Notker-Texte in authentischer Form anregen - man denke etwa an Metrum III, 9.

Doch bleiben die vielen Abweichungen vom Ideal, besonders in *A*, etwas beunruhigend, zumal es nicht unmöglich ist, daß Notker selber noch lebte, als *A* abgeschrieben wurde. Zunächst lag absolute Einheitlichkeit dem Mittelalter wohl überhaupt fern. Auch mag Notker im Laufe seines Lebens und seiner Lehre einige Auffassungen über seine Sprache modifiziert und differenziert, unter Umständen auch wieder aufgegeben oder rückgängig gemacht haben. Doch bleibt ein Rest, und es fällt schwer, so manches, wie die meisten Forscher getan haben, den Schreibern anzulasten,[3] vor allem in *A*, wo die Hände sehr geübt erscheinen; der gute Schreiber durfte sowieso nur das kopieren, was er sah. Natürlich könnte es sein, daß zwischen dem Original (oder Archetyp) und *A* eine Fassung vorlag, die deren Schreiber sehr frei kopiert hatte. Aber diese Zwischenfassung wäre fast sicher unter Notkers eigenen Augen zustandegekommen. Und das oder Ähnliches müßte dann bei den meisten anderen Schriften Notkers passiert sein.

Versuchen wir aus dieser Aporie etwas herauszukommen. Auch wenn wir über Hypothesen nicht hinauskommen, scheint es weit wahrscheinlicher zu sein, daß Notker schon bei seinen Anweisungen an die Schreiber (sie müssen recht kompliziert gewesen sein) sorgfältig zwischen der objektiven Botschaft seines Mischtextes und dessen subjektiver Wiedergabe unterschieden hat und damit zufrieden war, daß diese Schreiber ein so genaues Bild vermittelten, wie unter den praktischen Umständen des St. Galler Skriptoriums (mit alten und jungen, erfahrenen und unerfahrenen Schreibern) möglich war. Notker muß gewußt haben, daß sein eigener alemannischer Dialekt nicht ganz einheitlich war, und er hat seine Sprache gewiß nicht als eine neue heilige Sprache (neben den 3 anderen) betrachtet. Wie Notker sprach und was er an sprachlichen Feinheiten hörte, konnte er wohl kaum immer bis in alle Einzelheiten durchsetzen, vor allem dann nicht, wenn seine Schreiber etwas anderes hörten und sagten, und ich bin sicher, daß Notker sich der Wiedergabeschwierigkeiten seiner deutschen Sprache wohl bewußt war. Und da er doch wohl einige seiner umfangreichsten Werke, zumindest den Psalter, erst in ziemlich hohem Alter vollendet hat, dürfte ihm bewußt gewesen sein, daß in absehbarer Zeit überhaupt keine Kontrolle mehr ausgeübt werden konnte. Von schriftlichen Anweisungen Notkers für seine Schreiber ist nichts bekannt, und Notker hätte sie wohl für unnötig und unnütz gehalten.

Mir scheint also, daß Notkers Haltung den Schreibern gegenüber pragmatisch und duldsam war. Perfektionismus im Hinblick auf seinen eigenen Dialekt könnte, monastisch gesehen, leicht als Eigensinnigkeit erscheinen, und es ist anzunehmen, daß der *benignissimus magister* der weniger

---

3 Natürlich machen Schreiber (auch sie) echte Fehler. Ich meine nicht diese, sondern die vielen Varianten und Variationen, die vorkommen und die man nicht als unrichtig betrachten kann; dazu gehören auch die meisten Fälle, die ich oben in § 14 und 15 kurz behandelt habe.

idealen Wiedergabe seiner deutschen Texte ein großes Verständnis entgegengebracht hat - abgesehen davon, daß viele Verbesserungen und vor allem Rasuren eine Handschrift normalerweise
nicht verschönern. Die Tatsache, daß gerade in *A* so viele Verbesserungen zwar angemerkt, aber
nicht ausgeführt worden sind (s. oben § 6), hängt doch wohl auch mit einer solchen toleranten
Haltung zusammen.

Dies alles heißt nicht, daß wir nicht Notkers sprachliche Kunst nach wie vor bewundern,
sondern dadurch, daß Notker anscheinend seinen Schreibern einen gewissen Spielraum ließ, sind
die handschriftlichen Texte teilweise weniger regelrecht auf uns gekommen. Auch deshalb wird
es nützlich und nötig sein, bei einer künftigen Gesamtdarstellung von Notkers Deutsch die Hände aller Schreiber (auch der Korrektoren) mitzuberücksichtigen. Überraschungen halte ich bei
einer solchen Untersuchung nicht für ausgeschlossen.

V e r s c h i e d e n e s

§ 19. *Zur technischen Einrichtung der Ausgabe.*

Die Hs. *A.*

Da *A* möglichst diplomatisch wie auch seiten- und zeilengetreu abgedruckt wird, gibt mein
Text so genau wie tunlich die formale und strukturelle Einrichtung des Textes in der Hs.
selbst wieder. So gibt es gelegentlich Ausrückung von Großbuchstaben am Zeilenanfang, rubrizierte Initialen werden kursiv gesetzt, Capitalis und Kapitälchen erscheinen im entsprechenden Format, usw. Da ich auch in dieser Ausgabe, wie seit langem üblich, den lateinischen Grundtext (nicht aber Notkers lateinische Einsprengsel) kursiv gesetzt habe, obwohl die Hss. der
Consolatio im Gegensatz etwa zum Psaltercodex *R* diesen Grundtext nicht rubrizieren, wurde umgekehrt Notkers eigener rubrizierter Text in den Kapitelüberschriften wie in den *Incipit*- und
Explicit-Formeln normal gesetzt - dies nach den allgemeinen Editionsprinzipien dieser Ausgabe
(s. King, S. [III], Punkt 2). Auslassungen, die auf den Rändern nachgetragen wurden, erscheinen in den Text eingefügt; leider mußte einige Male bei längeren Auslassungen eine Zeile
in dem Abdruck geteilt werden. Eine solche Teilung wird wohl auch bei einigen sehr langen
Zeilen in Buch IV und V notwendig sein.

Die Beschriftungen auf den Rändern wie im Kolumnentitel stammen vom Herausgeber. Links auf
dem Rand stehen jeweils die laufenden Zeilenzahlen (5, 10, usw.) einer jeden Seite der Hs. Im
Kolumnentitel findet man die Seitenzahlen dieser Ausgabe, d.h. der Hs., die *verso*-Seiten
links, die *recto*-Seiten rechts. Jede Seitenzahl ist also mit der von *A* identisch, die immer
(als *A*4, *A*5, usw.) rechts unter dem Strich des Kolumnentitels steht. In der Mitte des Kolumnentitels wurde zunächst die lateinische Buchangabe der *Consolatio* (ich folge hier der Anregung
in *A*) angebracht; dann habe ich, damit man sich bequem in Boethius' *Consolatio* zurechtfindet,

dort auch angegeben, wieviel Text eine jede Seite Notkers behandelt, und zwar nach der Seitenzahl und der Zeilenzahl des Metrums bzw. der Prosa in Bielers Ausgabe (die selbst die
Seitenzahl von Weinbergers Ausgabe auf dem rechten Rand verzeichnet). Auf dem rechten Rand
stehen jeweils Hinweise auf die früheren Ausgaben von P(iper) und S(ehrt)/St(arck); P10 bedeutet, daß S. 10 in Pipers Ausgabe in der davorstehenden Zeile beginnt. Auch findet man dort
jeweils die neue Kapitelzahl des im Kolumnentitel angegebenen Buches. Weiter gebe ich nach der
ersten Zeile einer Seite an, in der wievielten Prosa oder in dem wievielten Metrum Notkers
Text ist (m3 oder p4) und deute dann auf dieselbe Weise an, in welcher Zeile das nächste Metrum oder die nächste Prosa anfängt. Die Reihenfolge der Angaben auf dem Rand nach einer
Zeile spiegelt nach Möglichkeit die Reihenfolge der Einsätze in dieser Zeile. Wenn nicht anders angegeben, wird in der Einleitung und sonstwo auf Seite(n) und Zeile(n) von A, d.h.,
dieser Neuausgabe verwiesen.

Die Fragmente.

    Die Texte der Fragmente finden sich in einem Einlegeheft zu Band 1 und 2 dieser Ausgabe.
Sie erscheinen genau parallel zu Seite und Zeile von A abgedruckt. Jede Seite erhält daher
links im Kolumnentitel die Seitenzahl von A mit einem a-Index, im Falle der zweimaligen Pa-
rallelüberlieferung des lat. Prologs mit einem a^1-Index für G und einem a^2-Index für W; die
Sigle der Hs. findet sich rechts unter dem Strich des Kolumnentitels. Auf dem linken Rand
wird die Zeilenzahl von A wiederholt. Auf dem rechten Rand stehen nur Angaben zu den Blättern
bzw. Seiten der Hss. dieser Fragmente und, bloß im Falle von D, zu den Seiten von Pipers Ausgabe (Piper hatte D nicht in seiner Notker-Ausgabe sondern separat veröffentlicht); die Hinweise auf die Seiten der Ausgaben von Piper und Sehrt/Starck - sie stehen ja bereits im Abdruck von A auf dem rechten Rand - habe ich nicht wiederholt, und auch beim Abdruck von D
war ein Hinweis auf Bielers Ausgabe unnötig, da es sich nur um das Metrum III, 9 handelt.

    Das Zeilenende in den Fragmenten wird mit /, der Seitenabschluß mit // bezeichnet. Fällt
das Zeilenende in ein Wort, so wird der Schrägstrich ohne Spatien benutzt, fällt es zwischen
2 Worte, so steht 1 Spatium vor, 1 Spatium nach dem Schrägstrich. Wenn bei beschnittenen Blättern eine Zeile links oder rechts unvollständig ist, wird der fehlende Schreibraum nach oder
vor dem Schrägstrich schätzungsweise angegeben.

    Allgemein äußert sich der 1. Apparat zu Notkers deutschem Text, nur gelegentlich zu seinem
oder Boethius' Latein; Formen mit einem Sternchen geben entweder Notkers regelrechten Vokalismus und Konsonantismus (s. oben, § 18, die "*lectiones meliores*") oder vor allem für das Latein
Notkers, wie die Hss. es überliefern, orthographisch regelmäßigere Formen (s. oben, § 15:
"*lectiones faciliores*"). Der 2. Apparat versucht, Notkers Abweichungen von Boethius' *Consolati*
seine eigenen *uariae lectiones* also, mit Hilfe von Bielers Ausgabe zu ermitteln und sie auf

Textmaterial, das Notker zugänglich war, zurückzuführen.[1]

    Man beachte auch die Liste mit Kürzeln und Zeichen, die in jedem der 3 Bände unmittelbar vor dem Text steht.

---

1 Die Varianten habe ich regelmäßig normal gesetzt, denn sie gehören nicht eigentlich Boethius sondern Notker, z.B. 7,30 esset. Um das Schriftbild nicht zu unruhig zu machen, habe ich bei Wortteilen meistens auf die Nichtkursivierung verzichtet; ich habe immer kursiviert, wenn Notker ein -*que* oder *ac* der Vorlage durch *et* ersetzt (und er tut das überaus häufig). In allen Fällen aber stehen die Normalformen der kritischen Ausgabe (nach Bieler) im 2. Apparat; B ohne Zusatz = Standardform, in allen Hss., B (Hss.) = Form in mehreren von Bieler benutzten Hss. (s. Bielers 2. Apparat).

KÜRZEL UND ZEICHEN, DIE IN TEXT UND APPARAT BENUTZT WERDEN

anrad.	= anradiert
B	= Bielers Ausgabe von Boethius' *Consolatio* (mit Seitenzahl und Zeilenzahl des Metrums bzw. der Prosa)
A	= CSg 825; s. Einl., § 3
D	= CTur C 121; s. Einl. § 3
E_1	= CEins 179; s. Einl. § 1
G	= CSg 844; s. Einl., § 1 und 3
G_1	= CSg 845; s. Einl., § 1
geschr.	= geschr.
m	= Metrum in der *Consolatio*
N	= Hs. Neapel, Biblioteca Nazionale, IV.G.68; s. Einl., § 1
nachgetr.	= nachgetragen
p	= Prosa in der *Consolatio*
P	= Pipers Ausgabe von Notkers *Consolatio* (mit Seitenzahl)
Pgm.	= Pergament
rad.	= radiert
Ras.	= Rasur
S/St	= Sehrt und Starcks Ausgabe von Notkers *Consolatio* (mit Seitenzahl)
übergeschr.	= übergeschrieben
verb.	= verbessert
W	= Hs. Wien, Österreichische Nationalbibliothek, 242; s. Einl., § 3
Zkfl.	= Zirkumflex
-	= Bindestrich; Zusatz des Herausgebers, um Worteinheit anzudeuten
‿	= Trennungsbogen; Zusatz; kein Spatium in der Hs.
[ ]	= Zusatz; Eingeklammertes ist auszulassen
< >	= Zusatz; Eingeklammertes ist zu ergänzen
/	= Zusatz; Zeilenende
//	= Zusatz; Seitenschluß
Ø	= Buchstabe D ist mit normaler Tinte geschrieben, aber mit roter Tinte gestrichelt (betupft)
]	= Konjektur- oder Emendationszeichen; davor steht die in den Text aufgenommene Konjektur oder Emendation, danach die Form der Hs.
*	= mit Sternchen bezeichnete Form; Verbesserungsvorschlag und/oder Verständnishilfe (*lectio facilior*) vom Herausgeber
:	= Raum für Buchstabe oder Zeichen in einem Wort vorhanden, aber Text nicht (mehr) sichtbar

Die *Consolatio*

Texte

PROLOGUS.

*O*portet nos 'memores esse . quę de romano imperio paulus apostolus predixerat

quondam. Multis enim per pseudo-apostolos territis.quasi instaret dies domini.ille ar-

rexit corda eorum his dictis. Quoniam nisi discessio primum uenerit . s . romani im-

5 perii.et reueletur filius iniquitatis .i. antichristus. Quis enim nesciat romanos olim

rerum dominos fuisse . et fines eorum cum mundi finibus terminari? Postquam autem barba-

rę nationes . alâni . sarmatę . daci . uuandali . gothi . germani . et alię multo

plures . quę eis subditę uel cum eis fęderatę erant . rupta fide et foedere . rem

publicam inuaserant . et nulla eis uis romana resistere poterat . inde iam pau-

10 latim uergere tanta gloria . et ad hanc defectionem quam nunc cernimus . ten-

dere coeperat. Namque contigit sub tempore zenonis . qui ab augusto trans-

actis iam quingentis et viginti tribus annis . quadragesimus nonus impe-

rator extiterat . ipso in constantinopolitana sede posito . odoagrum turci-

lingorum et rugorum regem . qui et herulos et scyros secum habuit . romanos

15 et italiam sibi subiugasse. Theodericum uero regem mergothorum et ostrogotho-

rum . pannoniam et macedoniam occupasse. Deinde ab imperatore theode-

ricus constantinopolim propter uirtutis famam accitus . et magnis honoribus

quasi socius regni apud eum diu habitus . et familiaritati atque intimis

consiliis admissus . precibus egit . ut annueret ei . si contra odoagrum dimica-

20 ret et uinceret . ipse pro eo italiam regeret. Et sic eum a se discedentem .

magnis zeno ditauit muneribus . commendans ei senatum et populum

romanum. Ingressus ergo italiam . odoagrum intra triennium ad dediti-

onem coegit . atque occidit . deinde potitus est totius italię. Romano-

rum autem iura consulto imperatoris primum disponens . dehinc uero succe-

25 dente anastasio imperatore . et iustino maiore . rem pro sua libidine ad-

ministrare incipiens . contra-dicentes occidit. Inter quos symmachus

patricius . et gener eius boetius gladio perierunt. Sanctissimum quoque pa-

pam iohannem . usque ad necem carcere afflixit. Ipse autem sequenti anno

regni sui trigisimo . ira dei percussus est . succedente in regnum adelrico

30 nepote eius. Hinc romana res publica iam nulla esse cęperat . quę

---

1 PROLOGUS·: *hochgestellter Punkt fast ganz verwischt* 7 *alani 8 vor ł
[= uel] kleiner, akutartiger Strich auf Zeilenhöhe* 9 pau/: u *nicht mehr
sichtbar* 10 ten/: *rechte Hälfte des* e *und* n *nicht mehr sichtbar* 12 quadragesimus: a[2] *auf Fleck* imple/: e *nicht mehr sichtbar* 13 turci/: nur
untere Hälfte von ci *noch sichtbar* 14 romanos /: *rechte Hälfte von* o[2] *und* s
nicht mehr sichtbar 15 ostrogotho/: o[4] *nicht mehr sichtbar* 16 theode/: *rechte
Hälfte von* e[2] *nicht mehr sichtbar* 17 honoribus / : *nur* hono. *noch sichtbar*
18 intimis /: *nur* inti *und erster Strich des* m *noch sichtbar* 19 dimica/: *nur
Rundung des* a *noch sichtbar* 19/20 .·. *auf dem linken Rand*

gothorum regibus tunc oppressa est.usque ad narsetem patricium.qui sub iustino minore

propulsatis gothorum regibus.langobardorum manibus italiam tradidit.et simili eam fe-

cit peste laborare. Horum autem iugum . post ducentos et quinque annos . ex quo in-

trauerunt italiam . karolus francorum rex abstulit . et auctoritate le-

5   onis papę . qui eum ad defensionem apostolicę sedis inuitauit . ipse im-

perator ordinatus est. Post ipsum uero et filios eius . imperatoris nomen ad

saxonum reges translatum est. Ergo romanorum regnum defecit . ut paulus

prophetauit.   I T E M P R O L O G U S T E U T O N I C E .   P5 S/St5

*S*anctus paulus kehîez tîen . dîe in sînên zîten uuândon des sûoneta-

10 gen . táz er êr nechâme . êr romanum imperium zegîenge . únde

antichristus rîchesôn begóndi. Uuér zuîuelôt romanos iu uuésen ál-

lero rîcho hêrren . únde iro geuuált kân ze énde dero uuérlte?

Sô dô mánige liute énnônt tûonouuo gesézene . hára úbere be-

gôndôn uáren . únde in állên disên rîchen keuuáltigo uuîder ro-

15 manis sizzen . tô iu stûonden iro díng slîfen . únde ze déro tîlegún-

go râmen . tîa uuîr nû sehên. Tánnân geskáh pi des chéiseres

zîten zenonis . táz zuêne chúninga nórdenân chómene . éinêr

imo den stûol ze romo úndergîeng . únde álla italiam . ánderêr ná-

hor imo greciam begréif . únde dîu lánt . tîu dánnân únz ze tûo-

20 nouuo sînt. Énêr hîez in únsera uuîs ôtacher . tîser hîez thiote-

rih. Tô uuárd táz ten chéiser lústa . dáz er dioterichen urîunt-

licho ze hóue ládeta . tára ze dero mârun constantinopoli . únde in

dâr mit kûollichên êron lángo hábeta . únz er in dés bîten stûoNT .

táz er imo óndi . mit ótachere ze uéhtenne . únde úbe er in úber   P6

25 uuúnde . romam ióh italiam mit sînemo dánche ze hábenne. Táz úr-

lub káb imo zeno . sîn lánt . ióh sîne liute . ze sînên trîuuôn beué-

lehendo. Sô dioterih mit témo uuórte ze italia chám . únde er

ôtaccheren mit nôte guán . únde in sâr dára nâh erslûog . ún-   S/St6

de er fúre in des lándes uuîelt . tô netéta er ze êrest nîeht úber

'30 dáz . sô demo chéisere lîeb uuás. Sô áber nâh imo ándere chéisera

---

3 laborare,   6 filios: o *aus* u *verb.*   9 *uuândôn   9/10 *sûonetágen
11/12 *kleiner, waagerechter Strich auf dem rechten Rand*   13/14 *begóndôn
14 uáren: *unter e kleines Loch im Pgm.*   *geuuáltigo   16 *râmen   *sêhên
*pe   18 imo: *Akut verwischt*   18/19 *náhôr   20 *tisêr   22 *mârûn
23 *êrôn   *pîten   24 *ôtachere   27 dioterih: o *aus Ansatz von* t *verb.*
28 *ôtacheren

uuúrten . tô begónda er tûon . ál dáz in lústa . únde dîen râten án den

lîb . tîe imo dés neuuâren geuólgig. Fóne díu slûog er boetium . ún-

de sînen suêr symmachum . únde dáz óuh uuírsera uuás . iohannem

den bâbes. Sâr des ánderen iâres . uuárt thioterih ferlóren . sîn

5 néuo alderih zúhta daz rîche ze_sîh. Romanum imperium hábeta îo

dánnan hîna ferlóren sîna libertatem. Áber dóh gothi uuúrten dán-

nân uertrîben fóne narsete patricio . sub iustino minore. Sô châ-

men áber nórdenan langobardi . únde uuîelten italiȩ . mêr dán-

ne ducentis annis. Nâh langobardis franci . tîe uuîr nû héizên

10 chárlinga . nâh în saxones. Sô îst nû zegángen romanvm imperivm .

nâh tîen uuórten sancti pauli apostoli. INCIPIT LIBER PRIMUS   P7 S/St7

BOETII. CONQUESTIO BOETII . DE INSTABILITATE   1

*Q*ui peregi quondam carmina florente studio . hev /⁻ FORTUNȨ.   m1

flebilis cogor inire mestos modos. Îh-tir êr téta frôlichîv

15 sáng . îh máchôn nû nôte chára-sáng. *Ecce lacerȩ camenȩ dictaNT*

mihi scribenda. Sîh no . léidege musȩ . lêrent mîh scrîben. Táz mîr

uuîget . táz uuîget în. Tîe mîh êr lêrton iocunda carmina . tîe

lêrent mîh nû flebilia. *Et rigant ora elegi . i . miseri . ueris . i . non fictis*

fletibus. Únde fúllent sie mîniv óugen . mít érnestlichên drânen.

20 *Has saltim comites nullus terror potuit peruincere . ne prosequerentur*

nostrum iter. Tîse geuértun nemáhta nîoman eruuénden . sîe nefûo-

rîn sáment mír. *Quasi diceret.* Úbe îh ánderro sáchôn beróubôt

pîn . mînero chúnnôn nemáhta mîh nîoman beróubôn. *Gloria fe-*

licis olim uiridisque iuuentȩ . solantur nunc mea fata . mesti senis. Êr uuâ-

25 ren sie gûollichi mînero iúgende . nû trôstent sie mîh álten . mî-

nero misseskîhte. *Uenit enim inopina senectus properata malis.*

Tés îst óuh túrft . uuánda mír îst úngeuuândo . fóne árbéiten

zûo geslúngen . spûotîg álti. *Et dolor iussit inesse suam ȩtatem .*   S/St8

s . ideo suam . quia citius cogit senescere. Únde léid hábet mîh   P8

30 álten getân. *Funduntur uertice intempestiui cani.* Fóne dîen

---

1 *în   4 *uuárd   6 *dánnân   8 *nôrdenân   12/13 *rote Buchstaben teilweise
verwischt, Interpunktionsgruppe nach* FORTUNȨ *nicht mehr sichtbar*   14 téta: *unter*
êt *kleines Loch im Pgm.*   16 *auf dem linken Rand* N *eingeritzt*   17 *lêrtôn
19 *mînîv   drânen: dra *auf Ras., rechts über* a *kleiner Strich (kein Akut)*
21 *geuértûn   30 Fóne: o *auf Ras.*

uuurten . tobegondâ er niion . al dâh inlusta . unde dîen râten ando
lib . tie imo der neuuáren geuolgig . Lone diú staog er boetiú . un
de sinen suér tymmachū . unde dâh ouh uuir seta auar iohanne
den bábes Sár der anderen iares uuart thioterih serloren . sin
néuo alderih habta dâh riche . henh Romanū imperiū habeta io
dannan hina serloren sina libertate . Aber doh gotin uuurten do
nân uertriben sone narsere patricio . sub iustino minore . So chá
men aber nordenan langobardi . unde uuietten italie . mei da
ne ducentis annis . Nah langobardis franci . tie uuir nū heizen
charlinga . nah in saxones . So ist nū begangen romanū imperiū .
nah tien uuorten sci pauli apti . INCIPIT LIBER PRIMUS
BOETII DE CONSOLATIONE BOETII DE INSTATAP LITAT

Qui pegi quonda carmina florente studio . hev
flebilis cogor inire mestos modos . Ih ar er teta frolichiv
sang ih machon niu note chara sang . Ecce lacere eamene dictat
mihi scribenda . Sib no leidege muse teren mih scriben . Tah mu
uuiget tah uuiget in siv mih er serron wounda carmina . tie
terent mih niu flebilia . Et rigant ora elegi . i . miseri . ueris . i . sichen
fletb . Unde fullent sie minu ougen . mit ernestlichen trinen .
Has saltem comites nullus terror potuit uuincere . nepsequeren
nostrú te lise geuertin nemahta nioman eruuenden . sie nessio
rin samente mir . Quari dicere . Vbe ih ander ro sachon berouboton
pin . minero chunnon . nemahta . mih nioman beroubon Gloria se
tieis olt uuridisp uuenig . solани ne mea sata mesta senis . Er uuа
ren sie giolliehi . minero iugende . nu tróstent sie mih alten . mu
nero musfeskihte . Venit eni inopina senectus pperata malis .
Tes ist ouh turst . uuanda mir ist ungemuando sone arbeiten
hno gestungen spuorig alti . Et dolor iussit inee sua etате .
sidео suá . quia enius cogit senescere . Unde teid habет mih
alten gerah sundunę uertice intempestiui cani . sone chin

dingen gramen ih heuuhtre. Er lazu cui uererenu esseto corpore. Unde stiehui huir ridor an chnistelosemo lichamen. Tah ebir mine lide vi-
dorit under stiachero hutte selw mors hominis. que nec se insertt chul-
ab annis. et sepe uocatta. uenit mestis. Tah ist salig tod ter inlusta-
men briten nechumet. unde inleit samen geuuinster. netuelet.
Eheu. qua surda aure auerttit misteros. Ah besere. uuio ubelo er-
die uuchegen gehoret. Et saua claudere negat steuter oculos. Unde
uuio ungerno er cheligo berior. uo uuinonrten ougen. Dumale sida
fortuna fauerte leuib. bonu. Yrib mir calda solgeton. inallemo mine-
mo giotte mir unstuemo. also ih nu skinet. Pene merserat tristur hora caput meu. Tobabeta mib tu leida stunda. nah kenomen ih meino
diu uingesta. Nune quia mutauit nubila fallacee uultū. prahit im-
pia uita ingratas moras. Yuanda si mir aber nu gesuichen habet.
[...] leuget mi leuget mina. ur ist. mit ar beit samo lib. Quid totiens
iactatus me felicee amiei. Uuah hiehent. tr io mih saligen fuuint. mine. Yuar. ist ih nu. Qui cecidit. nerat ille stabili gradu. Ter doh io
uiel fasto nestuont. ube er fasto stuonde. to neuile er. Arguimtu are-
pugnantib. Repugnant eni stare et cadere.

DE INGRESSU PHILOSOPHIAE ET EIUS HABITU

Haec dum mecu tacitus reputare ipse. Ysih ih tih suigendo inmine-
mo miotte abuota. Et signare lacrimabile querimonia. officio
tuli. Unde ih sus amer licha chlaga screib mit temo grisele. Ysua ē
mulier aftruste mihi supra uertice ē. Yuar sah ih. ēn uuib stan obe
mir. Reuerendi admodu uultus. Er uuirdigero tate barro. Arden-
tib. oculis. Mit ernest lichen ougon. Et pripicatib. ultra commune
ualentia hominu. Unde dir nobior sehenteh. tanne ioman men-
niskon sehen muge. Loh pstunda di gesther philosophia. Colore vi-
uido. Mit uneblichero uareuuo. Si neatrte niehr. Atq. inexhausti
vigoris. Unde micheler magenes. unde ungebrostenes. quia pringit
asine uspadsine sortit. Quauus tra plena ēt. eui. Toh si so ate uuare.

dingen grâuuên ih ze_únzite. *Et laxa cutis . tremit effeto corpore.* Únde sláchíu hût . rîdot an chráftelôsemo lîchamen. Táz chît . mîne líde rî-
dont únder_sláchero híute. *Felix mors hominum . quę nec se inserit dul-*
cibus annis . et sepe uocata uenit mestis. Táz ist sâlig tôd . tér in lústsa-
5 mên zîten nechúmet . únde in léit-sámên geuuúnstêr netuélet.
   Eheu . quam surda aure auertitur miseros. Áh ze_sêre . uuîo úbelo ér
   die uuênegen gehôret. *Et sæua . claudere negat flentes oculos.* Únde
   uuîo úngerno ér chéligo betûot íro uuéinonten ôugen. *Dum male fida*
   fortuna faueret leuibus bonis. Únz mír sâlda fólgetôn . in_állemo mîne-
10 mo gûote . mír únstâtemo . álso iz nû skînet. *Pene merserat tristis ho-*
   ra caput meum. Tô hábeta mîh tiu léida stúnda nâh kenómen . îh mêino
   diu iúngesta. *Nunc quia mutauit nubila fallacem uultvm . protrahit im-*
   pia uita ingratas moras. Uuánda si mír áber nû gesuíchen hábet .
   nû lénget mîna urîst . mîn árbéit-sámo lîb. *Quid totiens*
15 *iactastis me felicem amici?* Uuáz hîezent ir îo mîh sâligen friunt mîne? Uuâr ist iz nû? *Qui cecidit . non erat ille stabili gradu.* Tér dôh îo
   uîel . fásto nestûont / úbe er fásto stûonde . so neuî<e>le er. *Argumentum a re-*
   pugnantibus. Repugnant enim stare et cadere.*
   D E   I N G R E S S U   P H I L O S O P H I A E .   E T   E I U S   H A B I T U .   2 S/St9
20 *H*aec dum mecum tacitus reputarem ipse.* Únz íh tiz suîgendo in mîne-
   mo mûote áhtota. *Et signarem lacrimabilem querimoniam . officio*
   stili. Únde íh sús âmerlicha chlága scréib mít temo grífele. *Uisa est*
   mulier astitisse mihi supra uerticem. Uuâr sáh íh . éin vuîb stân ôbe
   mír. *Reuerendi admodum uultus.* Êr-uuírdigero tâte hárto. *Arden-*
25 *tibus oculis.* Mít érnest-lichên ôugon. *Et perspicacibus . ultra communem*
   valentiam hominvm. Únde dúrnohtor séhentên . tánne îoman ménniskôn séhen múge. *Ióh profunda dei gesîhet philosophia. Colore vi-*
   uido. Mít iúnchlichero uáreuuo. Sî neáltêt nîeht. *Atque inexhausti*
   vigoris. Únde mícheles mágenes / únde úngebróstenes / *quia pertingit*
30 a fine usque ad finem fortiter. *Quamuis ita plena esset ęui.* Tôh si sô ált uuâre.

---

1 *únzîte   2 *rîdôt   chráftelôsemo: *Akut von anderer Hand*   2/3 *rîdônt
4/5 *auf dem rechten Rand* N *eingeritzt   *lústsámên   5 *geuuúnsctêr
6 surda: a *auf Ras. von* e   7 uuênegen: *Zkfl. aus Akut verb.* gehôret.,
8 *úngerno   *uuêinônten   9 *auf dem rechten Rand* N *eingeritzt   *sâldâ
14 nû lênget: *davor* nû lênget . *rad.   21 *áhtôta   22 *grîffele
26 *dúrnôhtôr   28 *iúnglichero

30 esset: foret B; *über* foret *Glosse* esset *übergeschr.* G

Ut nullomodo crederetur nostrę ętatis. Táz sîh nîoman îro negelóubti . uué-   p1
sen ébenált. Uuánda sî uuás îo. *Staturę discretionis ambiguę.* In̲ îro
geuuáhste zuîueligero mícheli. Íh nemáhta uuîzen . uuîo míchel si
uuâre. *Nam nunc quidem cohibebat sese ad communem mensuram hominum.*

5 Uuánda éina uuîla . kezúhta si sîh hára zu únsermo méze . uuánda
si uuîlon humana áhtôt. *Nunc uero uidebatur pulsare cęlum . cacumine*   S/St10
summi uerticis. Ándera uuîla tûohta si mír den hîmel rûoren . mít
óbenahtigemo hóubete . uuánda si astronomiam uuéiz. *Quę cum altivs*
extulisset caput . etiam ipsum cęlum penetrabat. Sô si daz hóubet hô

10 ûf erbúreta . sô úber slûog iz ten hímel . táz tûot sî diuina scrutan-
do. *Et frustrabatur intuitum respicientium.* Únde sô tróug si déro sîa
ána uuártentôn óugen. D E   A M I C T U   E I U S .   3 P10
V̌estes erant perfectę tenuissimis filis . subtili artificio . indissolubi-
li materia. Íro uuât uuâs chléine . únde uuáhe . únde festes kezív-

15 ges. Tîu uuât ist tîure . târ dîu drîu ána sint. Íro uuât . táz sint artes liberales. Táz sî chléine íst . táz máchônt argumenta . táz sî uuáhe
íst . táz máchônt figurę dianoeos únde lexeos. Táz sie uéste sint .
táz máchôt tiu uuârheit. Sô uuârên sumptis uuâriu inlatio fól-
get . sô nemág tára uuídere nîoman nîeht ketûon. Fóne dîu

20 ist îo in uuârhéite fésti. *Quas ipsa texuerat manibus suis . uti post*
cognoui eadem prodente. Tîa uuât sî íro sélbiu uuórhta ! sô íh áfter
dés fóne íro uernám. Uuánnân máhtin dîe artes chómen . âne
uóne dei sapientia? *Quarum speciem obduxerat . quędam neglectę*   S/St11
uetustatis caligo . ueluti solet fumosas imagines. Íro bilde uuâ-

25 ren fóre álti uersáleuuet . sámo so rúcchegiu gemâle. Uel sic. Áltiu sûmhéit hábeta uertúnchelet íro uuáhi. Uuánda sô die artes nîoman neûobet . sô uuírt íro geâgezôt. *Harum in extremo*
margine . legebatur intextvm π *grecum.* Ze̲ níderost án dero uuâte .
stûont kescríben taz chrîecheska p. Táz pezéichenet practi-

30 cam uitam . táz chît ᴀᴄᴛiuam. *In superiore uero legebatur* θ.Ze̲ óberôst stûoɴᴛ

---

1 *auf dem linken Rand* ɴ *eingeritzt*   5 *ze   6 *uuîlôn   7 *dûohta   8 *óbenáh-
tigemo   9 *hôho   11 *dero   13 :· *auf dem linken Rand (für Initiale* ᴠ *?)*
14 uuâs: *langes* s *aus* t *verb., Zkfl. blieb stehen;* *uuás   *fêstes   18 *uuârhéit
*uuâriu   18/19 *fólgēt   21 *sélbiu   22 *máhtîn   23 quędā   25 * rúcchegiu;
nach Kelle *róuchegiu (?)   25/26 *áltiu   27 *íro   28 *níderôst   29 *daz
chrîechiska   30 superiore: e² *aus* i *verb.*

2 statura *B*   11 respicientiumque ... intuitum *B*   30 supremo *B*

theta. Tíu bezéichenet theoreticam uitam ! dáz chît contemplatiuam. *At-*   p1
que inter utrasque literas uidebantur insigniti quidam gradus in modum
scalarum. Únde únder zuísken pûohstaben . stûonden sámo so léi-
ter-sprózen gezéichenet . álde stégon stûofa. *Quibus esset ascensus .*

5 *ab inferiori ad superius elementum.* Áfter dîen man stîgen máhti . fóne demo nîderen pûohstabe zu demo óberen. Uuánda sancti únde   P11
sapientes . fárent fóne actiua vita . ad contemplatiuam. *Eandem tamen ue-*
stem . sciderant quorundam uiolentorum manus. Tîa sélbûn uuât hábe-
ton ferbróchen súmeliche nôt-núnftara. *Et abstulerant particu-*

10 *las quas quisque poterat.* Únde uuâren sie ána-uuert mít íro stúc-
chen . dîe îogelicher besuérben máhta. Uuánda epicurei ún-
de stoici . únde achademici strîten . únde téiltôn sîh in misseliche   S/St12
sectas. *Et gestabat quidem dextra libellos . sinistra uero sceptrum.* Án
dero zéseuuîn trûog si bûoh . târ liberales artes ána uuâren .

15 án dero uuînsterûn sceptrum ! uuánda si chúningen îst. Sî chád .
per me reges regnant . et thronus meus in columna nubis.

D E   E X P U L S I O N E   B L A N D I E N T I U M   M U S A R U M .   4
*Q*ụẹ *ubi uidit poeticas musas . assistentes nostro thoro.* Sô sî gesáh fóre mînemo bétte stân . tîe mêter-uuúrchun. *Et di-*

20 *ctantes meis uerba fletibus.* Únde mír trâne récchende . mít
iro uuórten. *Commota paulisper.* Sâr dés éin lúzzel zórneg uuór-
teniu. *Ac toruis inflammata luminibus.* Ióh trôlicho séhendiu.
Inquit. Frâgeta si. *Quis permisit has skenicas . i . theatrales mere-*
triculas accedere ad hunc ẹgrum? Uuér lîez hára

25 in ze disemo sîechen . tise geuuéneten hûorra ze theatro? In
fornicibus theatri . uuúrten meretrices prostratẹ . dánnan îst forni-
catio gehéizen. Álso dîe den man mít íro lenociniis árgerotôn .   S/St13
sô tâten óuh tîse mít íro âmerên uuórten. Fóne díu héizet
er sîe meretrices. Álde skenicas meretriculas . héizet er ske-

30 nicas musas . álso comediẹ uuâren . únde tragẹdiẹ . dîe óuh   P12

---

2 inter: t̄ *übergeschr.*   3 *zuiskên bûohstáben   4 *stégôn stûofâ   6 nîderen:
en *auf Ras. von* o   *bûohstâbe ze   8/9 *hábetôn   10 *ánauùert *waagerechter*
Strich auf dem rechten Rand   11 dîe: d *auf Ras. von* t; *über Zkfl. Zkfl. rad.*
*diu   *îogelichêr   auf dem rechten Rand N eingeritzt   16 trhonus   19 mêter:*
Zkfl. aus Akut verb.   *uuúrchûn   20 uerba: e aus i verb.   22 *séhentîu
24 accedere zweimal   25 *hûorâ   26 *dánnan   27 *mân   30 *dîe

2 in utrasque B *(Hss)*; inter utrasque *G N* E_1, in *G aber* t̄ *übergeschr., wie*
oben bei Notker   10 potuit *B*   13 dextra eius *B*   19/20 fletibusque meis
uerba dictantes *B*

mánne scádotôn . uuánda comedię ráhtôn ímo risum . tragędię luctvm.

Quę non modo nullis remediis fouerent . dolores eius . uerum insuper ale-

rent dulcibus uenenis. Tîe ímo sîn sêr nîeht éin nehéillent . núbe

ióh mêront . mít sûozemo éitere íro uuórto. *Hę sunt enim quę necaNT*

5 *infructuosis spinis affectuum . uberem segetem fructibus rationis.* Tîz

sínt tîe den uuûocher únde dén ézisg tero rationis ertémfent .

mít tîen dórnen uuillônnes. Táz chît mít íro uuillechôsonne .

ergézzent sie mán sînero rationis. *Hominumque mentes assuefaci-*

unt morbo . non liberant. Únde ménniskôn mûot stôzent sie in dia

10 súht . sîe nelôsent siæ nîeht. *At si quem profanum detraherent blanditię*

uestrę . uti uulgo solitum uobis. Áber infûortînt ir mir éinen uré<i>-

den . mít íuuermo zárte . sô ir díccho tûont. *Minus moleste fe-*

rendum putarem. Táz neuuâge mír sô nîeht. *Nihil quippe lede-*

rentur in eo operę nostrę. Án dêmo neinfûore mír nîeht mînero ár-

15 béito. *Hunc uero innutritum eleaticis studiis . atque achademicis . s . non pa-*

tior mihi subtrahi. Áber dîsen chrîechiskero méisterskéfte . ún-

de achademiskero dúrh-lêrten. *Sed abite potius sirenes . usque in*

exitium dulces. Rûment sirenes . lúst-same únz án dia uerlór-

nísseda. Sirenes sínt mére-tîer . fóne déro sánge intslâfent

20 tie uérigen . et patiuntur naufragium. *Et relinquite eum curandum*

sanandumque meis musis. Únde lâzent míh ímo sîn mûot néren .

únde héilen ! mít mînên carminibus. *His ille chorus increpitvs .*

deiecit humi mestior uultum. Tô snîfta níder dáz sús erstôuta ge-

zuâhte. *Confessusque rubore uerecundiam . tristis limen excessit.* Únde

25 uóre schámon irrôtende . gelîez iz sîh. *At ego cuius acies caliga-*

rat . mersa lacrimis . nec dinoscere possim . quęnam esset hęc muli-

er tam imperiosę auctoritatis . obstipui. Áber íh erchám míh tô dés .

uuér dáz uuîb uuâre sô geuuáltîgo uárentiu . íh nemáhta sia

bechénnen . uuánda mír daz óuga tímbereta . fóllez trâno.

30 *Uisuque in terram defixo.* Únde íh fúre míh níder séhende. *Quid*

2/3 *auf dem linken Rand N eingeritzt*   3 * nehéilent   4 *mêrônt   6 *dên
7 *uuillechôsônne   10 siæ: *wohl a zu e verb.;* *siu   11 *mír   18 dulces.,
*lústsáme   19 intslâfent: l *aus Ansatz von a verb.*   25 *scámôn irrôtende
28 geuuáltîgo: u² *aus* ál *rad. und verb.*   30 in: i *unten anrad.*

20/21 meisque eum Musis ... relinquite. *B*   25/26 caligaret *B (Hss)*, caligarât
B (2 Hss); vgl. caligaret, *über* ret *Glosse* uel uit *übergeschr. G, ähnlich* E]
26 possem *B (Hss)*, possim *B (4 Hss)*   27 obstupui *B (Hss)*; obstipui *G N*
30 quidnam *B*

A11

deinceps esset actura . explorare *tacitus coepi.* Pegónda íh suîgen-   p1

do chîesen . uuáz sî dára nâh tûon uuólti. *Tum illa proprius accedens* .

consedit in extrema parte lectuli mei. Tô hítemon náhôr gânde .

gesáz si ze̜nderôst mînes péttes. *Et intuens meum uultum grauem*

5 *luctv.* Únde ána séhende mîn ánalútte . trâglichez fóne vuûof-

te. *Atque deiectum in humum merore.* Únde fóne trûregi níder ge-

hángtez. *His uersibus conquesta est* . *de perturbatione nostre̜ mentis.* Chlá-

geta si sîh mít tîsen uérsen . mînes únmûotes.

C O N Q U E S T I O   P H I L O S O P H I A E   S U P E R   A E G R O .   5

10 𝐇*eu quam hebet mens* . *mersa precipiti profundo.* Áh uuîo hárto síh   m2

misse-hábet mánnes mûot . káhes kestúr<z>tez ín dia grûoba. *Et*   S/St15

relicta propria luce . i . *naturali sapientia* . *tendit ire in externas*

tenebras . i . *in insipientiam* . qu̜e *contra eius naturam est.* Únde uuîo gnôto

iz tánne îlet . ûzer demo lîehte . ín dia uînstri. Uuîo iz síh kelóubet

15 sînes trôstes . únde héftet síh an̜undrôst. Uuánne tûot iz sô? *Quo-*

tiens noxia cura . *aucta terrenis flatibus* . *crescit in inmensum.* Sô sîne

sórgun êrerôn fóne fránspûote . ze̜unmézig uuérdent. Uuán-   P14

da úbe er êr rîche uuás . sô ímo dés káhes kebrístet . sô uuíget iz

ímo. *Hic quondam liber* . *assuetus aperto ce̜lo ire in e̜therios meatus* . *cer-*

20 *nebat lumina rosei solis* . *uisebat sydera gelide̜ lune̜.* Tíser uuás ke-

uuôn dénchen án die hímel-férte . únz er in̜geréchen uuás . únde

chôs er in héiteri . dero súnnûn uérte . únde des mânen. *Et ui-*

ctor habebat comprehensam numeris . *que̜cumque stella exercet ua-*

gos cursus . *flexa per uarios orbes.* Únde uuíssa er ôuh tîe

25 uérte be̜zálo . tîe dehéin planeta tûot . feruuállotíu in ánder-

ro planetarum uérte. Ér uuíssa uuóla . die mânôt-zála . íôh

tia iâr-zála íro îogelichero uérte. Uuánda ér uuíssa . dáz

saturnus úmbe gât ten hímel triginta annis . iouis duode-

cim . mars duobus . sol in uno anno . mercurius únde uenus infra

30 annum . luna triginta diebus. Únde dáz̜téro îogelih uuíder fért

---

8 mit: *auf Ras. von* tisen   *tisên   10 *auf dem rechten Rand* N *eingeritzt*
15 an] in   17 *sórgûn   *frámspûote   20 roseis: s² *rad.* *Tíser   26 *dîa
27 *tîa   30 *fêret

1 exspectare B   4 meumque intuens uultum B   19 suetus B; *vgl. Glosse*
consuetus G E₁   23 comprensam B   24 recursus B

temo ándermo. Sô luna tûot soli . tánne táge-uínstri uuírdet . únde sô

uuír martem sáhen uuíderfáren demo mânen . dô er drînahtig uuás .

únde úber mítten gân . náls nîeht úndenân . núbe óbenân. Fóne diû

chît er . flexa per uarios orbes. *Quin etiam* solitus rimari *causas . unde*

5 *sonora flamina sollicitent ęquora ponti.* Ér uuólta iôh uuîzen .

uuáz tia uuînda recche . tîe den mére vuûolent. Uirgilivs uuânda

dáz sie eolus ûzlîeze. Sîe lâzet ter ûz . qui producit uentos de the-

sauris suis. *Quis spiritus uoluat stabilem orbem . s . ideo stabilem . quia uoluitur*

et non cadit. Uuér dén únerdrózenen hímel úmbe trîbe? Uuér âne

10 spiritus dei? *Uel cur sydus in hesperias casurum undas . surgat ab ruti-*

lo ortv. Álde uuîo uuéstert in sédel gândiu zéichen . áber chómên

ad ortum. Tér hímel án démo siu stânt . tér trîbet siu úmbe. *Quid*

temperet placidas horas ueris. Uuáz ten lénzen getûe sô línden.

Ut ornet terram floribus roseis. Táz ér dia érda gezîere mít plûomôn.

15 Táz tûot tíu hára eruuíndenta súnna . fóne demo hiemali circu-

lo. *Quis dedit ut fertilis autumnus grauidis . i . maturis uuis in-*

fluat . i . habundet pleno anno? Únde uuér dáz kébe . dáz ter hér-

best chôme geládenêr . mít rîfên béren . in rât-sámemo iâre? *Atque . s .*

solitus erat . *reddere uarias causas latentis naturę.* Únde chónda

20 er geántuuúrten mániges tínges tóugenes . uuáz táz únde dáz

méine. *Nunc iacet effeto lumine mentis.* Táz uuíssa er ál . nû íst er

uuízzelôs . nû íst er âne uuórten des mûotes túgede. *Et pressus col-*

la grauibus catenis. Únde úmbe den háls kechétennotêr . táz chît

mít úndrôste beháftêr. *Et gerens decliuem uultvm pondere.* Únde

25 mít téro búrdi nider genéigtêr. *Cogitur heu cernere stolidam terram.*

Sîhet er úndánches ze érdo . ténchet er lêuues án dia tóubûn ér-

da . tîu ménnisken tóube máchôt. E X P E R I M E N T U M   M E D I -

C A T R I C I S .   A N   L Ę T A L I S   M O R B U S   S I T   A E G R I .

S̸ed tempus est inquit medicinę quam querelę. Nû íst áber dóh mêr

30 zît . láchennis tánne chlâgo. *Tum uero intenta totis luminibus in me .*

---

2 *drínáhtîg   6 tia: *tîe   *récche   7 *têr   11 zéichen: zéich *auf Ras.,*
über z früherer Akut erhalten   12 siu[1]: u *aus a verb.*   13 Uuáz: *auf Ras.*
21 er[2]: *danach Punkt rad.*   24 decliuu̅   30 *láchenes

24 decliuemque gerens *B*

inquit. Unde míh tára nâh cnôto ána séhentíu . frâgeta si. *Tune es ille*   p2

qui quondam nutritus nostra lacte . nostris educatus alimentis . euaseras in robur uiri-

lis animi? Neuuúrte dû mít mînemo spúnne gesóuget . únde mít mî-

nero frûondo gezógen . únz tû gestíge ze gómenes sínne? nebist tⱴ   P16

5   dér na? *Atqui.* Ze uuâre. *Contuleramus talia arma.* Íh káb tír óuh sóliu

gesáreuue. *Quę te tuerentur inuicta firmitate.* Tíu díh skirmdin . mít

úngesuíchenero uésti . únder dîen . dû gehálten uuârist. *Nisi prior*

abiecisses. Úbe dû siu gérno hína neuuúrfîst. *Agnoscisne me?* Pe-

chénnest tu míh? *Quid taces?* Zîu suîgest tu? *Siluisti pudore an stu-*

10 *pore?* Uuéder fóre scámôn . álde fóre erchómeni? *Mallem pudore . s .*

quia pudorem facit reuerentia . stuporem conscientia. Mír uuâre lîebe-

ra fóre scámon . táz chît fóre gezógeni . únde fóre chíuski . únde fó-

re mîdinne . únde fóre êrháfti. *Sed ut uideo . stupor oppressit te .*

i . conscientia torquet te. Míh túnchet áber . fórhta tûot tir uuê . tⱴ   S/St18

15 uuéist tíh scúldigen. *Cumque me uidisset non modo tacitum . sed elinguem*

prorsus et mutum. Sô si míh tô gesáh . nîeht éin suîgenten . núbe sámo

stúmmen . únde zúngelôsen. *Admouit leniter manum pectori meo.*

Sô légeta sî íro hánt mámmendo an mîna brúst. *Et nihil inquit*

periculi est. Nîeht fréisôn chád si. *Lęthargum patitur.* Úngehúht hábet

20 er geuángen. *Communem morbum inlusarum mentium.* Keméine súht

tero âuuizzôntôn. *Oblitus est sui paulisper.* Ér hábet sîn éin lúzzel

ergézen. *Recordabitur facile ! si quidem ante cognouerit nos.* Ér be-

húget síh uuóla sîn . échert er míh êr bechénne. *Quod ut possit.* Ún-

de dáz er míh pechénnen múge. *Tergamus paulisper lumina eius .*

25 *caligantia nube mortalium rerum.* Sô uuiskên sîniu óugen . petím-

bertíu mít témo nébele tero stírbigôn dingo. *Hęc dixit.* Sús chád

si. *Et contracta ueste in rugam . siccauit oculos meos . undantes fletibus.*

Únde mít kelésotemo tûoche íro uuâte . uuísta sî mîniu vuûof-   P17

fenten óugen. D E   I L L U M I N A T I O N E   E I U S .   /‾benero náht.   7

30 *Tunc discussa nocte . liquerunt me tenebrę.* Sâr hína uertri-   m3

_____

1 *Únde   2 educatis   3 spúnge   6 *skírmdîn   7 *uuârîst   9 *suîgêst
12 *scámôn   gezógeni: ge *unter der Zeile nachgetr.*   13 *mîdenne   14 *tir
15 sed: d *aus* t *verb.*   25 *sîniu   28 *kelésôtemo   *uuíscta   28/29
28/29 *uuûofenten   29 *óugen·‚

1 inquit: ait B   2 educatus B; *vgl.* educatus̄· ū *rad., aber zweiter Strich
des* u *noch sichtbar* G   16 prorsus mutumque B   27 oculosque ... contracta B

pegáb míh tiu uínstri. *Et prior uigor . rediit luminibus.* Únde chám   m3

mír óugôn líeht . sólih ih fóre hábeta. *Ut.* Álso iz tánne uéret. *Cum glo-*

merantur sydera / precipiti choro. Sô die stérnen bedécchet sínt . fóne   S/St19

uuólchen-máchigemo uuínde. *Et polus stetit nimbosis imbribus.* Ún-

5 de der hímel ála-gáro íst ze‿dicchên régenen. *Sol latet.* Únde sún-

na neskínet. *Ac nox funditur desuper in terram . nondum uenientibus astris*

cęlo. Únde iz náhtêt . êr an hímele stérnen skínen. *Si boreas emis-*

sus ab treicio antro . i . a uallibus tracię . hanc uerberet. Álso iz

tánne uéret . úbe dára nâh tiu bísa fone tratia uuântíu . dia

10 náht zefûoret. *Et reserat clausum diem.* Vnde dén dág máchot

héiteren . dér uóre fínsterêr uuás. *Emicat phoebus.* Únde dán-

ne súnna skínet. *Et uibratus subito lumine . ferit radiis mirantes*

oculos. Únde sî gâes skínende . skíuzet tien líuten síh uuúnderôn-

ten únder diu óugen. *Haud aliter dissolutis nebulis . hausi cęlum.* Ál-   p3

15 so zestóbenemo nébele . sáh íh‿ten hímel. *Et recepi mentem . ad cogno-*

scendam faciem medicantis. Vnde uuárd íh sínnig . sîa ze‿bechén-

nenne / táz si lâchanarra uuás. *Itaque ubi deduxi oculos in eam.*

Sô íh sîa diu óugen ána uerlîez. *Intuitumque defixi.* Únde íh sîa gnô-

to chôs. *Respexi nutricem meam philosophiam.* Pechnâta íh sîa uué-

20 sen mîna ámmûn. *Cuius laribus obuersatus fueram ab adolescentia.*   P18

In déro séldôn íh fóne chínde uuóneta. *Et quid inquam o tu*

magistra omnium uirtutum . delapsa supero cardine . uenisti in has

solitudines nostri exilii? Únde uuáz chád íh . uuóltôst tû állero

túgedo méistra fóne hímele hára in díz éinôte mînero íhseli?

25 *An ut tu quoque mecum rea . agiteris falsis criminationibus?* Ínno .   S/St20

dáz óuh tû gescúldigotív . fóne lúkkên léidúngôn . kemûot

uuérdêst . únde in nôt prâht uuérdêst? *An inquit illa dese-*

rerem te alumne? Sólti íh míh tánne chád si . tîn gelóuben . mîn héi-

me gezógeno? *Nec partirer tecum communicato labore sarcinam .*

30 *quam sustulisti . inuidia mei nominis?* Únde nesólti íh nîeht

---

5 *álegáro   7 *skínên   9 *bísa fóne   10 *máchôt   11 súnna: *Zkfl. zu Akut*
verb.   13 *gâhes   13/14 *uuúnderôntên   16 * sîa   17 *lâchanara   18 uerlîez:
leicht unterstr.   21 íh: *danach* uuás *durch Zeichen über* u[1] *und* s *getilgt*
26 *léidungôn

4 nimbosisque polus *B*   14 tristitiae nebulis *B*   19 respicio *B;* respicio,
dazu Glosse pro respexi *G N*

A15

ében-téila uuérden dînero árbeito . tîe dû lîdest úmbe mînen   p3

nîd? *Atqui.* **Trîuuo.** *Philosophię non erat fas relinquere incomitatum*

iter innocentis. **Philosophię negezám nîo . táz sî den únsúndi-**

gen lîeze fáren âne sih. *Meam scilicet criminationem uererer?*

5 **Sólti íh chîst tu mîna léidunga fúrhten?** *Et perhorrescerem quasi*

aliquid noui? **Únde míh téro erchómen . sámo so ételiches nîuues**

tînges? N O N M E L I O R A S P E R A N D A N O U I S Q U A M P R I S C I S   8

*C**enses enim nunc primum . lacessitam esse pericu-*   /⁻ T E M P O R I B U S .

lis sapientiam . apud improbos mores? **Uuânest tu nû êrest sapientiam**

10 **in_nôt kestôzena fóne dien úbelên?** *Nonne certauimus sepe*

apud ueteres quoque ante ętatem nostri platonis . magnum certamen cum

temeritate stultitię? **Neuáht íh ófto íóh pi_dîen áltên fóre**

platonis zîten . stárchen uuîg . uuíder dero góucho nánde?   P19

Eodemque superstite . preceptor eius socrates . promeruit uictoriam

15 *iniustę mortis . me astante?* **Únde imo lébendemo . úber sî-**

genôta sîn méister socrates ten dôt . mír zûoséhentero?

Cuius hereditatem cum deinde molirentur raptum ire . epicureum

uulgus . ac stoicum . ceterique . quisque pro sua parte. **Únde dánne**   S/St21

sîn érbe îltîn zócchôn epicurei atque stoici . únde óuh ándere .

20 **îogelîh gágen sînemo téile.** *Meque traherent uelut in par-*

tem predę . reclamantem et renitentem. **Únde si míh . álso dâr .**

man róub téilet tánsotîn . uuídere zíhenta . únde dáz uuí-

derônta. *Disciderunt uestem . quam texueram meis manibus.*

Zebrâchen sie mîna uuât . tîa íh sélbiu uuórhta. *Abreptisque*

25 *ab ea panniculis.* **Únde blézzen tar ába gezúhtên.** *Credentes*

me sibi totam cessisse ! abierunt. **Sîh uuânende míh álla hában .**

fûoren sie mít tíu. *In quibus quoniam uidebantur quędam uestigia*

nostri habitus. **Uuánda dôh an dîen zócchâren . ételîh kelîhnís-**

se uuás mînero getâte. *Rata imprudentia . meos esse fa-*

30 *miliares.* **Únfrûoti uuânentíu sîe uuésen mîne gesuâsen.**

1-6 Alle Großbuchstaben rot gestrichelt (betupft)   1 ***árbêito**   6 **erchómen .:**
über Punkt Ansatz der Schleife eines Fragezeichens   11 **qq.** *(= quoque, mit Punkt*
auf halber Zeilenhöhe)   12 ***pe**   **áltên.** *(Punkt auf der Zeile)*   15/16 ***sígenôta**
16 ***tôd**   21 ***sie**   **dâr:** *danach ganz dünner Punkt auf halber Zeilenhöhe*   25 ***dâr**
27 **sie]** *siu*   28 ***zôccharen**   29 **se:** *davor kleines Loch im Pgm.*

6 *noui accideret B*   17 *deinceps B*

Peruertit nonnullos eorum. Petróug si íro súmeliche. *Errore profanę multi-*   p3

tudinis. Mít témo írreglíchen uuâne . dér îo uuírbet mít téro

uerulûchenun mánegi. Sîe gelóubtôn téro mánegi . táz sie

uuîse uuârin. *Quodsi nec fugam anaxagorę nouisti.* Úbe du nîo

5 negéiscotôst . uuîo anaxagoras stoicus philosophus indrán . s .

ut non pateretur tormenta . únde ér fóne díu lángo uuás in

exilio. *Nec socratis uenenum.* Nôh uuîo socrates genôtet

uuárd trínchen cicutam . uuánda ér iouem únde apollinem

hîez mortuos. Únde er chád tén éid uuésen tíureren .

10 dén man suôore bi demo lébenden húnde . dánne bi demo   P20

tôten ioue. *Nec zenonis tormenta.* Nôh uuéliu uuîze ze-

no philosophus léid . tér ímo sélbemo dia zúngûn ába   S/St22

béiz . uuánda ér dîe méldên neuuólta . dîe ér uuíssa

coniuratos. *Quoniam sunt peregrina.* Úbe dû iz fóne díu neuuéist .

15 uuánda iz in_urómedemo lánde geskáh . ih méino in

gretia. *At scire potuisti canios.* Tû máhtôst áber uuí-

zen canio gelîche . tér be_gaio imperatore uuás. *At*

senecas. Únde senecę gelîche . dér uóne neronis ge-

bôte erslágen uuárd. *At soranos.* Únde óuh sorano. *Quo-*

20 *rum memoria nec uetusta nec incelebris est.* Téro geuuáht

nôh nîeht ált neíst . nôh únmâre. *Quos nihil aliud de-*

traxit in mortem. Tîe nîeht ánderes ze_demo tôde ne-

bráhta. *Nisi quod uidebantur instituti nostris moribus.* Âne dáz

sîe uuâren gerárte nâh mînemo síte. *Dissimillimi*

25 *studiis improborum.* Úngelíche démo flîze dero scádelôn.

A D U E R S A   N O N   T I M E N D A .   9

Itaque nihil est . quod ammireris . si agitamur . in hoc salo

uitę . circumflantibus procellis. Tíh nedárf nehéin uuún-

der sîn . úbe uuír in_disemo mére geuuérfôt uuér-

30 dên . fóne in állen sínt zûo stôzentên uuínden. Táz

Alle Großbuchstaben auf dieser Seite rot gestrichelt (betupft)   1 súmelicho
3 uerulûchenun: 1 *aus Strich von i oder u verb.;* *uerulûochenûn   *déro
4 uuîse: uuis *auf Ras., über* u² *früherer Akut noch sichtbar*   *uuârîn   5 *negeêiscotôst
10 *be (zweimal)   11 *uuéliu   15 *urémedemo   16 *grecia   18/19 *kebôte
23 *brähta   25 *Úngelîche   29 uuér: *danach kleines Loch im Pgm.*   30 állên: *Zkfl. rad.*

22 mortem: claðem *B;* in claðem, *dazu Glosse in* periculum uel calamitatem .
uel mortem *G N,* in mortem . calamitatem *E₁*   27 agitemur *B*

A17

chît . ûbe uuîr in disemo uréisigen lîbe árbéite lîdên . fóne má-   p3

nigên persecutoribus. *Quibus hoc maxime propositum est . displicere pes-*

simis. Uuánda uuîr uuéllên dien úbelên mísselichên . únde

dáz îst úns fástôst in mûote. *Quorum quidem exercitus tametsi*   S/St23

5 *numerosus est . tamen spernendus est.* Téro hére nîo sô míchel neîst .

iz nesî ze uerchîesenne. *Quoniam nullo duce regitur.* Uuánda iz fó-   P21

ne nehéinemo uuîsen geléitet neuuîrt. *Sed raptatur tantum*

errore . temere ac passim limphante. Núbe échert fóne uuûo-

tigero îrrighéite . râtelôslicho dára unde dára gefûoret

10 uuîrt. *Qui si quando struens aciem . contra nos ualentior incu-*

buerit. Ûbe óuh táz sîna skára rihtet uuîder úns . únde

iz únsih mágenigôr ána uéret. *Nostra quidem dux contrahit*

copias suas in arcem. Sô zîhet únseriu hérzogen uirtus .

iro hére in îro uésti. *Illi uero occupantur circa diripiendas in-*

15 *utiles sarcinulas.* Tára nâh uuérdent sie únmûozig . zóc-

chônðo îro gebúlstere. Álso dîe tâten . dîe mauricium

slûogen. Sô in sélben únde álla dia legionem uirtus fidei

ze himele gezúhta . tô téiltôn sîe den róub. Uuáz máhta

imo dô únuuérdera sîn . tánne dáz sîe zócchoton? Fóne dív

20 chît si hára nâh. *At nos irridemus desuper . rapientes uilissi-*

ma quęque rerum. Uuîr éigen áber óbenân dîe zócchônten

sô bôsa sácha . ze hûe. *Securi totius furiosi tumultus.* Sîchure

uuórtene álles uuûotiges stúrmes. *Eoque uallo muniti.* Ún-

de mít téro fésti beuuárote. *Quo non fas sit aspirare gras-*

25 *santi stultitię.* Tára nehéin uuég zûo nesî . tero uuínnen-

tûn góuhhéite. Q U I D   F A C I A T   C O N S T A N T I A M.   10

Quisquis serenus composito quo subegit pedibus fatum superbum . i . prospe-   m4

ram fortunam . *et rectus tuens . i . recte intuitus est utramque*   S/St24

fortunam. So uuéler in sînemo áltere stillêr . únde gezóge-

30 nêr . sâlda in uersihte hábeta . únde er áfter réhte bêidiu uer-

---

Alle Großbuchstaben auf dieser Seite rot gestrichelt (betupft)   1 *indisemo: auf Ras.*
3 **misselîchên*   5 *Tère   neist: über e kleiner Tintenfleck*   12 **únsih*   15 **únmûozîg*
16 *mauricium: davor langes s rad.*   19 *zôcchotôn*   20 *chîd*   21 *zôcchônten: e aus o*
verb.   22 **húhe*   24 **beuuárôte*   27 *superbum fehlt*   29 **uuélêr*   30 *bêidiu: b*
aus p verb., Akut über iu anscheinend rad.; *bêidíu

27 *fatum sub pedibus egit superbum B*

sáh . ih méino sâlda . ióh únsâlda. *Potuit tenere inuictum uultum.* Tér máh-   m4 P22

ta háben uéste gehaba. Álso socrates nehéinêst sîn ánalûtte neuuéhse-

lôta . uuánda er îo in éinemo uuás ! ane láhter . únde âne trûregi.

Illum non mouebit rabies ponti et minę . exagitantis funditus uersum

5 *estum.* Tén sólên nebrútet nîeht tîu úngebârda . únde dîe tróuuûn

des méres . uuûollentes . únde fóne bódeme ûf chêrentes sîna zés-

sa. Táz sínt tumultus secularium. *Nec mouebit eum ueseuus . quoti-*

ens ruptis caminis uagus torquet fumificos ignes. Nôh ín ne-

brútet ter brénnento bérg ueseuus . tér in campania íst . sô er

10 uerbróchenên múntlóchen uuîto zeuuîrfet sîniu rîuchen-

ten fîur. Táz sínt furores principum. *Aut uia ardentis fulmi-*

nis . soliti ferire celsas turres. Nôh ín nebrútet tér scúz te-

ro fiurentûn dóner-strâlo . tîu hóhiu túrre diccho nider

slât. Táz íst tero chúningo geuuált . tér ófto die rîchen in<t>-

15 sézzet. *Quid tantum mirantur miseri . i . insipientes . seuos ty-*

rannos . furentes sine uiribus. Uuáz íst tîen mûodingen .

dáz sie dîe geuuáltîgen fúrhtent? chráftelôse . dóh sie uuínnên.

Nec speres aliquid . nec extimescas . exarmaueris iram impotentis   S/St25

. i . ualde potentis. Fólge mînes râtes. Nîeht nebeuuâne dîh ze

20 guuúnnenne . nîeht nefúrhte ze uerlîesenne . mit tîu infûo-

rest tu demo geuuáltîgen sîn zórn. *At quisquis trepidus pa-*

uet uel optat . eo quod non sit stabilis . suique iuris . abiecit clipeum . i . robur

dominicę protectionis. Tér áber sô tûon neuuíle . únde er

fúrhtet ze uerlîesenne . álde gérôt ze guuúnnenne . uuán-

25 da dér únstâte íst . únde úngeuuáltîg sîn sélbes . pediu há-

bet er hina geuuórfen den skílt . dáz chît tes mûotes

fésti . únde gótes zû-uersîhte. *Et motus loco . nectit cate-*

nam . qua ualeat trahi. Únde ába stête gedrúngenêr . sô iz   P23

in uuîge féret temo sîgelôsen . smidôt imo sélbemo chéten-

30 na . mît téro man ín binde. U U L N U S   N O N   E S S E   T E G E N D U M .   11

Viele Akute auf dieser Seite sind sehr dünn und/oder klein   1, 4 *auf dem linken*
Rand N eingeritzt   2 *gehába   3 *âne   5, 8/9, 12 *nebrútet   5 *drôuuûn*
8 torquet: *darüber von anderer Hand Glosse* . i.dispersit.   10/11 rîuchenten:
vielmehr iu *als* ûi *zu lesen;* c *aus* i *verb.;* *rîechenten   14 *slâhet   20, 24 *guúnnenne*
26 *táz   27 *zûouersîhte   29 *sîgelôsen   Punkt steht nach* 18 impotentis
22 optat, quod B; quod, dazu Glosse eo G N E₁   27 locoque motus B

A19

Sentisne inquit hęc . s . carmina . atque illabuntur animo tuo? Uerstâst tu   p4

dîh tisses îeht chád si . álde gât iz tîh îeht in? Táz îh tir liudôn .

bechúmet tîh táz îeht? Ananos liras . i . expers lirę . quid fles? Léi-

dego . únde lîrun spiles ergázto . uuáz riuzest tu? Quid manas

5 lacrimis? Zíu ulîezent tir trâne? Exomologese . i . confitere . me

ecripse . ien . i . ne abscondas unum. Iîh uuáz tir sî . éin neuerhîl du.

Si exspectas operam medicantis . detegas uulnus. Ûbe du genésen uuél-   S/St26

lêst . únde árzates hélfa uuéllêst . sô ôuge dia uuúndun.

E G E R   Q U O   M O R B O   L A B O R E T .   A P E R I R E   C O N A T U R .   12

10 Tum ego. Tô ántuuúrta îh iro. Collecto animo in uires . i . collectis

uiribus in animo. Mît éteuuáz chréftigoren mûote. Anne ad-

huc eget ammonitione? Sól is nóh túrft sîn ze ságenne?

Nec per se satis eminet asperitas fortunę seuientis in nos?

Neskînet tíu misseskîht uuóla na . tíu mîr ána liget? Nihil-

15 ne mouet te . ipsa facies loci? Nebechúmet tîh nîeht sélbív

des chárchâres éigeslichi? Heccine est illa bibliotheca. Îst tán-

ne diz nû díu bûohchámera. Quam ipsa delegeras tibi certam

sedem in nostris laribus? Târ du gérno inne sâze ze mînemo

hûs? In qua mecum sepe residens . disserebas de scientia diui-

20 narum humanarumque rerum. Únde sáment mír sizzendo . tráh-   P24

totôst állen dén uuîstûom . tér an gót kât ! únde án die

líute. Talis habitus . talis uultus erat ! cum rimarer tecum se-

creta naturę? Uuás íh in dîen uátôn . tô îh tir hálf crún-

den tîa tóugeni dero naturę . i . phisicas questiones? Cum de-

25 scriberes mihi radio . i . uirga . uias syderum . i . planetarum. Tô

du mír bildotôst án dero áscûn . mít tînero zéigo-rûo-

to . dîe uérte dero siben uuállôntôn stérnôn. Philosophi   S/St27

hábetôn éin brêt fóre in . dáz síe hîezen mensam . súmeliche

hîezen iz abacum . dáz uuás pezétet mít clésinemo pul-

30 uere . chléino gemálnemo . únde gnôto geuéutemo .

1 *Ferstâst (vgl. Weinberg, 9-13)   3 *Anonos oder *An onos   4 *lîrûn   8 *uuúndûn
10 *îro   11 *chréftigõren   14 na·: nach dem Punkt Schleife eines Fragezeichens rad.
16 *chárcares êgeslichi   17 bûohchámera: h¹ übergeschr.   ipsa: a aus e rad. und verb.
24 *dîa   25 uirga .: Punkt ganz klein und dünn

3 an ὄνος λύρας B; ANONOC . LYPAC G N E₁, dazu Randglosse Ananos lyras G
5 Ἐξαύδα, μὴ κεῦθε νόῳ. B (= Homer, Ilias, A 363); EXAYDA G N E₁, dazu Randglosse
Exomologese G; vgl. die Glosse exomoliste . unde exomologysis . confessio dicitur. E₁
5/6 Notkers Transkription des restlichen griechischen Textes nicht in G N E₁, aber in
G unter Exomologese größere Ras.

únde sâzen sie mít iro rûoto in hénde . mít téro sie iro iúngerôn án dé-

ro sélbûn áscûn píldotôn dîe uérte dero stérnôn . únde álle dîe fi-

guras . tîe man lírnen sól in geometrica. Abacus íst éin descripti-

o . dáz chît éin bilde án éinemo bréte . álde an éinero pagina . sô

5 uuír iz nû séhên in disên zîten . târ misseliches píldes caracte-

res ûf keléget uuérdent . álso dâr man uuúrf-zâueles spîlôt.

Mít tien caracteribus uuérdent spûotigo eruáren állero nu-

merorum diuisiones . únde multiplicationes . so uuéder man

iro bedárf . in musica . álde in arithmetica. Tîu disciplina héi-

10 zet mathematica. *Cum formares mores nostros . et rationem toti-*

us uitę . ad exemplar cęlestis . i . angelici ordinis. Tô dû mîne site .

únde álla dîa uuîsûn mînes lîbes . scáffotôst nâh témo bilde

dero éngelo. Uuánda dâr úmbe chám christus dei sapientia hára

in uuérlt . táz er ménnisken lêrti . in terris angelicam uitam duce-

15 re. Târ fúre lêrtôn philosophi ęthicam . i . morum disciplinam. *Hęc-*

cine premia referimus . obsequentes tibi? Hábo íh nû súslichen lôn .

tîr lósendo? A M B I T I O N E M E X C U S A T .

A tqui . tu sanxisti . i . statuisti hanc sententiam ore platonis. Tri-

uuo . dû fúnde dîa réda . únde lêrtôst sia mít platonis múnde.

20 *Res publicas beatas fore . si uel regerent eas studiosi sapientię .*

uel si contigisset rectores earum studere sapientię. Álliu rîche . ún-

de álle ándere geuuálta dánne uuésen sâlige . úbe iro ulâgîn

uuîse . álde dîe sih pegóndîn héften ze uuîstûome. Salomon uuás

uuîse . áber darius háfta sih ze danihele demo uuîsen . únde

25 pharao ze ioseph. *Tu monuisti ore eiusdem uiri . hanc causam ca-*

pessendę rei publicę . necessariam esse sapientibus. Tû lêrtôst ún-

sih óuh mít sînemo múnde . állên uuîsên núzze uuésen . in dîen

uuórten geuuált ze quuúnnenne. *Ne gubernacula urbium relicta im-*

probis et flagitiosis ciuibus . inferrent bonis pestem . i . scandala *. ac per-*

30 *niciem . i . mortem.* Nîo er dien úbelên ze hánden uerlâzenêr . scáden

2 *bíldotôn   3 *lírnên   5 séhên: e¹ *verschmutzt*   6 *zâueles   9 *íro   19 múnde;
21 *Álliu   22 *íro   *flâgîn   24 háfta sih: *auf Ras. von* uuás uuîse (*unter Akut
von* háfta *früherer Akut noch sichtbar*)   25 *auf dem linken Rand* N *eingeritzt*
28 *quúnnenne

10 nostros totiusque uitae rationem B   11 exempla B (Hss); exemplar N; *vgl.* G
exempla, uel r *über* a *übergeschr.*   21 uel ... contigisset B   29 flagitiosisque
ciuibus ... ferrent B; in/ferrent, in *nachgetr., vor* ferrent Ras. N

únde uerlórnisseda tûe dien gûotên. *Hanc igitur auctoritatem secu-*   p4

tus. Tés fólgendo . uuánda iz fóne dír chám. *Optaui transferre in*

actum publicę amministrationis . quod a te didici inter secreta otia.

Uuólta îh skéinen án demo ámbahte . táz tu mîh kesuâso lêr-

5 tôst. *Tu et deus qui te inseruit mentibus sapientum . conscii . s . estis.* Tû

er-iîhest mîh . únde gót . tér dîh in getéta dien uuîsên. *Nullum*

studium contulisse me ad magistratum . nisi commune omnium bonorum.

Mîh nehéine dúrfte áhtôn án demo ámbáhte . îh méino án

demo consulatu . âne geméine dúrfte. *Inde graues et inexo-*

10 *rabiles discordię cum* impiis. Tánnan errúnnen mîr stárche

fîent-skéfte fóne dien úbelên . dîe nîoman uerzéren nemáh-

ta. *Et quod habet libertas conscientię.* Únde álso îo tûot tiu báldi   P26

dero sîchurhéite. *Spreta semper offensio potentium . pro tuendo iu-*   S/St29

re. Neuuág mîr nîeht úmbe réhtes mînna . dero geuuálti-

15 gôn bólgen-scáft. O P E R A   P I E T A T I S   S U Ę   C O M M E M O R A T .   14

Q̦uotiens excepi . i . prohibui ego conigastum . facientem impetum . in

fortunas cuiusque imbecilli? Uuîo ófto neuuéreta îh conigaste demo go-

tho . dánne er ána uártota uuéichero mánno gûot? *Quotiens*

deieci triguillam prepositum domus regię . ab incepta iniuria . prorsus

20 *iam perpetrata.* Uuîo díccho nestîez îh ten fálenzcrâuen triguillen

ába sînemo únrehte . dés ér begúnnen hábeta . únde îch fólletân

hábeta? *Quotiens protexi auctoritate miseros . quos semper uexabat impunita*

auaritia barbarorum . i . gothorum infinitis calumniis? Uuîo

ófto neuuás îh fóre mît mînero námeháfti uuênegên . dîe

25 dero héidenon uréchi in genîuz árbeita . mît únzálaháf-

tên léidtâten? *Numquam detraxit me quisquam ab iure ad iniuriam.* Mîh

negechêrta nîo nehéin man ába demo réhte án daz ún-

rêht. *Prouincialium fortunas pessumdari . tum priuatis rapinis .*

tum publicis uectigalibus . non aliter indolui . quam qui patiebantur.

30 Nîeht êin dero búrglîuto . núbe óuh sô îh sáh tero lánt-lîu-

---

1 *uerlórnisseda tûên auctoritatem] securitatē 6 mîh: h *auf Ras. von* ƚ
getéta: *Akut aus Zkfl. rad. und verb.* 10 *Tánnân 14 Neuuág: uua *anscheinend von*
anderer Hand 17 neuuére/ta *mit Verweisungszeichen* /. *auf dem rechten Rand*
18 *uártôta 21 *únrêhte 22 auctoritate *fehlt* 25 *héidenôn *gnîuz árbéita
26 quisquam *fehlt* 27 *mán

1 auctoritatem B 3 didiceram B; didiceram: am *anrad. und durch* 2 *Punkte darüber ge-*
tilgt G 5 sapientium B 7 detulisse B 10 cum improbis B; vgl. cum improbis,
dazu Glosse cum malis G N 13 potentiorum B; *dazu Glosse* comparatiuus pro positiuo
G N 16 obuius excepi B 19 Trigguillam B (Hss); triguillam G 22 auctoritate
protexi! B 26 ab iure quisquam B (Hss)

to gûot ferôset uuérden . úmbe frôno zíns . álde ôuh sús fóne îomannes nôt-

númfte . dáz uuág mír ében-hárto dîen . dîe iz lîten. *Cum tempore acerbę fa-*

mis . grauis atque inexplicabilis coemptio campaniam prouintiam profligatu-

ra inopia . indicta a prefecto pretorii uideretur . s . quando horrea regis

5 aperiebantur. Tô in_hándegên húnger-iâren strénge chórn-chóuf in

campania . únde úbelêr ze_geuuérenne . únde dîa sélbûn gebûrda

er-ármen súlendêr . fóne demo chúninge gebánnen uuárt. *Su-*

scepi certamen aduersus prefectum pretorii . ratione communis utilita-

tis. Tô hínder stûont íh tar úmbe ze_strîtenne . uuíder demo

10 flégare des pretorii . dés ámbáht iz uuás . úmbe geméine nôt[tur]-

túrfte. *Rege cognoscente contendi.* Temo chúninge . tés chórn iz

uuás . uuîzentemo . stréit íh. *Et euici . ne exigeretur coemptio.* Ún-

de brâhta íh iz tára zû . dáz sie nîoman nenôti des chóufes.

Paulinum consularem uirum . cuius opes iam spe atque ambitione deuo-

15 *rassent palatini canes . traxi ab ipsis faucibus hiantium.* Pauli-

num éinen geris<t>lichen man ze_consule . tés kûot tie hóuegîra .

sô uîlo iz ze_íro uuâne únde ze_íro gíredo gestûont . iu uer-

slúnden hábetôn . tén zôh íh ín gínentên ûzer dero chélûn.

Ne albinum consularem uirum corriperet pęna preiudicatę accu-

20 *sationis . opposui me odiis cipriani delatoris.* Nîo albinum éinen

sámo hêren mán âne díng . táz er neuerskîelte dáz er uerléi-

dôt uuás . târ úmbe sázta íh míh gágen sînes léidares házze ci-

priani. *Uideorme exaceruasse . i . multiplicasse in me satis*

magnas discordias? Nedúnchet tír míh hában gerécchet

25 mír sélbemo gnûog mánege uîentskéfte? *Sed tutior debui*

esse apud cęteros . i . apud senatum. Nû sólta íh áber dero ánderro

hálb . sô uîlo sîn sichurero. *Quo mihi amore iustitię . nihil reser-*

uaui ! apud aulicos . quo magis tutior essem. Sô uîlo íh min úm-

be réhtes mínna . uuîrs kebórget hábeta . uuíder die hóueliu-

30 te. QUOD A NON PROBATIS PERSONIS MINIME DEBERET ACCUSARI.

3 *auf dem linken Rand* N *eingeritzt*   6 sélbûn: selb *auf Ras.*   *gebîurda
7 *sûlentêr   *uuárd   9 *târ   *dêmo   11 *Têmo   13 *zûo   16 *mán   consule:
1 *auf Ras. von langem* s.   19 albinum: *danach Ras.*   21 *dáz   22 *háze   25 *mânige
27 *uîlo   sichurera   28 *mîn   29 *kebórgêt   *Punkt fehlt* 12[1]

8 aduersum B   8/9 communis commodi B   27 qui mihi B

*Q*uibus autem deferentibus perculsi sumus? Fóne uuélichen léidaren   p4

bín ih tóh nû in ángest prâht? *Quorum basilius . olim depulsus re-*

gio ministerio . compulsus est in delationem nostri nominis . necessitate

alieni eris. Tér nû lángo uerstôzeno basilius âba des chúninges

5 ámbaht-tîeneste . dér uuárt ána brâht . dáz er míh léidota .

mít téro nôte des scázzes . tés er scúldig uuás. Tér lôsta síh

mít tíu. Tér scáz tén íoman ándermo gélten sólta . tér hîez ze

romo es alienum. *Cum uero decreuisset regia censura . opilionem*

atque gaudentium ire in exilium . ob innumeras multiplicesque frau-

10 *des.* Tô óuh ter chúning opilionem únde gaudentium hîez

taz lánt rûmen úmbe mánige . únde mánigfalte íro ún-

drîuua. *Cumque illi nolentes parere . tuerentur sese defensione*

sacrarum edium. Únde sîe ze chîlechûn flîhende . daz kebót uué-

ren neuuóltîn. *Compertumque id foret regi.* Únde demo chúnin-

15 ge dáz ze uuîzenne uuúrte. *Edixit . uti insigniti notas*   S/St32

frontibus pellerentur . ni recederent rauenna urbe . infra pre-

scriptum diem. Kebôt er . sîe nerûmdin rauenna . êr démo tá-

gedinge . dáz er ín légeta . dáz man sie únder óugôn zei-

chendi . únde sô gezéichende . uertrîbe. *Quid uidetur posse*

20 *astrui . huic seueritati? atqui . eo die deferentibus eisdem . susce-*

pta est delatio nostri nominis. Uuáz uuânest tu nû déro sárfi

des chúninges . fóne in dîen ér sô grám uuás . múgen ze gelóubo

geságet uuérden? Únde dóh tés sélben táges gelóubta ér

ín . dáz sîe fóne mir ságetôn. *Quid igitur?* Uuáz nû fróuua? *Nostre-*

25 *ne artes ita meruerunt?* Hábent táz kedîenôt mîne chúste? dîe   P29

ih skéinda? *An illos fecit iustos accusatores premissa damnatio?* Tíu

êrera íro úbertéileda . máchota díu sîe êhafte léidara? *Itane*

nihil fortunam puduit? Íst tiu fortuna sô skámelos? Si minus . s .

puduit *accusate innocentie . at accusantium uilitas.* Úbe sî

30 mînero únscúlde síh neméid . zíu nedûohta íro scámelîh.

---

1 differentibus *uuélichên 2 bin: b aus p verb. 4 âba: über a^2 akutartiger
Fleck 5 *uuárd *táz *léidôta 7 *íoman 10 gaudentiū: entiu auf Ras.
11 *mánigfálte 11/12 *úndrîuuâ 13 *chîlichûn 13/14 *uuérên 16 *intra
17 *nerûmdîn 18/19 *zêichendi 19 auf dem rechten Rand N eingeritzt 20 atqui:
auf Ras. anscheinend von atq eo 23 geságet: sa aus f und Ansatz von r verb.
25 meruer?: über r zweiter, schleifenartiger Abkürzungsstrich *chúste .
27 *úbertéilda *máchôta sîæ: wohl a zu e verb. *êháfte 28 *skámelôs
Punkt (ganz klein und dunklere Tinte) steht nach 20 deferentibus*

1 deferentibus *B; differentibus zu deferentibus rad. und verb. G* 16 intra *B*
20 Atquin *B(Hss);* atqui *G N E_1, aber in G N n rad.*

dero léidaro uersíht? *At cuius criminis arguimur?* Uuáz sínt tóh nû mîne

scúlde? R E M O T I O   C R I M I N U M .

*S*ummam quęris? Uuíle du daz knôtesta uuízen? *Senatum dicimur saluum*

esse uoluisse. Taz rûmiska hêrtûom mîh kêrno gesêhen geháltenez . zi-

5 het man mîh. *Modum desideras?* Uuíle du uuízen uuîo? *Delatorem impe-*

disse criminamur . ne deferret documenta . quibus faceret senatum reum ma-

iestatis. Mán zíhet mîh ten méldare dés keírren . dáz er demo chú-

ninge dîe brîeue nebrâhti . mít tîen er daz hêrôte gehóubet-scúldi-

goti. Hóubet-scúlde sínt . dáz man án den geuuált râtet. Taz rûmiska

10 hêrote uuólta sîh chlágon . mít prîeuen ze_démo chéisere . dér dioteri-

che ze_sînen tríuuôn daz lánt peuálh . únde die líute . dáz er in íro li-

bertatem benómen hábeti . dúrh_táz áhtota der chúning sélben boetium

únde ándere senatores reos maiestatis. *Quid igitur magistra censes?*

Uuáz túnchet tír is méistra? *Inficiabimur crimen . ne simus tibi pudo-*

15 *ri?* Sól íh is lóugenen . nîo íh scúldo eruárner . dir ze_únerôn nesî[n]?

At uolui senatum saluum esse. Cuîsso uuólta íh sô. *Nec umquam desistam uelle.*

Iôh tô uuólta . iôh nû uuíle . únde îomer. *Fatebimur.* Dés iího íh. *Sed*

cessauit opera . i . non est a me data opera impediendi delatoris. Íh neírta dôh

ten méldare nîeht. Íh tâte uuóla úbe íh ín írti . dôh neírta íh in is

20 nîeht. Énes iího íh . tisses neiího íh. *An optasse salutem illius ordinis . i .*

senatorii . nefas uocabo? Sól íh táz fúre únreht hában . táz íh kêrno

sîho geháltene . dîe déro ordinis sínt? *Ille quidem . s . ordo effecerat*

decretis suis de me . i . consulem me constituendo . uti hoc nefas esset. Ér

hábet mîh kescúldet . mít sînero benéimedo . dáz chît consulatum mír

25 benéimendo . dáz mír dáz únmûoza uuâre . úbe íh sie gérno ne-

sáhe geháltene. *Sed sibi semper mentiens inprudentia . non potest in-*

mutare merita rerum . i . operum. Áber díu íro sélbero ze_[uu]êuuôn

lîegentíu únfrûoti . nebestúrzet nîomer mít lúginen dia uuâr-

héit . únde dîe urêhte dero uuércho. Sî nemág mîh nîomêr fó-

30 ne únscúldigemo bríngen ze_demo scúldigen. *Nec arbitror*

---

1 *tero   criminis: *danach Schleife eines Fragezeichens rad.*   4 mîh kêrno: *Tinte
von ih ker ausgelaufen   5 auf dem linken Rand N eingeritzt   8/9 *scúldigôti
9 *táz   10 *hêrôte   *chlágôn   11 *sînen   12 *áhtôta   15 *eruárnêr   *únerôn
16 *Kuîsso   17 *îomêr   19 *in   21 *únrêht   22 *órdeno   28 *nîomêr

3 quaeres *B(Hss);* quęris *G N*   13 o magistra *B*

mihi fas esse.socratico decretio.i.iuditio.uel oculuisse ueritatem.uel concessisse men- p4

datium. Nóh íh neuuâno mír mûoza sî áfter socrates zálo . hélen dia uuâr-

héit . álde iéhen dero lúgino. *Uerum id quoquomodo sit . tuo sapientium-*

que iuditio estimandum relinquo. Áber dáz ál . so uuîo iz sî . únde uuîo

5 scúldig íh târ ána sî . dáz lâzo íh in_dînero úrteildo stân . únde dero

uuîson. *Cuius rei seriem atque ueritatem . mandaui stilo memorię̨que . ne la-*

tere quidem *queat posteros.* Íh hábo óuh tîa uuârhéit téro sélbûn

tâte áfter órdeno gescríben . dáz iz únsere áfter-chómen ióh ke-

éiscoen. I T E M . *N̲am quod attinet de compositis falso literis dicere .*   17 P31

10 *quibus arguor sperasse romanam libertatem?* Uuáz hábo íh nû fóne dîen   S/St35

lúge-brîeuen ze_ságenne . mít tîen sie míh zíhent uuéllen uuíde-

re guuúnnen úmbe den chéiser dia rûmiskûn sélb-uuáltigi? Tiu

rûmiska sélbuualtigi uuás târ ána . dáz nîoman úber dáz nîeht

nesólta tûon . sô dáz hêrtuom síh keéinoti. Tiu éinunga hîez senatvs

15 consultum. Uuánda ín dioterih tîa genómen hábeta . únde ín dáz

uuág . pedîu uuâren sie in únhúldi. *Quarum fraus aperta patuisset.*

Téro brîeuo úndriuua châme uuóla uúre . mán geéiscoti uuó-

la . uuér sie scríbe. *Si licuisset nobis uti confessione ipsorum delatorvm.*

Úbe íh chómen mûosi ze_iro ána-ságûn ! dîe míh is zíhent. *Quod*

20 *in omnibus negotiis maximas uires habet.* Táz in_állên dîngen

stárchesta íst . íh méino úbe mán ze_gágen-uuerti chómen mûoz.

Nam quę̨ reliqua libertas potest sperari? Sîd uuír nóh ze_gágen-

uuerti dîngen nemûozen . uuélero libertatis mûgen uuír dánne

dâr fúrder gedîngen? *Atque utinam esset ulla.* Uuólti gót hábetîn

25 uuír dehéina. Nû neist tés nîeht. *Respondissem uerbo canii.* Mî<o>-

si íh ze_gágen-uuérti chómen déro . dîe míh zíhent táz íh tar úm-

be uuúrbe . dîen uuólti íh ántuuúrten mít témo ántuuúr-

te canii. *Qui cum a gaio cę̨sare filio germanici diceretur conscius*

fuisse contra se factę̨ coniurationis . si inquit ego scissem . tu nescis-

30 *ses.* Tô ín gaius zêh . dáz er dîa éinunga uuíssi . dîu uuíder ímo

---

5 *úrtèildo   6 *uuîsôn   9 *èiscoên   12 *guúnnen   13 *sélbuuáltigi   14 *hêrtûom
15 tîa: *davor senkrechter Strich (Ansatz eines h ?)*   17 *úndriuua   21, 22/23
*gágenuuérti   26 ih *vor* tar *mit Einfügungspunkt übergeschr.*   *târ   30 *táz
uuíssi: i[1] *oben anrad.*

getân uuás . úbe ih sia uuîssi chád er . sô uuâre si dîh ferhólen.   p4

C U R   D E U S   M A L I S   C O N S E N T I A T .   18 P32 S/St36

*Q*ua in re . non ita hebetauit meror sensus nostros. An állero déro nôte .

nehábet mír léid tôh nîeht sô genómen mînen sîn . nóh sô uuíder

5   stôzen. *Ut querar impios moliri scelerata contra uirtutem.* Táz mír chlá-

gelih túnche . dáz sih îlent úbele uertûon án dien chústigên. *Sed ef-*

fecisse quę sperauerunt uehementer admiror. Núbe dáz în dés kespûen

mág tés sie îlent . tés ist mîh uuúnder. *Nam uelle deteriora . fortas-*

se fuerit nostri defectus . i . interitus. Árgêr uuíllo . dér ist ôdeuuâ-

10   no unsêr uerlórnisseda. *Posse contra innocentiam quę sceleratus*

quisque conceperit . inspectante deo . simile est monstri. Táz áber góte

zû séhentemo . úbel man án demo gûoten geskéinen mág sînen

árgen uuillen . táz ist égesen gelîh. Táz uuîr árguuillig pîrn .

táz ist úns skádo. Táz iz ôuh kôt lâzet tien gûotên skádo sîn .

15   táz ist uuúnder. *Unde haud iniuria quesiuit quidam familiari-*

um tuorum . si quidem deus est inquit . unde mala? bona uero unde si non est?

Fóne díu urâgeta mít réhte éiner dînero gesuâson . uuánnan

chád er chúmet taz úbel . úbe gót ist? únde úbe er neîst .

uuánnan daz kûot? M A L A   S I B I   R E D D I T A   P R O   B O N I S .   19

20   *S*ed fas fuerit nefarios homines . qui petunt sanguinem omni-

um hominum bonorum . totiusque senatus . nos quoque perditum ire uo-   S/St37

luisse . quos uiderant propugnare bonis senatuique. Nû sî ôuh

mûoza dien árgên . dîe álle gûote . únde állez taz hêrtûom

gérno uerlîesent . ôuh mîh kérno uerlîesen . uuánda ih in

25   îo bî stûont. *Sed num idem de patribus merebamur?* Hábo îh ôuh   P33

tés sélben daz hêrtûom gescúldet? *Meministi ut opinor .*

quoniam ipsa semper presens me dirigebas . dicturum quid . uel facturum. Íh

uuâno dû gehúgest uuóla . dáz tû mîh sélba lêrtôst . ál dáz

mír ze tûonne uuás ! únde ze spréchenne. Uuîo máhta ih

30   tô mîssetûon? *Meministi inquam. Tû gehúgest uuóla. Cum rex*

5/6 *chlâgelîh   8 mih: h aus r rad. und verb.   10 *uerlórnisseda   12 *zûo
*mán   13 *árguuillig   14 *ist   16 únde mala?   17 *éinêr
*gesuâsôn . uuánnan   19 *uuânnân   24 uerlîesen] uerlîesên   25 îo: *davor akut-*
artiger Strich auf dem Rand

5 molitos B; *dazu Glosse* moliri G   20/21 bonorum omnium B   21 quoque: etiam B
25 de patribus quoque B   27 quid facturumue B

uerone auidus communis exitii . delatum crimen maiestatis in albinum . trans-   p4

ferre moliretur ad cunctum ordinem senatus. Tô der chúning ze͜berno

éines mánnes hóubet-scúlde . an állez taz hêrote chêren uuólta .

nîomannes neuuéllende bórgên. *Quanta securitate mei peri-*

5   *culi . defenderim innocentiam uniuersi senatus.* Mit uuélero uer-

trôstedo . únde mit uuélên úndûron mínero uréison . ih fer-

sprâche tîe únscúlde álles tes hêrotes. *Scie me et hęc uera pro-*

ferre . et in nulla umquam mei laude iactasse. Tû uuéist táz ih

uuâr ságo ! únde ih nîo úmbe lób mih nerûomda. *Minuit*

10   *enim quodammodo secretum . i . meritum se probantis . i . laudantis consci-*

entię . quotiens ostendando factum . quis recipit precium famę. Íh

uuéiz uuóla . dáz feruuândes hérzen urêhte . dánne suînent .

sô iz sîne tât rûomendo . lób tar úmbe enfâhet. *Sed uides . quis*

euentus exceperit nostram innocentiam. Nû sihest tu uuóla . uuîo

15   mir engángen îst . mîn únskádeli. *Pro premiis uerę uirtutis .*

subimus poenas falsi sceleris. Fúre triuuôn dáng . engílto ih

únscúlde . únde lúkkes únliumendes . táz ih sî reus maiestatis.   S/St38

Et cuius umquam facinoris manifesta confessio . ita iudices habuit

in seueritate concordes . ut non aliquos summitteret . i . ad misericor-

20   diam inclinaret . *uel ipse error humani ingenii . uel conditio fortu-*   P34

nę *cunctis incerta?* Únde uuér gesáh nóh sô geéinôte díng-

mán ze͜úngnâdon . úber dén . dér íóh scúldo eruáren uuás .

iro ételichen neuuánti . dáz scúlde den *iudicem* lîehto trîe-

gent . álde er óuh neuuéiz uuáz îmo sélbemo geskîhet? *Si*

25   *diceremur uoluisse inflammare sacras ędes . si iugulare impio*

gladio sacerdotes . si struxisse necem omnibus bonis. Uuâre ih

pezîgen dáz ih uuólti chîlicha brénnen . únde fáfen slâhen .

únde állên gûotên uuéllen des lîbes fâren. *Presentem tamen*

confessum . conuictumue sententia punisset. Nóh tánne uuâre

30   rêht . sô iz ze͜gágen-uuérti châme . únde ih scúldo ge-

---

3 *hêrôte   6 *mit   *úndiurôn   *uréisôn   7 *dîe   *hêrôtes   8 ūsquā   13 *sîna
*târ   *infâhet   15 *ingángen   úns kádeli: *langes s und k unten durch Strich ver-*
bunden   16 *ingílto   22 *úngnâdon   26 bonis.,   27 *chîlichā   28 *fârēn
30 châ   me: *dazwischen altes Loch im Pgm.*

1 delatae *B (Hss)*; delatum *G N E₁*   21 cunctis mortalibus *B*

iâhe . únde úber ságet uuúrte . táz tánne úber mîh réht úrteilda gî-

enge. *Nunc procul moti . s . ab urbe . quingentis fere passuum milibus.*

Nû uóne romo ze_paueio nâh úber fínfstûnt cênzeg mîlon in

ihseli gefûortêr. *Atque indefensi.* Únde mîh nîoman ze_ántséi-

5 do nelîez. *Ob studium propensius in senatum . morti proscriptionique dam-*

namur. Úmbe mîchela mînna . dîa ih_temo senatui skéinda . pîn

ih ze_tôde uerscálten . únde ze_geurônedo mînes kûotes. Tér hî-

ez ze_romo proscriptus . tér-dir uuás porro . i . longe scriptus . a

bonis suis. Sô iz in_urôno gebrîeuet uuárd . sô uuás iz imo uérro.

10 *O neminem merito posse conuinci . de simili crimine.* Áh ze_sêre .

dáz man mit réhte nehéinen mêr úber uuínden nemág soli-

chero scúlde. *Cuius reatus dignitatem . uiderunt etiam ipsi qui detule-*

re. Sélben die méldara . bechnâton iz uuésen hêrliche scúlde.

P U R G A T   S E   S U S P I T I O N E   S A C R I L E G I I .

15 *Q̃uam uti fuscarent admixtione alicuius sceleris . mentiti sunt pollu-*

isse me conscientiam sacrilegio . i . nicromantia . ob ambitum dignita-

tis. Tîa ze_gehônenne mit ándermo únliumende . zigen sie mîh

úmbe des ámbahtes mînna . daz mûot pesmîzen hában mit kál-

stre. *Atqui et tu insita nobis . pellebas de sede animi nostri . omnem cu-*

20 *pidinem mortalium rerum . et non erat fas locum esse sacrilegio sub tuis*

oculis. Trîuuo béidiu sînt uuâr . iôh táz tû mir inne uuésentiu .

benómen hábest álla uuérlt-kireda . iôh mir únmûoza fóne

dîu uuás . dáz ih méin zuo mir lîeze . dir ána séhentero. *Instilla-*

bas enim auribus meis cottidie . et cogitationibus meis . phitagoricum

25 *illud ! epi . ov . theon.* Tû lêrtôst mîh tágelichen . táz phitagoras

phylosophus spráh . de non sacris . álde de non diis. Sînt sie non sacri .

sô sînt sie sacrilegi . sînt sie non dii . sô sînt sie demones. *Nec*

conueniebat captare me presidia . uilissimorum spirituum . quem

tu in hanc excellentiam componebas . ut consimilem deo faceres.

30 Uuîo sólti ih tero ueruuórfenôn tîeuelo fólléist fór-

_____

1 *úrtéilda   3 fínfstûnt: n[2] *aus t oder Ansatz von o rad. und verb.;*   *fínfstûnt
*mîlôn   11/12 *sôlichero   13 *bechnâtôn   scúlde`,   18 pesmîzen: *Akut aus Zkfl.*
verb.   20 ñ: *auf Ras.*   21 *béidiu   23 *táz   *ze (zûo)   30 uer   uuórfenôn:
dazwischen altes Loch im Pgm.   fóllest

2 muti *B (Hss)*; moti *G N E₁*   24 cogitationibusque cotidie meis *B*   25 ἔπου θεῳ *bzw.*
θεον *B;* ΕΠ ΟΥ ΘΕΟΝ *G N, aber in N nach* ΕΠ *ein dünnes* Ι *eingefügt*

derôn . sîd tu mîh erháuen hábest ze‿gótes kelîhnisse? Ter ménnisko   p4 S/St40

íst keskáffen ad imaginem et similitudinem dei. Ér íst imo similis

náls ǫqualis / táz chît kelîh . náls kemâze. Uuánda der angelus

malus sih imo ében-mézon uuólta . pedíu íst er feruuórfen.

5 Fóne diu íst únmûoza . táz ter ménnisko gót ferlâze . sô

dîe tûont . dîe nicromantiam ûobent . álde dehéina prestigia\<m\> .

táz chît zóuuer . únde er inmundos spiritus ládoe ze‿sînero hél-

fo. *Preterea penetral . i . secretum . uel cubile . quod pro uxore accipien-*

dum est. Únde âne dáz mîn uuírten filia symmachi. *Innocens*

10 *domus ! i . familia.* Únde mîn únsúndig hîiske. *Cǫtus honestis-*

simorum amicorum. Únde álle mîne hárto chîusken fríunt. *Socer*

etiam sanctus. Únde mîn góte-dehto suêr symmachus. *Et ǫque ipso*   P36

actu reuerendus. Únde sámo êruuirdig in‿sînero tâte.

Uuánda ér skéinet án dîen tâten . uuér ér íst. *Defendunt*

15 *nos ab omni suspitione huius criminis.* Tîe géant-séidônt

mîh uuóla dírro înzihte. D O L E T   I N   S E   M A G I S T R A M   I N -   21

Sed o nefas. Áber áh ze‿hárme. *Illi uero capiunt*   / ̄ F A M A R I .

de te fidem tanti criminis. Tîh ánauuânont sie sólchero scúlde.   S/St41

Atque hoc ipso uidebimur affines fuisse malefitio . quod imbuti su-

20 *mus tuis disciplinis . instituti tuis moribus.* Ióh an démo dín-

ge túncho ih ín zóuuerlîh . dáz ih ánchunde bîn dînero listo .

únde gezógen nâh tînên síten. *Ita non est satis nihil mihi profuis-*

se tuam reuerentiam . nisi ultro tu potius lacereris mea offen-

sione. Ze‿déro uuîs nedúnchet in nîeht cnûoge . dáz ih

25 tés nîeht knîezen nemág . dáz tû êruuirdig pîst . tû ne-

uuérdêst fúre mîh án mír indêret.

D E   I N I Q U A   O P I N I O N E   E R G A   M I S E R O S .   22

*A*t *uero accedit hic etiam cumulus nostris malis.* Táz hûfot

sih óuh úber daz ánder léid. *Quod existimatio plurimorum non spe-*

30 *ctat merita rerum ! sed euentum fortunǫ.* Táz mánigero uuân

---

1 *kelîhnisse   2 *imo   4 *ébenmézôn   5 íst: *danach* imo *durch Zeichen über* i (÷)
und über o (:) *getilgt*   6 dîe²: *tîe   8 P reterea: *zwischen* P *und* r *Ras.*
12 *gôtedêhto   13, 25 *êruuirdig   18 *ánauuânônt   *sólichero   20 moribus.,
21 *dúncho   *táz   *ántchúnde   24 *in ncnûoge: n¹ *rad.*   25 nemág: *vor* n *ganz*
kleiner Punkt   *táz   26 indêret˙: *danach* uuanda si mih sculdigunt *von anderer*
Hand nachgetr.; trotz einer gewissen Parallele im Kommentar X *fraglich, ob von*
Notker   28 *hûfôt

sih nîeht nechêret . án dîe urâhte dero uuércho . núbe án dîa geskiht   p4

dero trúgesâldôn. *Et ea tantum iudicat esse prouisa . quę felicitas commen-*

dauerit. Únde uuânet échert târ geuuárehéite . dâr sâlighéit

fólgêt. Târ bî uuéllen sie diu dîng chîesen . álso tres amici   P37

5 iob uuóltôn. *Quo fit ut existimatio bona prima omnium dese-*

rat infelices. Tánnan geskihet . táz kûot ánauuânunga êresta

déro sih kelóube . dîen mísselungen ist. *Qui nunc rumores popu-*

li . quam dissonę multiplicesque sententię . piget reminisci. Uuánda uué-   S/St42

lih lîument nû únder dien lîuten uône mír sî . uuîo mísseliche .

10 únde uuîo mánigfalte zála . uuér mág táz kerúobôn? *Hoc tan-*

tum dixerim ultimam sarcinam esse aduersę fortunę. Íh uuíle échert táz

héizen . daz knôtesta léid án dero misseskihte. *Quod dum affigitur mi-*

seris . aliquod crimen creduntur meruisse quę perferunt. Sô man îeht scúl-

de ánasmîzet . dîe in nôt kestôzen sint . dáz man sie sâr áhtôt

15 frêhtige . dés sie lîdent. D E   I N I U S T A   R E R U M   U I C I S S I T U D I N E . 23

E͟t ego quidem pulsus omnibus bonis . exutus dignitatibus . existima-

tione foedatus . ob beneficium supplicium tuli. Uuáz íst nû dês mêr?

ába mînemo gûote uerstôzenêr . ámbahtes indânotêr . mit ún-

liumende besmîzenêr . lîdo ih léidtâte . úmbe uuóla-tâte. *Uide-*

20 *re autem uideor nefarias officinas sceleratorum . fluctuantes gaudio*

lętitiaque. Mír dúnchet íh nû séhe fólle-uuémon . méndi únde

uréuui . állero fertânero sélda. *Perditissimum quemque inminentem*

nouis fraudibus delationum. Únde îogelichen dero uerlórnôn

fârênten . uuîo er mít níuuen lúginen chômendo . éteuuen

25 méldee. *Iacere bonos prostratos . terrore nostri discriminis.* Kûo-

te negetúrren ûf erbúrren iro hóubet . erbrútte fóne mî-

nên fréison. *Flagitiosum quemque . incitari quidem impunitate ad*

audendum facinus . premiis uero ad efficiendum. Únde îogeli-   S/St43 P38

chen úbelen . úbeles sih erbáldên ! fóne únengéltedo . únde dés

30 fólle-frúmigen dúrh lôn. *Insontes autem . non modo priuatos secu-*

---

2 *tero   4 sie diu: *auf Ras. von* diu dîng   6 *Tánnân   7 *misselúngen   8 populi˙:
danach Schleife eines Fragezeichens unterstr. und rad.   10 *mánigfálte zálâ
kerúobôn: uo *auf Ras. von* ou; *kerúobôn   18 ámbahtes: *erster Strich des* m *aus Ansatz von* b *rad. und verb.*   21 *fólleuuémon   22 *séldâ   24 *fârenten   *nîuuên
*éteuuên   27 *fréisôn   29 *úningéltedo   30 *vielleicht*   *fóllefrúmmen
2 eaque tantum *B*   12 affingitur *B (Hss);* affigitur *G N (in N* n *rad.)*

A31

ritate . uerum etiam ipsa defensione. Únsúndige állero sichurhéite be-   p4

téilte . únde ióh állero ánt-séido. *Itaque libet exclamare.* Nú uuíle

ih míh is ze_góte irrúofen.   SOLOS HOMINUM ACTUS A DEO SPERNI   24

O conditor stelliferi orbis. Tú sképfo des hímeles. / ˉDECLAMAT.   m5

5   *Qui nixus perpetuo solio . uersas cęlum rapido turbine.* Tú ío ze

stéte sizzentêr . dén sélben hímel uuérbest . mít snéllero uuán-

do. *Et cogis sydera pati legem.* Únde die stérnen héizest húoten

íro êo. *Ut luna nunc lucida pleno cornu . obuia totis flammis fratris .*

condat minores stellas . nunc pallida obscuro cornu . propior phoebo

10   *perdat lumina.* Sô gnôto . dáz_ter mâno uuílon fóllêr gâendo

gágen dero súnnûn . túnchele die ánderen stérnen. Uuílon áber hór-

nahtêr . suînendo gánge náhôr dero súnnûn. *Et hesperus qui agit al-*

gentes ortus tempore primę noctis . iterum mutet solitas habenas . pal-

lens lucifer ortu phoebi. Únde óuh ter âbent-stérno . tér uuílon in

15   áne gâenda náht ûf kât . únde in âbent-chúoli skînet . áber uuéhse-

loe sîna uárt . ûf kândo uuíder tág . únde tágo-stérno uuérde. *Tu*

stringis lucem breuiore mora frigore frondifluę brumę. Tú getûost

ze_uuíntere . sô daz lóub rîset . chúrzeren dág . tánne diu náht sî.   S/St44

Cum uenerit feruida ęstas . diuidis tu agiles horas nocti. Áber dára

20   gágene . sô héiz uuírt ze_súmere . kibest tu mínnera stúndôn

dero náht . tánne demo táge. *Tua uis uarium temperat annum.* Tú   P39

getémperôst taz iâr . tú getûost iz misselîh . mít tînero chréf-

te. *Ut frondes quas aufert spiritus borę . mitis zephyrus . re-*

uehat. Sô . dáz taz lóub . táz tiu bîsa genímet . ter uuéstene-uuîNT

25   kerécche. *Et semina quę arcturus uidit . urat syrius altas se-*

getes. Únde daz chórn . dáz man ze_hérbeste sáhet . sô arctu-

rus mít tero súnnun ûf kât . ze_súmere rîfee . sô áber syrivs

mít tero súnnun ûf kât. *Arcturus ist éin stérno in_signo boo-*

tis . ánderêr ist syrius in_lingua maioris canis. *Nihil solutum an-*

30   *tiqua lege . linquit opus proprię stationis.* Nehéin díng neíst

---

3/4 .ˋ. *auf dem rechten Rand*   4 Tú: *davor* T *oder* D *rad.*   5 nixus: i *aus* e *verb.*
(j *durch* e *gezogen*) 10, 14 *uuílôn 10 *gândo 11 *Uuílôn 15 áne: *Akut aus*
Zkfl. rad.; *ána gânda 18 *tág 20/21 *schräger Strich auf dem rechten Rand*
27, 28 *súnnûn 28/29 bootis: o² *aus* e *rad.*

7 legemque ... cogis *B*   23 mites (mitis *in nur 2 Hss*) *B*   25 quaeque Arcturus
semina uidit *B*

êolos . nóh ába sînero stéte gerúcchet. *Omnia rector gubernans certo fine* .   m5

respuis solos actus hominum . *cohibere merito modo.* Álliu dîng kôt in

geduánge hábende . neuuîle du ménniskôn tâte . tuîngen ze_iro réhte.

Uuâr uuâre dánne liberum arbitrium . úbe ér sie tuûnge? *Nam cur uersat*

5   *lubrica fortuna tantas uices? Noxia poena debita sceleri* . *premit in-*

sontes. Uuîo îst táz sô . dáz fortuna trîbet sô únrehten uuéhsal? Dér

scádo dér dien scúldigen sólta . dér lîget ána dien únsculdigên. *At per-*

uersi mores resident celso solio. Fertâne lîute . sîzzent frámbaro. *Et*

nocentes calcant iniusta uice . *sancta colla.* Únde scádele tréttônt únder

10   fûoze . dero héiligon hálsa . mít únrehtemo uuéhsale. *Uirtus clara* . *con-*   S/St45

dita obscuris tenebris . *latet.* Túged . tiu îo zórft uuás . lîget ferbór-

gen în dero uînstri. Tîe óffeno túgedîg sînt . tîe bérgent sîh. *Iustusque*

tulit crimen iniqui. Ter réhto éidôt . tes únrehten scúlde. *Nil nocent*

ipsis periuria . *nil nocet fraus* . *compta mendaci colores* . i . ypocrisi orna-

15   ta. Méineida netáront in . nóh úndriuua . mít lîchesungo bedáhte.

Sed cum libuit uiribus uti . *gaudent subdere summos reges* . i . perfectos   P40

quosdam . qui mores suos regunt. Sô sie dánne uuéllen chórôn . uuáz

sie getûen múgin . sô uáhent sie án die máhtigôsten chúninga .

sô dîe sînt . tîe nîoman réhtes eruuénden nemág ! tîe béitent

20   sie sîh nâh în gebréchen. *Quos metuunt innumeri populi.* Tîe

mánige lîute fúrhtent . s . propter iusta iuditia. *O* . *quisquis nectis foe-*

dera rerum . *respice iam miseras terras.* Uuóla gréhto . dû dero dîngo

állero éinunga máchôst . erhúge dero uuênegôn . dîe in_érdo sîNT.

Non uilis pars tanti operis homines ! quatimur salo fortunę. Uuîr

25   dir míchel téil bírn dînes frámbaren uuérches . uuîr ríngên in

dísemo mére dero fortunę . dáz chît tero uuîle-uuéndigi. *Re-*

ctor comprime rabidos fluctus. Stîlle ríhtare . dîe zâligen

uuélla. *Et firma stabiles terras* . i . homines . *foedere* . *quo regis in-*

mensum celum . i . angelos . uel sydera. Únde mít ál sólemo fríde . dû diu

30   hímelisken dîng réchenost . sô récheno diu írdisken. Ketûo sámo

---

1 *êolôs   2 *Álliu   4 Uuâr: a *aus Ansatz von r verb.*   6 *únrêhten   *Têr
7 *únscúldigên   8 *frámbâro   9 trêttônt: e *aus o rad. und verb.*   10 *hêiligôn
*únrêhtemo uuêhsele   13 *únrêhten   15 Mêineida: i² *übergeschr.;* *Mêinêida netárônt
in   *úndriuua   18 *getûon múgîn   20 *akutartiger Strich auf dem linken Rand*
23 *dêro   25 *frámbâren   26 *uuîluuéndigi   28 *uuéllâ   30 *réchenôst

27 Rapidos *B (Hss); rabidos* G N, *aber Glosse* uel rapidos *G*

stâten frido in_érdo . sî in_hímele.   ⌐mota meis questibus . inquit.   m5

QUID SIT UERUM EXILIUM . ET UBI SIT UERA PATRIA.   25 S/St46

*H*ęc ubi delatraui continuato dolore . illa uultu placido . nihilque   p5

Sô íh sús kescreîota in_áteháftemo sêre . dô spráh si mít hólt-lichemo

5   ánalútte . únde únzórnegiu mînero chlágo. *Cum uidissem te mestum*

et lacrimantem . ilico cognoui miserum exulemque . i . a ratione remotum.

Sô íh tíh êrest sáh trûregen . únde uuûofenten . sô uuîssa íh tíh sâr

uuênegen . únde élelenden. *Sed nesciebam quam longinquum esset id exi-*   P41

lium . nisi tua prodidisset oratio. Îh neuuîssi áber . uuîo férro táz élelende

10 uuâre . úbe mir iz tîn zála neóugti. *Sed tu quidem non pulsus es quam procul*

a patria . sed aberrasti. Tóh nebíst tu nîeht héimænan uérro uertrî-

ben . núbe írrondo ueruuállôt. *At si mauis te existimari pulsum . ipse*

te potius expulisti. Uuíle du <dih> ôuh chéden uertríbenen . táz tâte îo

dû dir sélbo. Tû hábest tíh sélbo uertríben. *Nam id quidem de te numquam*

15 *cuiquam fas fuisset.* Íz nemáhti nîoman ánderro getûon. *Si enim re-*

miniscare . cuius patrię oriundus sis . non regitur imperio multitudi-

nis . uti quondam atheniensium. Uuíle du uuîzen . uuánnân du búr-

tig sîst . târ neuuáltesot nehéin mánegi nîeht . sô iz íu fûor ze

athenis . tô ín lacedemones iro uîenda gesézzet hábetôn trigin-

20 ta dominos. Lís orosium . er ságet tir iz. *Sed eis kirios estin . eis*

basileus. Núbe éin hêrro ist târ . únde éin chúning. *Qui lętetur fre-*

quentia ciuium . non depulsione. Tér sîne búrg-liute gérnor sáme-

nôt . tánne uertríbe. *Cuius agi frenis . i . subici disciplinis . atque*   S/St47

obtemperare iustitię . summa libertas est. Tér démo dîenôt . únde ún-

25 dertan ist . tér ist fóllun urî. *An ignoras illam antiquissimam le-*

gem tuę ciuitatis . qua sancitum est . ei non esse ius exulare . quisquis ma-

luerit fundare sedem in ea? Neuuéist tu uuîo iz fúnden ist . án

dero búrg êo . dánnân du búrtig píst? So uuer dâr ínne uuél-

le zímberôn . táz tér neuuérde ze_ûz-tríppen getân. *Nam qui*

30 *continetur uallo eius ac munimine.* Tér dâr ínne sizzet pezûndêr .

---

4 *kescrêiôta   5 *únzórnegiu   7 *tíh 9 *dáz   10 *mír   11 héimænan: *wohl* a[1] *zu*
e *verb.;* *hêimenân   12 *irrôndo   13 <dih> *vielleicht besser nach* ôuh   16 patrię:
ę *aus* i *(?)*   18 *neuuáltesôt   22 *gêrnor   24/25 *úndertân   *fóllûn

5/6 maestum lacrimantemque *B*   12 ac, si ... mauis, *B*   oriundo *B (Hss);* oriundus
G N   20/21 εἰς κοίρανός ἐστιν, εἰς βασιλεύς *B;* EIC . KOIPANOC . ECTIN. / . EIC
BACIΛEUC *N (ähnlich G E₁), aber über* EIC KOIPANOC *Glosse* uel EIS . KIPANOC *G*
24 iustitiae libertas est *B (Hss);* summa libertas *N E₁* 26 sanctum *B (Hss);* sancitum *G N*

únde beuéstenôtêr. *Nullus metus est . ne mereatur exul esse.* Tér nefúrh-   p5

tet tia íhseli níeht. *At quisquis desierit uelle inhabitare* in *ea .*

pariter desinit etiam mereri. So uuén áber níeht nelústet tár   P42

ínne ze_búenne . dér neílet iz óuh níeht keurêhton.

5 A D S U P E R I O R A R E S P O N D E T U R .   26

I taque non tam mouet me facies huius loci . quam tua. Nú nemísselî-

chêt mir níeht sô hárto disses chárchâres ána-síht . sô mir dîn

ánasiune tûot. *Nec requiro potius parietes bibliothecę . com-*

ptos ebore ac uitro . quam sedem tuę mentis. Nôh íh neuórderôn

10 díe gezîrten uuénde dînero búochamero . mit hélfent-péi-

ne . únde mit cláse . sô gérno íh táz ánasídele fórderôn dînes

mûotes. *In qua non libros . sed id quod precium facit libris . quondam collo-*

caui sententias librorum meorum. Târ ih ínne íu betéta . dáz án

dien búochen stât . dero búocho tíuri . náls sélben diu búoh. *Et*

15 *tu quidem uera dixisti . de tuis meritis in commune bonum . sed pau-*   S/St48

ca pro multitudine gestorum tibi. Uuáz tu in frôno gûotes ketân

éigîst . tés hábest tu lúzzel geságet ! uuíder díu iz uuâr íst.

De honestate uel falsitate obiectorum tibi . cunctis nota memora-

sti. Tû ságetost fóne chíuskero tâte . déro sie díh zíhent ! álde

20 fóne dien lúginen . dáz in állên chúnt íst. *De sceleribus fraudibus-*

que delatorum . recte tu quidem putasti . strictim attingendum. Táz fó-

ne léidarro frátaten . únde úndríuuon . lúzzel dîr si ze

ságenne . dâr dúnchet tir rêhto. *Quod ea melius uberiusque cele-*

brentur ore uulgi . omnia recognoscentis. Uuánda díu díng

25 der líut állêr . démo siu uuóla chúnt sint . páz únde fólleg-

lichôr chôsôt. *Increpuisti etiam uehementer factum iniusti senatus.*

Temo hêrtûome hábest tu filo hárto úberléget . sîna ún−

rehtun úrteilda. *De nostra etiam criminatione doluisti.* Óuh   P43

chlágetôst tu . dáz sie míh scúldigônt. *Lesę quoque opinio-*

30 *nis damna fleuisti.* Ióh tîa únera dînes únliumendes chlágetôst

---

3 desierit *(vgl. 2)*   4 *keurêhtôn   7 *chárchares   *mir   10 *gezîerten   *búochchámero
(vgl. oben 19, 17)   14 *tero   19 *ságetôst   20 *in   22 *léidaro   frátaten: *Akut aus*
Zkfl. verb.; *frátâten   *úndríuuôn   *sî   23 dâr: *dáz   *tir *(vgl. 21: tu)*
25 *ter   27/28 *únrêhtûn úrtêilda   30 *únêra

2 inhabitare eam *B;* inhabitare, *dazu Glosse in* illa patria *E₁*   3 desinit *B*
15 quidem de tuis in commune bonum meritis uera quidem, sed *B*

tu. *Postremus dolor incanduit . aduersus fortunam.* Ze̱ iúngest píe-   p5

ge du uuíder dero fortuna. *Conquestusque non pensari premia ęqua meritis.*

Únde chlágetôst tu díh . tír únrehto uuésen gelônôt. *In extremo*

seuientis musę . i . contra deum murmurantis . *posuisti uota . uti pax*

5 *quę cęlum . terras quoque regeret.* Án díen zórnlichên uérsen . pâte

du ze̱ lézest . táz frído iṉ érdo . sámo so iṉ hímele.

Q U I D   U A L D E   E G R O T A N T I   P R I M U M   C O N U E N I A T .   27 S/St49

S̲ed quoniam incubuit tibi plurimus tumultus affectuum . et te diuersum

distrahunt . dolor . ira . meror. Uuánda dóh nû in dînemo hérzen

10 stúrment mánege úngedúlte . únde díh in mánigíu chêrent .

sêr . zórn . trûregi. *Uti nunc mentis es . nondum contingunt te ualidiora*

remedia . i . nondum tempus est . ut ostendam tibi summum bonum. Sô dir nôh ze

mûote íst . sô netúgen dir stárchiu lâchen. *Itaque utemur paulisper*

lenioribus . i . prius ostendendo . quia fortuna nihil est. Nû fâhên

15 zûo mit línderên. *Ut quę influentibus perturbationibus induerue-*

runt . in tumorem . ad recipiendam acrioris medicaminis . tactv

blandiore mollescant. Táz tîe hérte uuórtenen gesuúlste . fóne

ánauállonten léiden . mít líndemo uâske . geuuílchet uuérdên .

ze̱ dólenne stárchera lâchen. DATUR SIMILITUDO . OPORTERE   28 P44

20 *Q̲ui tum credidit larga semina* /⁻ ORDINEM IN MEDICINA SERUARE.   m6

negantibus sulcis . cum graue sydus cancri inęstuat radiis phę-

bi . elusus fide cereris . pergat ad quernas arbores. Tér dô . dô diu

súnna iṉ cancro méistûn hízza téta . fílo sâta in únuuílligen ácher .

uuánda iz únzît uuás . tér gánge bedíu chórnlôsêr ze̱ hólz . éi-

25 chelân . únde dêro nére síh. *Lecturus uiolas . numquam cum inhor-*   S/St50

ruit campus stridens sęuis aquilonibus . petas purpureum nemus . i . uiol-

larium. Úbe du óuh plûomôn uuéllêst . sô daz félt kestrûbet sî .

fóne cháltemo . únde ál rûtôntemo nórduuínde . sô negáng ze

blûom-gárten . dâr rôsâ . únde ríngelen . únde uiolę uuáhsenт .

30 tîe den gárten brûnent. *Nec si libeat frui uuis . uerno queras*

2 premia *fehlt*   3 *únrêhto   6 lézest: z *etwas verschmutzt (nicht auf Ras.)*   *frído
sî *oder* uuári   7 .˙. *auf dem rechten Rand*   10 *mánige úngedúlte   18 *ánauállôntên

1 aduersum B (Hss); *vgl.* aduersū N, *das aus* aduersus *rad. und verb. erscheint*
2 praemia pensari B   8 diuersumque te B   30 uernos B; uerno G E₁, *dazu Glosse* uel
uernos G; uerna N, *aber* a *durch Punkt darunter getilgt und* o *übergeschr.*

auida manu . stringere palmites . autumno potius contulit sua mu-   m6

nera bachus. Úbe díh uuînebero lánget . túrh táz negedénche

in‿lénzen hándelôn die drû[o]ben. Hérbeste gáb kót tîe êra .

náls temo lénzen. *Deus signat tempora . aptans propriis officiis.*

5 Kót hábet álle zîte gezéichenet . únde gefûoget ze‿iro ám-

bahten. *Nec patitur misceri uices . quas ipse coercuit.* Nóh ér

nelâzet feruuórren uuérden án in dîa hérta . dîe ér sél-

bo geúnderskéitota. *Sic.* Álso dû nû uernómen hábest. *Quod*

precipiti uia deserit certum ordinem . non habet lętos exitus. Táz

10 îo misse-fádondo sih rîhti gelóubet . táz neuólle-uéret

nîo uuóla únz in‿ûz. Pediu sól ih tîh státelicho lâchenôn .

ze‿ánderro uuîs nemág iz tîhen.   ATTRECTATIO UULNERIS.   29 P45

P*rimum igitur.* Nû ságe ze‿êrest. *Paterisne me attingere* [te] *atque*   p6

temptare statum tuę mentis . pauculis rogationibus? Ut intellegam qui

15 *modus sit tuę curationis.* Uuíle du mír héngen . frâgêndo begréi-   S/St51

fôn . únde besûochen dîn mûot . uuîo iz stánde? Táz íh uuíze . uuîo

ih tîh héilen súle. *Tu uero inquam rogato arbitratu tuo quę uoles ut re-*

sponsurum. Áfter dînemo uuíllen fróuua chád ih . frâge dés tu

mîh uuéllêst ántuuúrten. *Tum illa inquit.* Tô chád si. *Putasne*

20 *hunc mundum agi temerariis et fortuitis casibus? An credis*

inesse ei ullum regimen rationis? Uuânest tu dise uuérlt-lichen

geskíhte uerlâzene uáren . únde stúzzelingun? Álde uuâ-

nest tu dar ána uuésen dehéina rîhti áfter rédo? *Atqui*

inquam nullomodo existimauerim . ut tam certa moueantur for-

25 *tuita temeritate.* Triuuo chád ih . táz nechâme nîomer

in mînen sín . táz sô guissiu dîng . fárên áfter uuánchelîne-

ro únrihti. *Uerum scio deum conditorem . presidere operi suo.* Núbe gót

uuéiz ih flégen sînes uuérches. *Nec umquam fuerit dies . qui de-*

pellat me ab hac sententię ueritate. Nóh tér tág neuuírt nî-

30 omêr . tér mîh ába déro zálo genéme. *Ita est inquit.* Táz íst sô

---

2 bachŏ̌s (o zu u *verb.*)   uuînebero: b *aus* r *verb.;* *uuînebéro lángêt   3 *êrâ   7 *dîe
hértâ *oder* *hérta . dîa   8 *geúnderskéitôta   10 *missefádondo   15 *frâgendo
22 *stúzzelingûn   23 *dâr   25 *nîomêr   26 *guissiu   27 *únrihti

13 attingere atque *B*   19/20 Huncine ... putas *B;* Huncine, *dazu Glosse* hunc *E₁*
20 fortuitisque casibus *B*

A37

chád si. *Nam id etiam paulo ante cecinisti.* Táz sélba súnge du dâr fóre.   p6

Et deplorasti homines tantum exsortes esse diuinę curę. Únde chlâge-

tôst tu . éinen die ménnisken . kôte in únrûochôn sîn. Táz uuás

tô er chád . *omnia certo fine gubernans . solos hominum respuis actus !*

5 merito rector cohibere modo. *Nam de cęteris nihil mouebare .*

quin ratione regerentur. Úmbe diu ánderiu nezómotôst tu .   P46

sîu neuuúrtîn geléitet áfter rêdo. *Pape autem uehementer ammiror .*

cur locatus in tam salubri senten[ten]tia ęgrotes. Únde nû íst míh hár-

to uuúnder . zîu du an sô héilesámero rêdo stândo . dôh uuáncho-   S/St52

10 est. *Uerum altius perscrutemur . nescio quid abesse coniecto.* Sûochên tîefôr .

neuuêiz uuáz túnchet mír . dir gebrésten. *Sed dic mihi . quia*

non ambigis mundum a deo regi . quibus etiam gubernaculis regatur aduer-

tis? Ságe no . sîd tu uuéist . kôt tia uuérlt ríhten . mít uuíu

er sia ríhte uuéist tu? Mít uuélemo rûodere? Sî uuólta in lêren

15 dáz prospera únde aduersa dero uuérlte gubernacula sínt. *Uix*

inquam nosco sententiam tuę rogationis ! nedum queam ad inquisi-

ta respondere. Íh neuernímo sâr . uués tu frâgêst. Mêra sólti

ih tir ánt-uuúrten. *Num me inquit fefellit abesse aliquid . per quod inre-*

pserit morbus perturbationum in animum tuum . uelut hian-

20 *te robore ualli?* Neuuíssa ih uuóla chád si . dir éte-

uuâr geméngen . târ mûot-súht in slîefen mág . sámo

dúrh skêtero getâna spizzûn? Târ romani hérebergotôn .

dâr úmbe grûoben sie síh . únde uuúrfen dia érda innenân .

uuíder sélben den grában. Ûfen den grábo-hûfen . sáztôn sie

25 sîne-uuélbe spizze bóuma . sô sie gedrúngenôst máhton . dáz

man dâr dúre skîezen nemáhti. Tér zûn hîez uallum . sélben

die bóuma hîezen ualli ! tiu lúccha únder zuiskên bóumen

hîez interuallum. *Sed dic mihi . meministine quis sit rerum finis .*

quoue intendat intentio totius naturę? Nû ságe mir. Pehú-

30 gest tu díh . uuáz állero dingo énde sî . únde uuára állíu

---

4 er: *danach schwacher Punkt*   7 uehementer: *h auf Ras.*   9/10 *uuánchoêst   14 *ín
18 Num me] nûne   20 &teuuâr/: uuâr *vor Loch im Pgm. rad.*   22 *hérebérgotôn
25 *sínuuélbe   28 finis?: *Schleife des Fragezeichens durch Strich darunter getilgt*
29 *mír

2 hominesque ... deplorasti *B*   11 quoniam *B*   12 deo *B, dazu Glosse* a deo *G N, ähnlich* E₁
29 tendat *B*

natura râmee? Sî uuólta er châde . ad bonum. Uuánda gót ist bonum .   p6 S/St53

ér ist finis . álso er óuh principium ist. *Audieram inquam . sed meror*   P47

hebetauit memoriam. Íh uuíssa iz íu chád ih . mir ist áber

nû fóre léide ingángen diu gehúht. *Atqui . scis unde cun-*

5 *cta processerint.* Tríuuo dû uuéist tóh . uuánnân álliu dîng châ-

men. *Noui inquam.* Táz uuéiz ih. *Deumque esse respondi.* Únde chád ih

sâr . gót tén uuésen. *Et qui fieri potest . ut principio cognito .*

quis sit rerum finis ignores? Únde uuîo máht tu chád si .

uuízen daz ána-génne . dû neuuízîst taz énde? *Uerum hi per-*

10 *turbationes morum . ea ualentia est . ut possint quidem homi-*

nem mouere loco . conuelle autem . sibique totum exstirpare non pos-

sint. Mûot-súhte hábint tîa chráft . táz sie ménnisken múgen

álso éinen bóum in stéte stânden eruuékken . náls áber

eruuélzen ûz . nóh ûz eruuúrzellôn. Sîe múgen in irren

15 sînes sinnes . sîe nemúgen in imo dóh nîeht kenémen. *Sed*

hoc quoque uelim respondeas . hominemme te esse meministi? Tóh

uuólti ih táz tu mir ságetîst. Uuéist tu dîh ménnisken uué-

sen? *Quidni inquam meminerim?* Zíu nesolti ih táz uuízen?

Quid igitur homo sit poterisne proferre? Chánst tu mir

20 dánne geságen . uuáz ménnisko sî? *Hoccine in-*

terrogas . an esse me sciam . rationale animal . atque mortale?

Frâgêst tu mîh tés . úbe ih mîh uuíze uuésen . álso aristo-

tiles chît . rationale animal únde mortale? *Scio . et id me*

esse confiteor. Táz uuéiz ih . únde dáz iího ih mîh uuésen. Álso   S/St54

25 ih in scûolo gelírneta . sô gehúgo ih is nóh. *Et illa.* Únde sî

áber. *Nihilne aliud te esse meministi?* Néuuéist tu dánne dîh

îeht ánderes sîn? *Nihil.* Néin ih. Sî uuólta er châde . se homi-

nem in deo deum esse. *Iam scio inquit . aliam uel maximam causam . morbi*

tui . quid ipse sis . nosse desisti. Nû chád si uuéiz ih . dîa gemá-

30 chûn stúreda tînero súhte . únde óuh filo chréftiga. Tû ne-   P48

---

3 áber: über r Tintenflecken in Form eines senkrechten Striches   4 gehúht: ht auf
Ras. von ges 5 *álliu 7 *tén úrspring (nach Naumann, 70) 12 hábint: von anderer
Hand übergeschr., int auf Ras.; *hábent 14, 15 *in 22 kleiner Schnitt vor der
Zeile 26 *nouisti *Néuuéist 28 I´ā 30 *stiureda dînero

9/10 perturbationum mores B   26 esse nouisti? B; wurde meministi aus Z. 16 übern-
ommen (Homoioteleuton)?

uuéist gubernacula mundi . nóh finem rerum . uuáz tu sâr sélbo sîst . tés   p6

hábest tu dîh kelóubet ze_uuîzenne. *Quare inueni plenissime*

uel rationem ęgritudinis tuę . uel aditum reconciliandę sospitatis. Fóne

diu hábo îh nu uuóla fernómen . ióh uuîo du sîeh sîst . ióh uuîo

5   man zûo fáhen súle . tîh tînero gesúndedo ze_geréchenôn-

6a   ne. *Nam quoniam tui obliuione confunderis.* Vvánda du dîn sélbes ergézen habêst .

6b   dáz ist / éin. *Et exulem te . et exspoliatum propriis bonis . esse doluisti.* Vnde

6c   dîh chláge/tôst élelendên . únde piróubôten dînîs kûotes . dáz ist taz ánder.

6d   QUAMUIS GRAUITER ĘGROTANTEM . NON DESPE-   30

   Q uoniam uero quis sit rerum finis ignoras .   /¯RANDUM ESSE.

   nequam homines atque nefarios . potentes felicesque arbitraris .   S/St55

   quoniam uero quibus gubernaculis mundus regatur oblitus es . has for-

10   *tunarum uices estimas sine rectore fluitare . magnę causę*

   non modo ad morbum . uerum quoque ad interitum. Sîd tû neuuéist .

   tero dîngo énde . dáz ist táz tritta . únde dû uuânest fertâne

   liute máhtîge únde sâlige . dáz ist taz fîerda . uuánda du

   óuh ergézen hábest . mit uuîu gót tia uuérlt rihte . dáz ist

15   taz fîmfta . únde uuânest tîa uuéhsela dero uuîlsâldôn

   tuárôn âne rihtare . dáz ist taz séhsta . dés ist tir gnûoge .

   nîeht éin ze_súhte . núbe ze_tôde. *Sed sospitatis auctori gra-*

   tes . quod te nondum totum destituit natura. Áber góte dáng . tér

   dia gesúndeda gîbet . táz tîh nóh álles tînes sínnes . tiu natur-   P49

20   ra intsézzet nehábet. *Habemus maximum fomitem tuę salutis .*

   ueram sententiam de mundi gubernatione . quod non credis eam subdi-

   tam temeritati casuum . i . temerariis casibus . sed diuinę rationi.

   Îh hábo gnûog michelen fúnchen dînero genîste . án déro dî-

   nero uuârûn rédo . fóne dero uuérlt-rihtnîssedo . dáz tû

25   sia neuuânêst úndertâna únórdenhaftên geskîhten . nú-

   be gótes uuîsheite. *Nihil igitur pertimescas . iam tibi illuxerit*

   uitalis calor . ex hac minima scintilla. Hábe gûoten drôst .

   lîblîh chécchi chúmet tir fóne dirro lúzzelûn uernúmi-

   ste. *Sed quoniam nondum tempus est firmioribus remediis . et constat eam*

30   *naturam esse mentium . ut quotiens abiecerint ueras . falsis opini-*

Apparate: gegenüber Seite 108

*onibus induantur . ex quibus . s . * opinionibus *. orta caligo perturba-*   p6

tionum . uerum illum confundit intuitum . hanc temptabo paulisper at-

tenuare . lenibus mediocribusque fomentis. Uuánda áber nóh zît   S/St56

neist stárcheren lâchenes . únde óuh ménniskôn mûot sô ge-

5 tân ist . táz iz sih tero uuârhéite gelóubendo . sâr héftet

án den lúkken uuân . fóne démo diu tîmberi chúmet .

tero mûot-trûbedo . tiu uuârra ána-sîht irret . sô chóro-

ên dia tîmberi ze̱ êrest úber némen . mit lénên únde mézi-

gên gebáhedôn. *Ut dimotis tenebris fallatium affectionum .*

10 *uerç lucis splendorem possis agnoscere.* Sô dîu uinstri de-

ro lúkkôn mûot-pehéftedôn ába chóme . táz tu dánne

múgîst taz uuâra lîeht keséhen.   ITEM SIMILITUDINE   31

OSTENDITUR . QUATUOR AFFECTIONIBUS CALIGINEM

*N*ubibus atris condita sydera . nullum pos-   / MENTES NASCI.   m7

15 *sunt fundere lumen.* Stérnen nemúgen skînen . sô trûobiu

uuólchen dar fóre sînt. *Si turbidus auster uoluens ma-*   P50

re . misceat ǫstum. Úbe óuh ter uuînt mískelôt tia céssa .

únde den mére getûot uuéllôn. *Mox resoluto cǫno . ob-*

stat uisibus sordida unda. Sâr hórouue uuórtenemo .

20 uuéret sih tien óugôn daz trûoba uuázer. *Dudum uitre-*

a . et par . serenis diebus. Dáz fóre uuás lûter . únde héite-

rên dágen gelîh. *Et defluus amnis qui uagatur altis montibus.*

Únde dîu nîder rínnenta áha ába demo bérge. *Resistit*

sepe obice rupe soluti saxi. Uerstôzet tíccho án dîen

25 skórrentên skiuerrôn . dero uerbróchenôn stéino. *Tu*

quoque si uis cernere uerum claro lumine. Úbe óuh tû uuél-

lêst mit cláten óugôn chîesen dia uuârhéit. *Recto tra-*

mite carpere callem. Únde áfter réhtemo uuége uádôn.   S/St57

Pelle gaudia . pelle timorem. Sô lâ dîn ménden sîn . lâ dîn

30 fúrhten sîn. *Et fugato spem . nec adsit dolor.* Kedîngi ne-

---

7 *mûottrûobedo *uuâra 8 trîmbi 16 *dâr 17 *zéssa 18 cǫno: *Tinte von* ǫno
etwas ausgelaufen, keine Ras.   21 par .: *Punkt auf Ras. von langem s*   *Táz
*lûtter 22 *tágen 25 *skiuerôn 27 *clátên

9 fallacium *B*   21 parque serenis *B*   22 quique ... defluus amnis *B*   30 spemque fugato *B*

hábe . ríuuûn nehábe. Táz chît . neménde dero sâldôn îo ána .   m7

nefúrhte únsâlda hîna fúre. Negedînge guuúnnen

hîna fúre . neríuue dîh ferlóren hában îo ána. Táz sínt

fîer behéfteda des mûotes . gaudium . spes . timor . dolor .

5   téro óuh uirgilius keuuânet . téro zuô ad presens tréfeNT .

zuô ad futurum. Fóne dîen sélbên chád cicero . so uuéliu

íro demo mán ána sî . dáz tér nemúge réht iudex

sîn. Témo fólgêndo . chît si nû. *Mens ubi hęc regnant .*

nubila est . et uincta frenis. Táz mûot tés tisiu uuál-

10 tent . táz ist trûobe . únde háft.

E X P L I C I T   L I B E R   P R I M U S   B O E T I I .   D E   C O N S O L A T I O -

N E   P H I L O S O P H I A E .

15

20

25

30   I N C I P I T   L I B E R   S E C U N D U S   B O E T I I .   P51 S/St58

---

1 ána˙   2 *únsâldâ   *guúnnen   4 *behéftedâ   5 *tréffent   7 ána: *davor r rad.*
8 *fólgendo   9 *tisiu   10 háft:;

QUĘ SIT CAUSA MORBI.   1

*P*ost hęc paulisper obticuit. Hára nâh ketágeta si éin luzzel.   p1

Atque ubi collegit meam attentionem . modesta taciturnitate.

Únde sô si án mînemo gezógenlichen suîgenne . gechôs mî-

5 ne ána-dâhte . dáz chît uuîo gnôto ih ze_iro lóseta. *Sic exor-*

sa est. Fîeng si sús ána. *Si penitus cognoui causas et habitum*

ęgritudinis tuę. Úbe íh rehto bechénnet hábo . uuánnân

dîn súht chómen sî . únde uuîolîh sî sî . uuáz tir ána sî.

Tabescis desiderio prioris fortunę. Sô suuîndest tu fóre

10 démo nîte dero êrerûn sâldo. Téro lángêt tîh. *Ea mutata .*

sicuti tu tibi fingis . peruertit tantum tui animi. Sî hábet

tîh sô hárto bestúrzet tînes mûotes . keuuéhselotiu sô dû

dénchest . s. dáz si dánne uuâre . úbe si stâte uuâre. *Intel-*

lego multiformes fucos illius prodigi. Íh pechénno álliv

15 diu trúgebilde dés égetîeres. *Et blandissimam familiari-*

tatem cum his quos eludere nititur. Únde uuîo mán-mant-sá-

mo sî sih kesuaset ze_dîen . dîe sî betrîegen uuîle. *Eo usque*

dum confundat intolerabili dolore . quos insperata relique-

rit. Únz sî dîe mít hándegemo sêre . iro mûotes keírret .   S/St59

20 tîen si úngeuuândo gesuuîchet.

FORTUNAM ETIAM DUM BLANDITUR . DETESTANDAM ESSE.   2

*C*uius si naturam . mores . meritumque reminiscare . nec habu-

isse te aliquid in ea pulchrum cognosces . nec amisisse. Ún-   P52

de úbe du dîh pehúgen uuîle íro naturę . únde íro sítes .

25 únde uués si dîh . únde mánnolichen gescúldet hábet . sô

gesîhest tu . dîh án íro dô nîeht lússames háben . nóh sîd

ferlîesen. *Sed ut arbitror . haud multum laborauerim . reuo-*

care tibi hęc in memoriam. Íh neuuâno óuh túrfe<n> bóre

uîlo ríngen . dîh tés ze_gemánônne. *Solebas enim presentem*

30 *quoque . blandientemque . incessere uirilibus uerbis.* Tû uuâ-

---

1 *lúzzel   4 an´   6 ána;   7 *rêhto   8 sîsî: *langes* s² *durch früheren Punkt gezogen*
tir: i *aus a rad. und verb.*   9 *suîndest   10 *nîete   11 Sî: i *aus o oder t rad.*
und verb.   12 *keuuéhselotîu   13 *tâz   14 álliv: *vor* á *Ras. von* á, ál *auf Ras. von*
11; *álliu   15/16 *mámmentsámo   20 *gesuîchet   26 dô: *von* dôh *Akut zu Zkfl. verb.,*
h *rad.*   *lústsámes

6 causas habitumque B   9 affectu desiderioque B, *auch* G N, *aber* affec *auf Ras.* G
22 ac meritum B   30 blandientem quoque B (Hss), *dazu Glosse* aliter blandientemque
N, *ähnlich* G

re îro óuh tô sitig ze_uuâzenne . mit kómelichên uuórten .   p1

únz si dír gedîene uuás . únde dír zártôta. *Et prolatis senten-*

tiis . insectabare eam de nostro adito. Únde mit ált-chetenên

uuórten . iágetôst sia . ûzer únserên séldon. Tû gehúge-

5 tôst téro sententiȩ. *Omnium rerum uicissitudo est.* Únde déro.

Non eodem ordine respondent ultima primis. Uerum omnis

subita mutatio rerum . non sine quodam quasi fluctu contingit

animorum. Nû negeskêhent tôh nîeht nehéine gáhe stúrza

dero dîngo . âne ételiche úndulte dero mûoto. *Sic factum*

10 *est . ut tu quoque paulisper descisceris . a tua tranquillitate.*

Tánnân îst keskéhen . dáz óuh tû éteuuáz kerúcchet

sîst . ába dînero ében-mûoti. DE ADHIBENDIS PRIMUM   3 S/St60

S *ed tempus est . haurire te ac degusta-* ⌐MEDICAMINIBUS.

re . aliquid molle . atque iocundum. Áber nû hábest tu zît .

15 uuánda du sô sîeh píst . éteuuaz líndes . únde sûozes ze

trínchenne . únde nû ze_êrest ze_chórônne. *Quod transmis-*

sum ad interiora . uiam fecerit ualidioribus haustibus. Táz fóre

geslúndenez . uuég tûe stárcherên tránchen . i . antido-

tis. Adsit igitur suadela rhȩtoricȩ dulcedinis. Nû hél-   P53

20 fe is rethorica . mit iro sûozûn scúndedo. *Quȩ tum*

tantum procedit recto calle. Tíu échert tánne réhto

uádot. *Cum non deserit nostra instituta.* Sô sî úber mîna

lêra nestéffet. Táz îst álso si châde. Mîn sínt álle di-

sciplinȩ . ih lêrta in_rhetorica suadere . quȩ bona . quȩ

25 iusta . quȩ honesta . quȩ utilia . quȩ necessaria . quȩ pos-

sibilia sunt . tér úber dáz tûot . suadendo mala . turpia .

iniusta . inutilia . non necessaria . impossibilia . tér uuén-

det rhetoricam in árg . táz chît . abutitur arte. Fóne díu

îst in rhetorica gescríben. *Orator est uir bonus . dicendi*

30 *peritus.* Íst er malus . tôh er óuh sî *dicendi peritus* . sô neíst

---

3 *ált-chétenên   4 *séldôn   9 *úndúlte   15*éteuuáz   20 r&horica: *rhetorica
23 *nestéphet   24 suaderæ: *aus* suadela *rad. und verb.*

2/3 eamque ... prolatis insectabare sententiis *B*   10 descisceres *B (Hss);*
descisceris *G, aber mit Punkt unter* i² *und* uel e *darübergeschr.*

er îo nîeht orator / núbe seductor. Álso dér uuás . tér-dir

chád suadendo . nequaquam moriemini . sed eritis sicut dii.

Rhetorica gemág micheliu ding. Sî bechêret tie ménnisken

ába mendatio ad ueritatem. Sî gibet mestis consolationem . únde in-

5 credulis fidem . únde únsinnige . getûot si sinnige. Uuán-

da dáz sô ist . pediu ist si philosophię sô gehénde . pediu uuî-

le si disen sîechen mán . mit iro túgede genérien. *Et cum hac*

succinat musica . nostri laris uernacula . nunc leuiores . nunc

grauiores modos. Únde mit rhetorica . sî ále-gáro musi-

10 ca . mîn gehûsa . únde singe sâr nâh tero prosa . uuîlon suâ-

rera sáng . sô heroicum metrum ist . uuîlon daz lîehtera . sô iam-

bicum ist . únde ánderiu metra.   DESCRIPTIO FORTUNAE.

*Q*uid est igitur o homo quod te deiecit in mestitiam et luctum? Iâ

lieb man . uuáz hábet tih prâht ze dirro uáto? in disa

15 trûregi . únde in disen uuûoft? *Uidisti aliquid credo . nouum*

et inusitatum. Tîr ist pegágenet neuuéiz uuáz niuues . ún-

de sélt-sânes. *Tu putas fortunam erga te esse mutatam.* Tû uuâ-

nest sîh tiu fortuna hábe uuîder dîh keuuéhselôt. *Erras.*

Târ ána irrost tu. *Hi semper eius mores sunt . ista natura.* Tiz sint

20 iro síte . sús ist sî getân. *Seruauit circa te propriam poti-*

us constantiam . in ipsa sui mutabilitate. Sî hábet tir mêr

geóuget iro stâtigi . án sélbemo iro uuéhsale. Táz héi-

zet argumentum a nota . táz chît ánt-fristunga des ná-

men. Uuáz ist ánderes fortuna . âne mutabilitas prospe-

25 ritatis . únde aduersitatis? *Talis erat cum blandiebatur.*

Sólih uuás si . dô si dír gemáchesta uuás . tô si dîh zárta.

Cum tibi alluderet inlecebris falsę felicitatis. Tô si dír

zûo spíleta . mit tîen lúcchedôn . lúkkero sâlighéite.

Deprehendisti ambiguos uultus cęci numinis. Nû bechén-

30 nest tû dáz ánalútte . dés sîh pérgenten trúgetîeueles.

---

5 únsinnigĕn: n⁴ *anscheinend rad. und durch Punkt ersetzt, Zkfl. nicht rad.*
5/6 Ûuânda   7 *genéren   10, 11 *uuîlôn   14 *lîeb mán   19 *irrôst   20 Seruabit
22 *uuéhsele   23 ánt fristungo

7 cumque hac musica *B*   13 maestitiam luctumque *B*   16 inusitatumque *B*   20 Seruauit *B*

Álde chíd . plíndero gútenno . uuánda sia ueteres hábetôn pro   p1

dea . únde sia mâletôn plínda. Ziu blínda? Uuánda íro gében

álso getân íst . sámo sî negeséhe . uuémo si gébe. Sî gíbet temo

uuîrseren . únde úberhéuet ten bézeren. *Quę sese adhuc*

5   *uelat aliis . tota tibi prorsus innotuit.* Tíu síh nóh fóre ánde-

rên pírget . tíu hábet síh tír erbárôt. *Si probas . utere moribus.*

Sî si dír gelóub . trág íro síte. *Ne queraris.* Únde nechlágo

díh nîeht. *Si perfidiam perhorrescis . sperne atque abice permetio-*

sa ludentem. Úbe du íro úndríuua léidezêst . sô uersíh sia .

10 únde âuuerfo sia . ze úbelero uuîs spílonta. Únz si spíloe

ze dír . únz kemîd tíh íro ! êr si dír gebréste. *Nam quę nunc*

tibi est causa tanti meroris . hęc eadem debuisset esse tranquil-

litatis. Tés tû nu trûreg píst . tés sóltôst tu   P55

in gûotemo sîn. *Reliquit enim te.* Uuánda díh hábet nû uer-

15 lâzen. *Quam non relicturam nemo umquam poterit esse securus.*

Tíu nîom-er nîomanne guis neuuîrdet. *An uero tu preciosam*

estimas abituram . i . recessuram felicitatem? Ähtôst tû tiura

múrgfâra sâlda? *Et est tibi cara presens fortuna . nec manen-*

di fida . et allatura merorem cum discesserit? Únde sól dír

20 díu lîeb sîn sáment tír . díu âne tríuua mít tír íst . únde   S/St63

díu díh éteuuénne ferlâzendo sêregôt? *Quod si nec potest*

retineri ex arbitrio. Ube sia nîoman gehában nemág

áfter sînemo uuíllen. *Et fugiens facit calamitosos.* Únde sî

sie hína uárendo sêrege getûot. *Quid aliud fugax est .*

25 *quam quoddam indicium futurę calamitatis?* Uuáz íst sî flúh-

tiga dánne . âne uuórt-zéichen dero chúmftigûn léide-

gúngo? Sólih uuás ęneas didoni. Táz *argumentum* héizet

ab *euentu !* hoc est *a fine .* siue *ab effectu .* uuánda uuír fi-

nem âna séhen súlen . án dero fóre-tâte. Álso *virgilius*

30 chád. Inter agendum occursare capro . cornu ferit ille .

_____

1 hábetôn: *Zkfl. aus Akut verb.*   2 *blinda   3 gibet: b *auf Ras.*   4 Quę: ę *aus*
langem s verb.   5 tibi: t *aus langem s (?) rad. und verb.*   Tiu˙: *Punkt sehr schwach*
síh .: *Punkt sehr klein*   6 *birget   10 *spilônta   13 *nû   tu: *danach in* gûotemo
rad.   15 n̅: n *aus* r *und Ansatz von* e *verb.*   16 *nîomêr   17/18 *waagerechter Strich*
auf dem rechten Rand   22 *Übe   26/27 *lêidegungo   *Punkt fehlt* 30³

8/9 perniciosa *B*

caueto. *Neque enim suffecerit intueri . quod situm est ante*

oculos. Nôh tés éinen nesól nîoman séhen . dáz fóre óugôn

îst. *Prudentia metitur exitus rerum.* Frûot-héit pedénchet

állero dîngo énde. Sî dénchet îo fúre. *Eademque mutabilitas*

5 *in alterutro.* Únde gelîh uuéhsal béidero . kûotes . ióh úbe-

les. *Nec facit formidandas minas fortunę . nec exoptandas*

esse blanditias. Nelâzet sia . s . prudentiam fúrhten chúmf-

tiga dróuuûn dero fortunę . nôh mínnôn íro gágenuuér-

ten zárta.   NON INPATIENTER FERENDUM IUGUM . GRA-

10 Postremo cum semel summiseris colla iu- /⎺TIS SUSCEPTUM.

go eius . oportet toleres ęquo animo . quicquid geritur intra

aream fortunę. Ze_demo gnôtesten . úbe du éinêst íro dî-

nen háls úndertûost . sô mûost tu ében-mûoto uertrá-

gen . so uuáz tír getân uuirdet in íro hóue . únde so

15 uuáz tír dâr begágenet. Táz héizet argumentum a coniuga-

tis. Tés kâb cicero súslih exemplum. *Si conpascuus ager est . li-*

cet conpascere. Táz chît . îst tiu uuéida geméine . sô mûoz

man sia geméinlicho nîezen. Témo îst tíz kelîh. *Si te sub-*

iugabis . iugum feras oportet. Quodsi uelis legem manendi .

20 *legem*que abeundi scribere ei . quam tu sponte legisti do-

minam tibi . nonne iniurius fueris? Uuîle dû dînero fró-

uuun dîa dû dánches kuúnne . sézzen êa . uuîo

lángo si mít tír sî . álde óuh uuénne si rûme . nefé-

rest tu íro dánne únzálelicho mîte na? *Et inpati-*

25 *entia exacerbes sortem . quam non possis permutare.* Únde

du mít úngedúlten bréstêst taz lôz . táz chît úngedúl-

tigo léidezêst . tîa geskiht . tîa dû nîeht keuuéhselôn

nemúgîst. Táz îst rhetorica dissuasio . *minime tempta-*

re . quę non possunt fieri. Si committeres uela uentis . non pro-

30 *moueres quo uoluntas peteret . sed quo impellere*NT

---

1 intueri quęlibet   2 éinen nesól: *auf Ras. von* nesól nîo mán   5 gelîh: ih *aus* u
(?) rad. und verb.   6 minas .: *Punkt rad.*   12/13 dîn/nen: n[1] *rad.*   16 *súslîh
conpascuus: u[2] *aus langem* s *rad. und verb.*   21/22 *fróuuûn *kuúnne 24 *únzálalicho
27 *tîa   dû nîeht: *auf Ras. von* geskiht

1 intueri *(ohne* quęlibet) B

flatus. Lîezîst tû dînen ségel demo uuînde ze̲ geuuálte . sô nefûo-   p1
rist tu nîeht tára dû uuóltîst . núbe dára dîh uuînt fûorti.
Si crederes semina aruis . pensares inter se . feraces annos . et steriles.
Úbe dû dero érdo dînen sâmen beúúlehîst . sô uuâgîst tu be̲ nôte
5 gûotiu iâr . únde ѷbelív. Tés úbelemo iâre prâste . dáz er-sáz-
tîst tu mít temo gûoten. *Dedisti te regendum fortunę . oportet*   P57
obtemperes moribus dominę. Tû beúúlehe dîh fortunę . dáz si dîn flâ-
ge ! nû fólge íro siten . dáz ist réht. Súslicha copiam paradig-
matum . dáz chît exemplorum . chúnnen dîe fúre zîhen . dîe poten-
10 tes sint in̲ eloquentia. Pediu ist óuh kehéizen rhetorica a-
pud grecos . a copia fandi. *Tu uero retinere conaris impetum uol-*   S/St65
uentis rotę. Péitest tu dîh kehaben daz suéibônta rád . táz
si trîbet? *At stolidissime omnium mortalium . si incipit manere .*
desistit fors esse. Mánno túmbesto . pegînnet sî in stéte stân .
15 sô neîst si uuîlluuéndigi. Táz argumentum héizet a contrariis .
uuánda aristotiles chît . táz motus quieti contrarius sî.
QUANTA FACIAT DUM UIRES OSTENTAT.   6
*C*um hęc uerterit uices . superba dextra . fertur more exestu-   m1
antis euripi. Únde sô si̲ dánne diu dîng stúrzen gestât .
20 mít íro úbermûotûn zéseuuûn . sô uéret si álso der uuél-
lânto uuérbo. Tíu figura héizet parabole . daź chît comparatio. *Seua proterit dudum tremendos reges.* Únde uertrí-
tet sî sárfíu . dîe míttúndes ánt-sazigen chúninga. *Et fal-*
lax subleuat humilem uultum uicti. Únde dára gágene hé-
25 uet si ûf lúkkíu . des sigelôsen hôubet. *Non illa audit . aut*
curat . miseros fletus. Sî netûot nehéina uuára . uuênegli-
ches uuûoftes. *Et ultro ridet gemitus . quos fecit dura.* Únde
gérno láchêt si dés sûftodes . tén sî gerécchet. Mit superbia .
únde mít crudelitate óuget si sia dignam odio . mít fallati-
30 a despectibilem . sô lêret rhetorica dêmo tûon . dén uuir [îo]

_____

1 ségel: e[1] *aus i verb.*   1/2 *nefûorîst   5 gûotiu: *Akut sehr dünn*   *brâste   dáz:
Akut sehr kurz und dünn   12 *rotę?   *kehában   22 Únde: *danach altes Loch im Pgm.*
23 *ántsâzigen   29 ѷug&   30 lêr&

3 annos sterilesque *B*   18 et ... fertur *B*

îomanne léiden uuéllên. *Sic illa ludit . sic probat uires suas.*   m1

Táz íst iro spíl . sús chórôt si . uuáz sî getûon múge. *Et mon-*   P58

strat suis magnum ostentum . si quis uisatur una hora stratus ac

felix. Únde daz uuúnder tûot sî iro uuártâren uóre .

5 uuélêr míttúndes in éinero chúrzero uuîlo . béidiu uuér-

de . sâlig iôh únsâlig.   / TUNE.

QUALIS FORTE POSSET FIERI RATIO IPSIUS FOR-   7 S/St66

V*ellem autem agitare tecum pauca . uerbis ipsius fortunę.* Îh   p2

uuóltî nû gérno iro sélbero uuórto . mít tír uuáz chô-

10 sôn. *Tu igitur animaduerte . an ius postulet.* Chîus tû . úbe

si réht fórderôe. *Quid tu homo agis me ream cottidianis*

querelis? Uuáz mûost tu míh lio tágelîches . mít tînên

chlágôn? *Quam iniuriam fecimus tibi?* Uuáz hábo ih tír

únréhtes ketân? *Quę tua bona dectraximus tibi?* Uuáz

15 hábo ih tír infûoret tînes kûotes? *Contende mecum quo-*

uis iudice . de possessione opum . et dignitatum. Mâlo míh

fóre so uuélemo fógate du uuéllêst . úmbe dîn gûot .

únde úmbe dîn ámbaht. *Et si monstraueris quid horum*

proprium esse cuiusquam mortalium . ego iam sponte concedam tu-

20 *a fuisse quę repetis.* Únde zéigôst tû mír dehéinen

mán . démo dés îeht éigen sî . sô iîho ih óuh tír dés . dáz tû

éiscôst. Táz argumentum héizet a genere . uuánda dáz álle-

ro réht íst . táz íst óuh éines réht. Fóne állên féret iz

ze éinemo. Tér status . táz chît tér búrg-strît . héizet

25 in rhetorica absolutum . sô dér . dén man mâlôt . tero tâ-

te nelóugenet . únde er áber scúlde lóugenet . únde

er chît . uuóla sô tûon mûosi. *Cum produxit te natura nu-*

dum ex *utero matris . suscepi te nudum et inopem omnibus re-*

bus . meis opibus foui. Tô dû náchet kebóren uuúrte . dô   P59

30 nám îh tîh nácheten . únde álles tînges únêhtîgen .

---

1 *lêidên   4 *uuártaren   5 *bêidiu   9 *uuólti   11 *fórderoe   12 *mûhest
*tágeliches   15 infûor&   20 repetis?   21 *táz   22 Táz: *davor altes Loch im Pgm.*
a genere] agne   23 réht éines: *durch Punkte umgestellt*

16 opum dignitatumque *B*   27-29 Cum te matris utero natura produxit, nudum rebus
omnibus inopemque suscepi, *B*

únde fûorota dîh mít mînemo gûote. *Et quod nunc te facit in-*

patientem nostri . prona fauore . indulgentius educaui.

Unde dáz tû nû zúrdel bist . táz íst tánnân . táz ih tír

gérno uuîllóndo . dîh ferzôh. *Circumdedi te affluentia*

5 *et splendore omnium quę mei iuris sunt.* Álles tés mîh háftêt .

in gnúhte . ióh in scôni . dés kenîetota íh tîh. *Nunc libet*

mihi retrahere manum. Nû lústet mîh mîna hánt zu mír

ze zîhenne. *Habes gratiam . uelut usus alienis.* Nû hábest

tu mír is ze dánchônne . álso dér frémide gûot nîuzet.

10 *Non habes ius querelę . tamquam perdideris prorsus tua.* Tû ne-

hábest nehéina rêhta chlága . sámo so dû daz tîn ferló-

ren éigîst. *Quid igitur ingemiscis?* Uuáz sûftôst tû dán-

ne. *Nulla tibi a nobis illata est uiolentia.* Îh nehábo dír

mít nôte nîeht kenómen. *Opes . honores . cęteraque talium .*

15 *mei sunt iuris.* Ôtuuála . únde êra . únde dáz sô getâna . táz

háftêt ál mîh. *Dominam famulę cognoscunt . mecum ueniunt .*

me abeunte discedunt. Mîne dîuuâ sínt sie . mîh pechén-

nent sie . sáment mír chôment sie . sáment mír rû[o]ment

sie. Tíu ornatus locutionis . héizet omoeoteleuton . táz

20 chît similiter finitum. Cicero ad herennium héizet sia simili-

ter desinentem . uuánda si geslágo chúmet . álso scópf. *Au-*

dacter affirmem. Îh ketár dáz páldo chéden. *Si tua forent .*

quę amissa conquereris . nullo modo perdidisses. Úbe dîn uuâ-

re dáz tû dîh chîst ferlóren háben . sô nehábetîst tû iz

25 ferlóren . sô neuuâre iz tîr alienum. Táz argumentum héi-

zet a repugnantibus . uuánda proprium únde alienum .

díu sínt repugnantia. Táz îoman naturaliter hábet .

dáz íst sîn . dáz nemág ér ferlîezen . dáz er extrinsecus

kuuînnet . táz íst alienum . dáz mág er ferlîezen. *An ego*

30 *sola prohibebor exercere . meum ius?* Nemûoz îh éina dán-

---

1 *fûorôta   3 *Únde   tánnân: n[1] *aus z verb.*   6 *kenîetôta   7 *ze   9 *frêmede
12/13 *dánne?   13 tibi: davor t *rad.*   19 Tíu: *Têr   omoeoteleuton: o[3] *aus t verb.*
28 dáz[1]: *táz

12 ingemescis *B*   13 allata *B*

ne nîeht mînen geuuált skéinen? Táz ist indignatio cum   p2

emulatione . álso iuno chát fóne minerua. Pallasne potu-

it exurere classem argiuum . atque ipsos submergere ponto?

Licet cęlo proferre lucidos soles . *et eosdem condere tenebrosis*

5 *noctibus.* Ter hímel mûoz hértôn gében liuhtîge tága .   S/St68

únde uinstere náhte. *Licet anno nunc redimire uul-*

tum terrę floribus . et frugibus . nunc confundere nimbis et fri-

goribus. Taz iâr mûoz hértôn . dia érda zîeren mít chrû-

te . únde mít chórne . uuîlôn óuh keûnuatôn mít ána-

10 sláhte . únde mít fróste. *Ius est mari . nunc blandiri stra-*

to ęquore . nunc inhorrescere procellis ac fluctibus. Ter mé-

re mûoz óuh stílle sîn . mít sléhtero ébeni *!* uuîlon óuh

strûben síh fóne uuînde . únde fóne uuéllôn. *Nos alli-*

gabit ad constantiam . nostris moribus alienam . inexpleta cu-

15 *piditas hominum?* Sól míh uuíder mînemo síte stâta

getûon . tero ménniskôn úneruúlta gîrhéit? Taz ist

rhetorica declamatio . dáz chît úberlága . únde scél-

túnga . álso óuh tára gágene acclamatio chît lób.

Hęc nostra uis est . hunc continuum ludum ludimus. Tíz ist

20 mîn chráft . tîsses spiles spilon íh. *Rotam uersamus*

uolubili orbe. Mít sínuuélbemo ráde spilon íh . táz

trîbo íh. *Infima summis . summa infimis mutare gau-*

demus. Míh lústet taz nídera ûf . únde daz óbe-

ra níder ze_gechêrenne. *Ascende si placet.* Sízze

25 dar ûf . úbe díh is lúste. *Sed ea lege.* Áber in dîen

uuórten. *Ne uti putes . i . ut non putes iniuriam descen-*

dere . cum poscit ratio ludicri mei. Táz tîr nîeht ne-

uuége ze_irbéizenne . sô síh mîn spil sô gezíhe. *An*

tu ignorabas meos mores? Neuuás tîr mînes sítes   P61

30 nîeht chúnt na? Táz ist confutatio . dáz chît skénde-

1-2 *Die meisten Akute sehr dünn*   2 *chád   9 *keûnuátôn   12 *uuîlôn   16 *Táz
20, 21 *spilôn   23 óbe *auf Ras. von* níde   25 *dâr   30 skéndeda //: *da rad.*

4 lucidos dies *B*   eosdemque *B*   7 frugibusque *B*   7/8 frigoribusque *B*
27 poscet *B*

da . sámo so châde . úbe dû únfrûot píst . íh frûoto díh. *Nescie-*   p2

bas croesum regem lidorum . ciro paulo ante formidabilem . mox

deinde miserandum . traditum flammis rogi . misso cęlitus im-

bre defensum? Neuuéist tu dáz croesus . tér in lidia chú-   S/St69

5   ning uuás . sô er míttúndes ciro fórht-lîh uuás . dáz er sâr

dára nâh erbármelih uuórtenêr . únde fóne imo ín daz

fiur geuuórfenêr . fóne ánasláhte errétet uuárd? Uuán-

da croesus babiloniis uuîder ciro ze helfo chám . dánnân

geskáh . táz er ín dánnân uertréib . únde er ín sâr nâh

10   fárendo gefîeng . únde ín daz fiur uuárf . ûzer démo ín

gót lôsta. Tô ér áber dés côte nedánchôta . únde er síh

rûomda sîn sélbes sâlighéite . tô uuárd . táz imo trôum-

da . táz er sáhe iouem síh uuázer ána gîezen . únde dia

súnnûn dáz ába uuísken. Tén tróum ántfristôta ím sô

15   sîn tóhter . dáz ín cirus áber sólti geuáhen . únde án daz

chrûze hénchen . únde sô ín der régen názti . dáz in diu

súnna trúcchendi . álso iz tára nâh fûor. *Num te preterit*

paulum inpendisse pias lacrimas calamitatibus persi regis

a se capti? Íst tîh ferhólen . paulum emilium consulem . kûot-   S/St70

20   licho uuéinôn . dáz léid-uuénde persi regis macedonum . dén

ér sélbo gefángen hábeta . uuánda ér dâhta . dáz imo

sámolih keskéhen máhti? Historici héizent ín perseum .

náls persum. Sîe ságent óuh uuîo diccho er ándere consu-

les fóre úber sigenôta . únde sô ín paulus kefánge-

25   nen ze romo brâhta . uuîo er in custodia erstárb . ún-

de sîn sún úmbe ármhéit smidôn lirneta . únde

síh tés néreta. *Quid aliud deflet clamor tragoedi-*

arum . nisi fortunam indiscreto ictu uertentem felicia   P62

regna? Uuáz chárônt tragoedię . âne fortunam ún-

30   dûrlicho stôremta . gûollichiu rîche . dáz si nehéines

---

5 *táz   6 *erbármelîh   11 des: *danach kleines Loch im Pgm.*   12/13 *tróumda
15 ín *auf Ras.* ꞌ 16 *ín   17 *waagerechter Strich auf dem rechten Rand*   19 capti?:
danach regis *durch Zeichen getilgt*   22 *sámolîh   23/24 consules: 1 *kurz und ge-*
krümmt   29/30 *úndiurlicho

mêr nesihet tánne ánderes? Tragoedię sint luctuosa carmi-

na . álso diu sint . diu sophocles scréib apud grecos . de euersi-

onibus regnorum et urbium . únde sint uuideruuártig tien co-

moediis . án dîen uuir îo gehôrên lętum únde iocundum exitum.

5 Úns ist áber únchúnt . úbe dehéine latini tragici fúndene

uuérden . sô uuir gnûoge finden latinos comicos. *Nonne*

*   duo   dolia*
adolescentulus di<di>cisti iacere in limine iouis . duis pithus
articulus quidem unum malum articulus autem alterum bonum
ton   men   ena   kakon ton   de   eteron elon. Nelimetôst

tû na chînt uuésentêr . daz pacubius poeta scréib . zuô

10 chûfâ ligen fólle . únder iouis túrôn . éina gûotes . únde

ándera úbeles? Vuér ist . ér negetrínche béidero . ér

nechóroe árbéite . iôh kemáches? Mit tíu óuget si . dáz   S/St71

si in nîeht fermîden nemáhta aduersitatis. *Quid si ube-*

rius sumpsisti de parte bonorum? Uuáz chlágetôst tu

15 dîh . úbe du mêr getrúnchen hábest tes pézeren? Sámo

si châde . úbe ih tîh nîeht úber al fermîden nemáhta .

nû nehábo ih tîh tóh . pórhárto tróffen. *Quid si a te tota*

non discessi? Uuáz úbe ih tîh nóh nehábo gáreuuo uerlâ-

zen? *Quid si hęc ipsa mei mutabilitas . tibi est iusta causa*

20 *sperandi meliora?* Uuáz úbe disêr stúrz . tîh tûot mit

réhte díngen des pézeren? Álso dîe álle mit réhte dín-

gent tes pézeren . qui persecutionem patiuntur propter iustiti-

am . uuánda sie dés-te sâligoren sint. *Tamen ne contabescas*

animo. Nû nesîst tóh sô mûot-súhtîg nîeht . lâ dîn mû-

25 ot-préchôn dîh sîn. *Et locatus intra commune omnibus*   P63

regnum . ne desideres uiuere proprio iure. Únde nemûo-

to nîeht éino in geméinemo rîche . dînero rihti ze lé-

benne. Nû ist sî chómen ad communem locum. Táz héizet

communis locus an îo-gelîchemo statu . táz man nîoman-

30 nen némmendo . keméine âchúste lúzzet . álso dise uérsa

---

2 dîu² : *tîu   11 ne   getrinche: *dazwischen kleines Loch im Pgm.*   bēidero?:
Schleife des Fragezeichens durch Strich darunter getilgt   14 sūmpsisti   16 *ál
17 si: i aus e (?) rad.*   23 *sâligôren   25 *dîh   29 *îo-gelichemo

7 didicisti B   7-8 δύο πίθους, τὸν μὲν ἔνα κακῶν, τὸν δὲ ἔτερον ἑάων B *(vgl. Homer,
Ilias, Ω, 527f.); vgl. B, den 3. Apparat*   26 desideres *(ohne ne) B; vgl. die
Glosse: et .i. ne E₁*

tûont.   LOCUS COMMUNIS.   p2 8

*S*i confundat copia pleno cornu tantas opes . quantas pontus   m2

incitus flatibus uersat harenas. Uuáz ist tés mêr? Scútti co-

pia ministra fortunę dien ménniskôn ûzer íro hórne   S/St72

5   sámo uilo râtes . sô mére tuíret crîzes . fóne uuínde er-

uuégetêr. Hîer ist suspensio uocis. Fabulę ságent . táz

achelous amnis tíu in grecia rinnet . ze fárre uuórte-

níu . mît hercule fúhte . únde hercules temo fárre daz

hórn ába slûoge . únde ér iz kâbe gnúhte . díu ministra

10 ist fortunę . dáz si íro uróuuûn gûot mit témo ûzkâ-

be. *Aut quot sydera fulgent cęlo . edita stelliferis nocti-*

bus. Álde sámo mánige stérnen in himele skînent . téro

náht . sô iz kestîrnet ist. Sô ist óuh hîer. *Nec retrahat ma-*

num. Nóh hánt ze iro nezúge . dáz chît . nóh sîa is irdrú-

15 ze. Únde óuh hîer. *Haud ideo cesset humanum genus .*

flere miseras querelas. Túrh táz netâte nîomer mén-

nisko lába sînero ármelichûn chlágo. Hîer ist deposi-

tio. *Quamuis accipiat deus libens uota . prodigus multi auri .*

et ornet auidos . claris honoribus . nil iam parta uidentur.

20 Tóh óuh kót sélbo . íro dîge gérno uernâme . únde in

sînes kôldes milte uuâre . únde in óuh êra uuéllen-

tên . déro uilo gâbe . nóh sô nedûohtî in gnûoge . dés

sie hábetîn. *Sed sęua rapacitas . uorans quesita . alios*   P64

pandit hiatus. Núbe diu michela gîrhéit . éin uer-

25 slîndende . gînêt îo sâr gágen ándermo. *Quę iam*

frena retentent precipitem cupidinem certo fine?

Uuér mág tia gîrhéit inthában . îo fúrder béiten-

ta? *Cum fluens largis muneribus . sitis potius ardescit*

habendi. Sô láng sî gnûoge hábendo . îo dóh mêr há-

30 ben uuîle? *Numquam diues agit . qui trepidus . gemens .*

---

5 *krîezes   11 stelliferis: unter l² roter Punkt   21 *êrâ   22 *nedûohti
26 cupidinem: danach Fragezeichen rad.

2 fundat *B*   3 rapidis flatibus *B*   18 excipiat *B*

credit sese egentem. Tér neuuírt nîomêr rîche . tér sórgen-   m2

do . únde sûftôndo . síh ármen áhtôt. Hîer íst tér status ûz .

uuánda sî síh ímo sámo so gágenuuértemo . mít rédo errétet

hábet. Pedíu sprichet ímo nû zû philosophia . fóne iro sél-   S/St73

5   bûn. E X   S U A   P E R S O N A .   9

*H*is igitur si pro se tecum fortuna loqueretur . quid profecto contra his-   p3

ceres non haberes. Úbe fortuna síh sélbûn sus ferspréchen

uuólti . dára gágene nemáhtîst tu nóh erlíuten. *Aut si*

quid est . quo querelam tuam iure tuearis ! proferas oportet. Ál-

10   de úbe dû dîna chlága geskéinen máht réhta uué-

sen . sô tóug . táz tu sia fúre zîhest. *Dabimus locum dicendi.*

Íh tûon dír státa ze_spréchenne. *Tum ego inquam. Ista sunt*

quidem [sunt] speciosa . oblitaque melle rhetoricę ac musicę

dulcedinis. Tîz sínt ál chád íh tô . skôníu gechôse . ún-

15   de sámo so gehóno-gotíu . mít rhetorica . únde mít

musica. Uuánda hîer nû ánderêst keuuáht íst rhe-

toricę dulcedinis . únde man êr nîeht pechénnen

nemág iro dulcedinem . êr man sîa sélbun bechénnet .

sô neist táz hîer nîeht ze_úberhéuenne . sô uîlo man

20   chúrzlicho geságen mág . uuáz sî sî.

     Q U I D   S I T   R H E T O R I C A .   10 P65

*R*hetorica íst éin dero septem liberalium artium . dáz chît

tero síben bûohlísto . dîe únmánige gelirnêt há-

bent . únde áber mánige genêmmen chúnnen. Téro

25   síbeno íst grammatica diu êrista . diu únsih lêret

rectiloquium . dáz chît réhto spréchen . táz

íóh chînt kelirmên múgen . sô uuîr tágoliches

hôrên. Tiu ánderiu íst rhetorica . tiu únsih férrôr

léitet . uuánda sî gîbet úns tîa gespráchi . déro man

30   in_dînge bedárf . únde in sprácho . únde so uuâr   S/St74

---

p3

dehéin éinúnga íst geméinero dúrfto. Tára zû diu chínt

nehéin núzze sínt . núbe frûote líute. Sprâchâ únde

ding . nemúgen âne strît nîeht uuérden[t]. Uuâr íst sâr só-

lih stritôd uuórto . sô in_dínge . únde in sprâcho? Pedíu

5 neíst nîonêr gespráches mánnes mêr dúrft . tánne dâr.

So uuér dér íst . dér den strît mit rédo uerzéren chán .

únde er dáz in rhetorica gelirnêt hábet . tér íst ora-

tor . in dés múnde fíndet man rhetoricam dulcedinem

Íst er áber úngelêret . únde íst er dôh kesprâche . sô

10 mág er ûoben officium oratoris . sélbo nemág er ora-

tor sîn . uuánda dáz ex natura íst . táz neíst nîeht

ex arte. Uuér íst tér dîa dulcedinem bechénne . ér ne-

île dára gérno . dâr êr sîa gehôre? Tô in_gre-

cia zuêne die gelêrtôsten dés listes . eskines únde

15 demostenes . gespráchen éinen dág . tinglicho ze_strî-

tenne . nechâmen dára úmbe dáz na . sô cicero chît .

multa milia ex omni grecia? Zíu súlen uuír dánne

sô lústsámes listes . fúre-nomes únánchúnde sîn? Uui-

zîn dôh . táz tiu sélba scientia . diu rhetorica héizet .

20 triplex íst fóne díu . uuánda iro materia triplex

íst.   DE MATERIA ARTIS RHETORICAE.   11 P66

*V*uáz íst iro materia . âne der strît? Sô der strît

errínnet . sô hábet si uuérh. Âne strît nehábet si nî-

eht ze_tûonne . álso óuh medicina dánne otiosa íst .

25 úbe morbi negeskéhent . nóh uulnera. Strîtet man

úmbe réht . únde úmbe únréht . sô man in_dínge

tûot . tiu sláhta strîtes . héizet latine fóne iudicio   S/St75

iudicialis. Strîtet man úmbe ámbáht-sézzi . álso dáz

íst uuér ze_chúninge túge . álde ze_biscófe . uuán-

30 da man sîna uirtutem sól demonstrare . pedíu

───────────────

1 dúrfto˙Tára: *auf Ras. von* dúrfto˙Dára   3 sâr: *mit Häkchen übergeschr.*   6 dêr²:
*têr   13 *êr   sîa: *danach* gêrno *durchgestr. und durch Punkte darüber und darunter
getilgt*   15 *tâg   18 *únántchúnde   25 man: *mit Häkchen übergeschr., vielleicht
von anderer Hand*   30f. pedíu // bedíu: bedíu *durchgestr. und durch Punkte darüber
und darunter getilgt*   Punkt fehlt 15¹

héizet tíu sláhte strîtes demonstratiua. Strîtet man   p3

dâr úmbe . uuáz núzze sî ze_tûonne . álde ze_lâzenne . ál-

so man ze_romo stréit . uuéder cartago uuâre diruenda .

álde neuuâre . uuánda man dés sól tûon deliberationem .

5   dáz chît éinunga . únde beméineda . pedíu héizet tíu sláh-

ta strîtes deliberatiua. Tára nâh súlen uuîr uuîzen . dáz

îogelîh téro drîo sláhtôn hábet zuêne únderskéita. Téro

zuéio héizen uuîr den éinen statum legalem . ánderen statum

rationalem. Sô man strîtet úmbe dia legem . únde sia éinêr uuîle

10 uernémen ze_éinero uuîs . ánderêr ze_ánderro uuîs . tér

status . táz chît tér strît . heizet mit réhte legalis. Sô man

áber dâr úmbe strîtet . uuîo rédolîh táz sî . dáz man tûot

álde râtet . fóne déro rédo . dáz chît fóne déro ratione .

héizet tér strît rationalis. Sô ist áber ze_uuîzenne . dáz

15 man ze_fínf_uuîsôn strîtet úmbe dia legem . ze_fîer_uuîsôn

úmbe dia rationem. Téro uuîsôn nesól únsih nîeht erdrîe-

zen ze_gehôrenne.   QUI SINT STATUS LEGALES.   12 P67

*É*in strît ist úmbe dia legem . dér-dir héizet scriptum et

uoluntas. Tér ist sús ketân. Lex monachorum chît . post com-

20 pletorium nemo loquatur. Sô náhtes prúnst keskihet . sô scrî-

et tér dien ánderên . tér dés êrest keuuár[a] uuîrdet. Sô

man dén mâlôt úmbe scriptum legis . sô ánt-séidôt er   S/St76

sih mît uoluntate scriptoris. Ér chît ter scriptor

uuólti . dáz man dar ána únderskéit hábeti. Ánderêr

25 geskihet fóne contrariis legibus. Álso díe leges contrarie sint.

Omni petenti te tribue. Únde dîu. Ne aliquid cui nihil. Ter

dritto geskihet fóne ambiguis legibus. Álso dáz ist in_ro-

mana lege. Meretrix si coronam auream possideat . pu-

blicetur. Uuéder sól man urônen . coronam álde meretri-

30 cem? Ter fîerdo héizet latine diffinitio . táz chît cnôt-

---

8 *den ánderen   9 legem: *mit Häkchen übergeschr., vielleicht von anderer Hand*
16 *únsih   24 *dâr   *Punkt fehlt* 11[1] 11[2]

márchúnga . álde gnôt-mezúnga . uuánda diu lex táz uuórt   p3

sprichet . táz in únguishéite . únde in_strîte uuésen mág .

únz sîn bezéichen-nîsseda gnôt-mézôt uuîrdet. Álso ze

romo in_strîte uuás . úbe dér be_scúlden uuâre erslágen .

5 dén man dâr úmbe slûog . táz er náhtes mít sînero stángo gî-

eng . uuánda romana lex chît . nocte cum telo deprehensus .

occidatur. Tô uuás definitio ze_tûonne . uuáz telum sî. Telum

ist kespróchen fóne demo chrîechisken uuórte telon . táz

chît longum latine. Ter fínfto héizet latine ratiotinatio .

10 táz chît éines tînges féstenunga fóne ándermo. Álso dér stréit .

tér den exulem fîlta . dáz er dáz fóne dîu uuóla tûon

mûosî . uuánda romana lex chît . exulem intra fines depre-

hensum . licet occidere. QUI SINT STATUS RATIONALES.   13 P68

*A*ber déro fîer rationalium statuum . héizet ter êristo

15 coniectura . dáz chît râtiska . uuánda sô der înzihtîgo

lóugenet . sô râtiskôt man dara nâh . mít signis . únde

mít argumentis. Álso der chúning salomon téta . afferte

inquit gladium . et diuidite uiuentem puerum in duas partes.   S/St77

Ter ánder héizet finis . uuánda sô unguîs nâmo ist tes cri-

20 minis . sô sól iz uuérden finitum. Álso dánne geskîhet . sô ûzen

hálb chîlichûn genómen uuérdent sacra uasa . únde dáz

in_zuîuele ist . uuéder dáz héizen súle furtum álde sacrile-

gium. Iudices nemúgen êr nîeht iuditium tûon . êr nomen crimi-

nis uuîrdet definitum. Ter drítto héizet translatio . dáz

25 chît uuéhsal . únde missesézzeda. Uués uuéhsal? Loci . tem-

poris . personę . criminis . poenę. Sîe strîtent . táz iz neuuúr-

te . dâr iz sóltî . nóh tô iz sóltî . nóh fóre démo iz sóltî. Óuh

strîtent sie . dáz iz tîe scúlde nesîn . ze_dîen der înzih-

tîgo gebrîeuet sî . álso iz ófto ze_romo fûor . dáz man

30 sie missebrîefta. Sô geskîhet óuh táz man scúlde

1 *gnôtmêzunga   3 sîn: *danach kleiner Tintenfleck auf der Zeile*   5 stángo: *mit Häk-*
chen übergeschr., vielleicht von anderer Hand   10 tínges: *vielleicht von anderer*
Hand übergeschr.   12 *mûosi   14 *êresto   16 *dâra   21 genóment: t *rad.*   22/23 súlę
sacrilegium álde fuř/tum: *durch Buchstaben umgestellt, b über f von* furtum *rad.*
27 *sólti *(dreimal)*

hártôr ándôt . álde mínnera ándôt . tánne iz réht sî. Uuéhsal héizet tér strît . uuán-   p3
da er fóne uuéhsele uuîrdet. Álso gregorius iohannem zêh constantinopolitanum . dáz er pallium trûoge . dánne
ér nesóltî . únde in platea . dâr er nesólti. Únde paulus

5 fideles zêh . dáz sîe iro gerîhte fórderôtin apud infide-
les. Únde álso uuîr ófto chédên . zîu man échert tés scáz
néme . dén man sélben háben sólta . álde zîu man dén
sláhe . dér mínnerûn poenam hábet keurêhtôt. Qualitas
héizet ter fîerdo rationalis status. Tér hábet námen

10 dánnân . uuánda er qualitatem facti úrsûochenôt . ih méi-   P69
no . úbe si gûot sî . álde úbel . réht álde únreht. Uuánda
áber qualitas bipertita ist . fóne diu ist si ze_chîesenne an
íro partibus. Uuéliu sînt íro partes? Táz ist negotiale .
únde iuridiciale. Negotiale ist tér strît . tér úmbe   S/St78

15 daz keuuónehéite geskîhet . álso chóufliute strîtent .
táz tér chóuf súle uuésen stâte . dér ze_iâr-mércate
getân uuîrdet . er sî réht . álde únréht . uuánda iz íro
geuuónehéite ist. Iuriditiale hábet tánnân námen .
dánnân óuh iuridici héizent. Álso dîe ze_romo iuri-

20 dici hîezen . dîe daz púrg-réht in_dinge ságetôn . álso
héizet tér dánnân uuórteno strît . iuriditialis. Nû
sînt óuh sîníu partes zuéi . absolutum et absumptiuum.
Absolutum chît pár . uuánda dar ána nehéin ánt-séida
neist . âne dáz ter bemâlôto chît párlicho . dáz er uuóla

25 dáz tûon mûosi . dáz man imo uuîzet. Álso cicero ságet .
táz pacubius poeta . sîh ze_imo chlágeti . déro únerôn .
dáz imo éin spiloman dâr ze_sînemo hûs ketórsta há-
rên be_námen. Tés nehábeta der spiloman nehéina
ándera ántséida . âne dáz er in uuóla mûosi sô ná-

30 môn . sô er hîeze. Assumptiuum ist kespróchen fóne

1 álde mínnera ándôt : *mit Einfügungszeichen auf dem oberen Rand nachgetr.*
2/3 constantinopolitanum: *danach* episcopū. *durchgestr. und durch Punkte darüber und
darunter getilgt*   4 *nesólti   5 *táz   gerîhten: n *rad.*   *fórderotîn   11 *únrêht
13 *Uuêliu   19 héizent,   23 *dâr   26 *únerôn   27, 28 *spilomán

déro assumptione defensionis . táz chît fóne déro uuárnun-   p3

go fúrolago. Tér status hábet quatuor partes. Éin

héizet relatio . dáz chît uuîderechêreda . álso sámson

uuîdere chêrta . sîne scúlde án philisteos . tô sie in mâlo-

5   tôn . ziu er in îro ézeske brándi. Ánder pars héizet

remotio . dáz chît ába-némunga . álso daz uuîb ába îro

sélbûn die scúlde némendo . ûfen éinen ánderen sîe

légeta . dô si chád . serpens decepit me. Tertia pars héi-

zet comparatio . álso dér mit comparatione sîh ánt-séidô-

10 ta . tér daz hére lôsendo . hîna gáb tien hostibus arma . ún-

de impedimenta . dáz chît keuuâfene . únde fûoter . únde   P70

dáz chát uuésen bézera . dánne sélbez taz hére ze_uer-

lîesenne. Quarta pars héizet concessio . táz chît keiîht.

Tér strît téilet sîh in_deprecationem . únde in_purgationem .

15 dáz chît in_uléha . únde in_ántséida. Deprecatio ist . táz ter

scúldigo chît . peccaui . ignosce . únde er nîeht nestrî-

tet . únde áber die ándere strîtent . dîe in_demo dín-   S/St79

ge sizzent . ûbe man îmo súle ignoscere . álde ne-sú-

le. Purgatio ist triplex. Éin purgatio héizet casus .

20 táz chît keskîht. Mit casu ántséidot sîh . tér-dir

chît . táz in_is lázti . ánderes mánnes tôd . álde sîn sél-

bes súht . álde êtelîh úngeuuândiu geskîht. Ánde-

riu purgatio héizet necessitas . táz chît nôt. Álso

dáz ist . ûbe ér ze_uuórte hábet . táz er uuúrte captus .

25 álde ui obpressus . álde in_uincula missus. Tiu drît-

ta purgatio héizet imprudentia . dáz chît únuuî-

zenthéit. Álso paulus sîh ánt-séidôta . tô er chad.

Nesciebam eum esse principem sacerdotum. Tîz sînt tîu

exempla déro statuum . dî in_dînge uuérdent . táz

30 chît . tîe-dir uuérdent . in_iuditiali genere cause.

2 *fúrelágo   3 *samson   5 waagerechter Strich auf dem rechten Rand   12 dáz: a
aus e verb.   *chád   17 *tîe   21 *in   27 *chád   Punkt steht nach 12 chît

Tîe áber in_demonstratiuo genere causę . únde in_delibe-　　　　　p3
ratiuo uuérdent . târ man sprâchôt . tîe hábent tén
sélben námen . náls áber nîeht sô getânîu exempla. Fône dîsen bechénnet man énîu lîehto.

5　QUID SIT STATUS .　　　　　　　　　　　　　　　　14

*T*ára nâh îst táz ze_uuîzenne . táz status únde constitu-
tio . ál éin îst . únde sie dánnân genámôt sînt . táz tie
strîtenten sîh stéllent gâgen éin-ánderên. Intentio únde depulsio . dîu máchônt ten statum. Ánauáng tes　　　　　P71

10　strîtes . héizet intentio . únde depulsio . dáz chît mâ-
lizze . únde uuéri. Álso dáz îst dáz ter accusator
chît . in_dînge ze_sînemo aduersario . fecisti . únde ér
ántuuúrtet . non feci. Álde úbe er chît . non iure fecisti .
únde ér ánt-uúrtet . iure feci. Tánne dîu depulsio

15　sô getân îst . táz sî chît . iure feci . merito lesi . sô sól sî
sâr dés hában rationem . álso dáz îst . prior enim me le-
sit. Téro rationis tûot ter accusator infirmatio-
nem . dáz chît lúzzeda. Sô dáz îst. Non enim te oportuit　　　　S/St80
uindicare iniuriam tuam. Chît áber der bemâlôto . non

20　feci . non lesi . uuánda déro depulsioni . nehéin ratio ne-
folget . uués mág tér rationem gében . tér nîehtes ne-
iîhet . sô sól der accusator mít coniecturis zûo fâhen .
dáz er in dés lóugenes úber uuînde. Fóne in zuéin chúmet ter strît . ze_dien ánderên . dîe dâr in_din-

25　ge sînt . táz óuh sîe beginnent strîten . feceritne .
álde úbe er iz téta . iurene fecerit. Tés strîtes tûont tie iudices énde . uuánda an îro iuditio stât .
uuéder man in hában súle . fúre scúldîgen . álde
fúre únscúldigen . únde fóne îro iuditio uuîr-

30　det er dimissus . álde punitus. Êr dáz sô ergánge .

---

4 lîehto˙,　　6 .˙ *auf dem linken Rand*　　11 dáz[2]: *táz　　14 *ántuuúrtet
15 sôlsôl: *Zkfl. aus Akut verb.,* 1[1] *stehengeblieben*　　25 strîtent: t[2] *rad.*

êr uuîrt temo oratori ze_geóugenne . dîa méisterskáft   p3

sînes kechôses . únde ál dáz fúre ze_gezîhenne . mít

tîu des tînges spûon mág . únde mít tîu gelóublih

ketân mág uuérden . tien iudicibus . so uuáz er uuîle

5 háben ze_rêhte . álde ze_únrehte . únde souuen er

háben uuîle ze_noxio . álde ze_innoxio. Uuîolih ér

fúre gândo uuésen súle án demo exordio . únde dá-

ra nâh án dero narratione . únde dára nâh án de-

ro confirmatione . únde ze_iúngest án dero conclusione .

10 únde án dîen állen . uuîo zîmîg . uuîo chléine . uuîo

spilolîh . târ dáz keuállet . uuîo grémezlîh . uuîo

drôelih . uuîo in_álla rárta geuuérbet . tés sînt cice-   P72

ronis pûoh fól . dîu er de arte rhetorica gescríben

hábet.   D E   P R E S E N T I   S T A T U .   15

15 *N*û sûochen óuh hîer án disemo strîte . dér under

boetio . únde únder dero fortuna îst . uuélêz in-

tentio sî . únde depulsio. Táz îst intentio . dáz sîh

sús chlágôt boetius. Itane nihil fortunam puduit?

Únde áber. Homines quatimur fortune salo. Sô îst   S/St81

20 táz depulsio . dáz sî chît. O homo . que tua detra-

ximus bona? Nulla tibi a nobis inlata uiolentia. Sô

îst táz ratio depulsionis. Opes . honores . ceteraque tali-

um . mei sunt iuris. Dominam famule cognoscunt. Mecum

ueniunt . me abeunte discedunt. Tîu ratio îst sô

25 stárh . táz philosophia îmo uerságet . táz er dára

gágene . nîeht sâr erlîuten múge. Álso sî dâr chît.

His si pro se tecum fortuna loqueretur . quid profecto contra-

hisceres . non haberes. Mít tîen uuórten hábet si

îmo uerságet . infirmationem rationis. Únde

30 uuánda fortuna rêht hábet . únde sî sîh îro

---

3 *gelóublîh   5 *únrêhte   6 álde: *danach so durch Punkte darüber und darunter*
getilgt *Uuîolîh   12 *drôlîh   14 .·. *auf dem rechten Rand*   16 *uuêlez
25 philosophia: p² *auf Ras.*   27-29 *davor altes Loch im Pgm.*

sîtes nîeht kelóuben nemág . pedíu uuíle si în dés rhetori-
ce irríhten / dáz in íro gûotes sô unuuíriges . sâr nîeht
lángên nesólta . únde in échert tés kûotes lústen sól .
táz imo éinest chómenez . nîomêr fúrder inslingen ne-
5 mag.   S E Q U I T U R .
Tum tantum cum audiuntur oblectant. Sús scôniu gechôse .
sint tîa uuîla lústsám . únz man siu gehôret. *Sed*
miseris est altior sensus malorum. Áber beuuîfenên
ist mêr . dáz in ána liget. Sîe infîndent mêr iro léi-
10 des. *Itaque cum hęc desierint insonare auribus . insitus*
meror pregrauat animum. Sô sie diz állero êrest ne-
hôrent . sô uuîget in áber dáz ze_herzen geslage-
na sêr. *Et illa. Ita est inquit.* Táz ist álso chád sî.
Hęc enim nondum sunt remedia morbi tui. Tiz nesint óuh
15 nîeht tiu scúldîgen lâchen dînero súhte. *Sed fomenta quę-*
dam adhuc contumacis doloris . aduersum curationem.
Núbe échert súslichîu uâske / dînes úngerno
héilenten sêres. *Nam admouebo cum tempestiuum fue-*
rit . quę sese penetrent in profundum. Íh kíbo dír
20 sô is zît uuírt . tiu tráng . tíu díh túrhkânt.
Uerumtamen ne uelis te existimari miserum . i . ne exi-
stimes te miserum. Áber inin_díu . hábe gûoten
drôst . únde neáhto dîh nîeht uuênegen.
D E   P E R C E P T I S   B O N I S .
25 *An oblitus es numerum . modumque tuę felicita-*
tis. Hábest tû ergézen dînero sâldon . uuîolîh .
únde uuîo mánig sîe uuâren? *Taceo quod deso-*
latum parente . cura te suscepit summorum ui-
rorum. Íh uuíle dés suîgen . dô dû uuéiso
30 uuúrte . dáz tîh tie hêrosten in iro flîht nâmen.

---

2 *în   5 *mág   SEQUITUR: SE rot auf Ras. von SEQ schwarz   6 .· auf dem linken Rand
11 diz: h-*förmiges z aus h verb.*   12 *în   12/13 *geslágena   15 scúldîgen: von anderer Hand übergeschr.   17 *úngêrno   héilênten   23 *trôst   25 numerorum: or
halb rad.   felicita: von anderer Hand, fel auf Ras., davor Ras. (2 Spatien)
25/26 *felicitatis?   26 *sâldôn   29 *suîgên   uuéiso: danach uuúr vor altem
Loch im Pgm. rad.   30 *hêrôsten

A63

Delectusque in affinitatem principum ciuitatis . prius coe-   p3

pisti esse carus . quam proximus ! quod preciosissimum genus est

propinquitatis. únde gechórnêr ze_déro síppo dero

hêrôstôn ze_romo . dáz chît ze_éideme gechórnêr . dîne-

5   mo suêre símmacho . uuâre du imo lîeb . êr du imo

uuúrtîst síppe. Dáz tiu fórderôsta síppa ist . úbe der

man gefliet . táz er lîeb ist. *Quis non predicauit te felicissi-*

mum . cum tanto splendore socerum . tum pudore coniugis . tum

quoque oportunitate masculę prolis? Uuér nechád tih tô   P74

10 saligen . sóliches suêres . únde sólichero suíger . sô chi-

uskero chénûn . sô êrsámero cómen chîndo? *Pretere-*

o sumptas in adolescentia dignitates . negatas senibus.   S/St83

Íh neuuile dés nîeht chôsôn . dáz tû iúngêr guúnn-

ne dîe hêrscáft . dîe álte guúnnen nemáhtôn.

15 Tû uuúrte iúngêr *consul. Libet enim preterire commu-*

nia . delectat uenire ad singularem cumulum felici-

tatis tuę. Táz óuh ánderên gescáh . táz uuíle íh

úberhéuen . ze_dînên chréftigên súnder-sáldôn .

uuíle íh chómen . fóne díen uuíle íh ságen. *Si quis*

20 *fructus mortalium rerum . ullum pondus beatitudinis*

habet . poteritne deleri memoria illius lucis . i . pros-

peritatis . quantalibet mole ingruentium malorum?

Úbe ménniskôn dîehsemo . ze_dehéinero sálighéi-

te zíhet . mág tánne dero skînbârûn êro keâge-

25 zôt uuérden . fóne dehéinemo geskéhenemo léi-

de? *Cum uidisti duos liberos tuos . pariter domo prouehi .*

sub frequentia patrum . sub plebis alacritate. Íh méi-

no . dáz tû sáhe zuêne dîne súne . sáment fóne

dînemo hûs kefûoret uuérden . mit állero dero

30 hêrrôn mánegi . únde mit álles tes líutes méndi?

---

4 *hêrostôn 6 *Táz 7 *mán 10 *sâligen 11 *gómen 14 dîe[2]: *tîe 18 úberhéuen:
Akut über u von anderer Hand 23 dehéinero: e[2] *auf Ras.* 24/25 keâgezôt: *vor k
kleine Ras.* *geâgezôt 25 uuérden?: *Schleife des Fragezeichens durch Strich darunter getilgt* 29 uuérden: uuér *auf Ras. von* uuér (uuér den> uuérden) 30 álles:
langes s aus ro *rad. und verb.*

8 cum coniugis pudore tum *B (Hss)* 26 consules libero *B;* consules, *darüber aliter
subaudiendum ÷ : (= Tilgungszeichen) N*

s. dáz sie mít tîen êrôn in curiam brâhte . pêde sáment consula-   p3

tum inflengen. *Cum eisdem in curia insidentibus curules . tu*

orator regię laudis . meruisti gloriam ingenii . facundi-

ęque. Tánne in sízzentên in demo sprâhhûs . án demo hêr-   S/St84

5 stûole . tû orator uuésendo . getûomet uuúrte dînes

sínnes . únde dînero gesprâchî . án des chúninges lóbe?

Sîto uuás ze_romo . sô chúninga mít síge fóne uuîge

châmen . dáz man demo állero gesprâchesten beuálh

taz síge-lób . ze_tûonne in_capitolio . fóre állemo demo

10 liute . álso man imo dô téta. Táz er áber chît insiden-

tibus curules . táz chît er fóne dîu . uuánda reges sâzen   P75

in_tribunali . dâr sie dîngotôn . álde dâr sie iura ple-

bi scáffotôn . áber magistratus sâzen in_curulibus . tánne sie

búrg-réht scûofen demo liute. Curules hîezen . sámo so cur-

15 rules . uuánda iu êr consules in_curru rîtendo ad curiam .

târ ûfe sâzen. *Cum in circo medius duorum consulum . satiasti*

exspectationem circumfusę multitudinis . triumphali largi-

tione. Tô ôuh táz kesáh . táz tû únder in zuéin consuli-

bus mittêr sízzendo . fólleglicho állero dero mánigi

20 spéndotôst . tie síge-gébâ.   DE TROPHEO ET TRIUMPHO.   18

*T*éro síge-êrôn . uuâren zuô . diu mínnera . únde diu

mêra. Tiu mínnera hîez in_chrîe<chi>skûn tropheum . dáz

uuás . sô die hostes uuúrten ze_flúhte bechêret. Tánne

chám síge-némo . fóne uuîge rîtendo . ûfen éinemo

25 blánchen rósse. Ûfen démo uuárd er enfángen fó-

ne demo plebe . âne dîe patres . tîe léitôn in rîtenten

in capitolium . únde uuúrten mactatę dâr oues in_sa-

crificium. Fóne dîu hîez táz ópfer ouatium. Áber diu   S/St85

mêra síge-êra . fóne déro er nû ságet . hîez in_chrîe-

30 chiskûn triumphus . táz uuás sô die hostes . erslágen

---

1 *pêide   2 curules: l *aus* r *rad. und verb.*   3/4 *facundięque?   5 uuêsendo: o
aus e *rad. und verb.*   6 *gesprâchi   19 *mánegi   21 uuâren: a *aus* u *(?) verb.*
25 enfángen: e[1] *auf Ras.;* *infángen   26 *đero   27 in[1]: *auf Ras.*   uuúrten:
zweiter Strich von u[1] *anrad.   Punkt fehlt* 22[2]

uuúrten. Tánne chám der uictor fóne uuîge . rîtende in_cur-   p3

ru . dîe quatuor albi equi zúgen. Ûfen déro infîengen ín

patres . sáment temo plebe . únde léitôn ín ad capitolium .

únde ópferotôn dâr tauros . únde úmbe geméina fróuui .

5 nám man frôno-scáz . ûzer demo erario . únde gébeta ál-

lemo demo búrglîute ! únde dien síge-némôn . gáb man

palmas in_hánt . únde lauream coronam an_hóubet . únde

gûollichôta man dén sigo mít lóbe ! álso dâr fóre gesá-

get ist. Tér uuás filo hárto geêret . témo daz lôb uuárt   P76

10 peuólên ze_tûonne . álde der scáz ze_spéndônne. Ter sîgo

hábet námen fóne dien signis. Sô dien hostibus uuérdent

tie signa genómen . táz héizet sîgo némen.

D E   I N D U L G E N T I A   F O R T U N A E .   19

*D*edisti ut opinor uerba fortunę . dum te illa demulcet .

15 *dum te ut delitias suas fouet.* Íh uuâno dû betrúge dia

fortunam . dáz si dîh sô zértet . únde dîh sô urîtet. Demul-

cet . chît stréichôt . álso man dûot . témo man zártôt.

Delitię sint frîtliche sáchâ . dîe uuîr éigen . úmbe lúst-

sámi . náls úmbe dúrfte . álso turtures sint . únde psi-

20 taci. *Abstulisti munus . quod nulli umquam commodauerat*

priuato. Tû hábest íro ánaguúnnen . dáz si nóh nehéine-

mo in_súnder negáb . nehéinemo dînemo gnôz. Târ sî

chît priuato . dâr lâzet si échert ten chúning fóre.

Sî héizent álle priuati . dîe chúninga nesint. *Uisne*

25 *igitur calculum ponere cum fortuna?* Uuîle du nû zálôn

mít íro? *Nunc primum liuenti oculo prestrinxit te?* Nû

êrest prûn-séhontiu . zuángta sî dîh. *Si consideres nume-*

rum modumque lętorum uel tristium . adhuc non possis te nega-   S/St86

re felicem. Úbe dû zálôst . únde chóstôst . uuáz tû nôh

30 éigist péidero . léides ióh lîebes . sô neuerságest tu dîh

---

2 *dîa *oder vielmehr* *dén   *dĕmo   3 *tero   4 *frĕuui   9 *uuárd   10 *oder* *peuólehen
12 *tiu   13 FORTUNAE: F *auf Ras.*   17 *tûot   27 *séhontiu   sî dîh: *dazwischen Tin-*
tenfleck rad.; *dîh?   27/28 numerum: me *auf Ras. von rotem Tintenfleck*   29 felicem:
*davor kleines Loch im Pgm.   30 *éigest *oder* *éigîst   Punkt steht vor 2 *in

28 laetorum tristiumue B

nóh nîeht sâldôn. *Quodsi idcirco non estimas te fortunatum .*

quoniam abierunt quę tunc lęta uidebantur ! non est quod te

putes miserum . quoniam quę nunc creduntur mesta . pretereunt.

Áhtôst tu dîh pedíu únsaligen . uuánda hína íst .

5   táz tîh fréuta . tíz féret óuh hína . dáz tîh nû léide-

gôt. Pedíu nesólt tu dîh uuênegen áhtôn. Táz héi-

zet *argumentum a contrariis. An tu nunc primum subitus*

hospesque uenisti . in hanc skenam uitę? Pîst tû nû sô

nîuuenes chómenêr . gást . hára in_disses únseres lî-

10   bes skenam? In_skena skéllent hértôn béide . fabulę

lętarum rerum . sô comoedię sínt . ióh *tristium . sô tragoe-*

dię sínt. Uuánda óuh úns pegágenent hértôn . lę-

ta . únde tristia . pedíu íst únsêr líb kelîh tero ske-

na. *Ullamne reris inesse constantiam humanis rebus?* Uuâ-

15   nist tu dehéina stâtigi uuésen . án dero ménniskôn dín-

ge? *Cum hominem ipsum sepe uelox hora dissoluat.* Tánne

ióh sélben den ménnisken . éin chúrz uuîla ófto zeer-

lékke? *Nam etsi fortuitis rebus . rara fides est manendi.*

Úbe óuh sélten in_éteuues sâldôn dehéin stâtigi íst.

20   *Ultimus tamen dies uitę . mors quędam est fortunę etiam*

manentis. Sîn énde íst îo dóh téro sélbôn sâldôn

énde . níunt fólle-gîengîn sie imo únz tára. *Quid*

igitur referre putas . tunc illam moriendo deseras .

an te illa fugiendo? Uuáz áhtôst tû dâr ána geskéi-

25   denes . tû sîa lâzest erstérbendo . álde sî dîh lâze .

fóne dir flíhendo?   OMNIA MUNDANA . ESSE IN-

C̲um phoebus roseis quadrigis cępe-   ⌐STABILIA.

rit spargere lucem polo . pallet hebetata stella . pre-

mentibus flammis . albentes uultus. Sô mórgen-rôtiu

30   súnna ûfen iro réito . sô fabulę ságent . rîtentiu

---

4 * únsâligen   8 uitę: i *aus* t *verb.*   10 béide .: *Punkt ganz klein*   14/15 *Uuânest
19 *éteuuês   21 îo] ófo: îo *aus* u *verb.,* ó *stehengeblieben*   27 Cum: C *auf Ras. von
rotem Tintenfleck*   roseis quadrigis: *dazwischen Tintenfleck (vgl. 65,27) rad.*
29 rôtiu: *zwischen* o *und* t *kleines Loch im Pgm., iu aus er rad. und verb.*

18 fortuitis *(ohne rebus) B*

beginnet skînen . sô timberent tie stérnen . tîen skîmôn bedéc-   m3

chentên íro bléichen ána-lútte. *Cum flatu tepentis zephiri*

irrubuit nemus . i . rosetum uernis rosis . spiret insanum

nebulosus auster . iam spinis abeat decus. Sô ze_lénzen fóne

5   des uuéstene-uuîndes uuarmi . rôseblûomen uuérdent .   P78

áfter demo uélde . úbe dánne héiz chúmet ter uuólchenôn-

to súnt-uuînt . sô mûozen die blûomen . rîsen ába dîen

dórnen. *Tranquillo sereno . radiat sepe mare inmotis*

fluctibus . sepe concitat aquilo feruentes procellas . uerso ǫquo-

10   *re.* Éina uuîla ist ter mere stille . únde lûtterêr . ándera

uuîla tuárot er trûobêr. *Si mundo constat rara sua for—*

12a *ma . si uariat tantas uices. Crede . fortunis hominum caducis .*

12b *bonis crede fugacibus . constat et positum est ǫterna lege . ut*

13   *nihil genitum constet.* Ube állero uuérlte únstâte ist íro

14a bilde . únde úbe sî sih ében-díccho uuéhselôt. So hábe dih ze múrgfaren

14b sâldon . únde / ze únstatemo gûote dero ménniscon . sô ist táz

15   kuis . únde fásto gesézzet . táz nîeht kebórnes . stâte nesî.

ITEM . QUOD NON DESTITUTUS SIT OMNI FELICITATE.   21 S/St88

*T*um ego inquam. Tô antuuúrta ih íro. *Uera commemoras*   p4

*o nutrix omnium uirtutum. Uu*âr ist táz tu ságest . méistra

állero túgedo. *Nec possum inficiari uelocissimum cursum*

20   *prosperitatis meǫ.* Nôh ih nemág ferlóugenen mînero

spûotigûn ferte. *Sed hoc est quod coquit uehementius reco-*

lentem. Táz ist . táz mír uuê tûot . sô ih is kehúgo. Táz

prénnet mih. *Nam in omni aduersitate fortunǫ infeli-*

cissimum genus est infortunii . felicem fuisse. Nehéinero

25   sláhto únsâlda néist sô michel . in allên misseskihten .

sô dîu ist . táz mán sih pehúget . iu êr uuésen sâligen.

Inquit. Tô ántuuúrta si. *Sed quod tu luis supplicium fal-*

sǫ opinionis . id rebus iure imputare non possis. Táz tû

engéltêst tînes lúkken uuânes . táz neuuîz tien dîngen   P79 nîeht. Uuizîst táz tû in is nîeht keuuîzen nemáht. *Nam si*

te mouet hoc inane nomen fortuitę felicitatis . licet mecum

reputes . quam pluribus maximisque abundes. Sîd tír sô hé-

uig túnchet tér báro námo dero sâldôn . sô zálo mít

5 mír . únde chóro míh úberuuínden . dû neéigîst nóh

knûog mánigero sâldôn. Táz tû sâlda héizest . tóh sie

sô nesîn . tîe sint tír nóh úninfáren. *Igitur . si seruatur tibi*

adhuc diuinitus inlesum . et inuiolatum . id quod possidebas

preciosissimum in omni censu . fortunę tuę . poterisne iure

10 *causari . retinens quęque meliora?* Hábet tír nóh kót

pehálten gánz . únde úndáro-háft . táz tû tiuresta hábe-

tôst . in állemo scázze . mít uuélemo réhte chlágôst tu

díh tánne . hábendêr . únde óuh taz pézesta hábendêr .

sámo so dû neéigîst na? *Atqui . uiget incolomis . illud pre-*

15 *ciosissimum decus generis humani . symmachus socer.*

Tríuuo nóh lébet kesúnde . állero mánno êra . symma-

chus tîn suêr. *Et quod uitę precio non segnis emeres.* Únde

dâr ána hábest tu . dáz tû mít temo lîbe gérno chóuf-

tîst. *Uir totus factus ex sapientia . uirtutibusque.* Tér állêr

20 ist túged . únde uuîstûom. *Securus suarum . s . iniuriarvm .*

tuis iniuriis ingemiscit. Únde sîn sélbes síh fertrôstet

hábendêr . chlágôt er échert tîh. *Uiuit uxor ! ingenio*

modesta . pudicitia pudore precellens. Lébet tîn ché-

na . álles sites gezógeniu . in chiuski . únde êrháfti

25 síh fúre némende. *Et ut omnes dotes eius breuiter in-*

cludam . patri similis. Únde dáz íh sáment pegrîfe ál-

len iro uuîdemen . demo fáter gelîchiu. Tîe sácha dîe daz

uuîb sáment iro bringet . zûo demo mán . dáz íst

iro uuîdemo. *Uiuit inquam.* Sî lébet chído íh. *Et exosa*

---

11 *úndárohâfte   tiuresta: *unter Schleife des r Art Punkt*   13 *hábentêr *(zwei-*
mal)   17 suêr *!,*   18 gêrno: *danach Fleck, der wie hochgestellter Punkt aussieht*
22 *hábentêr   27 *sáchâ   dîe *fehlt*   30 Sô lébet: *Akut aus Zkfl. verb. (oder*
umgekehrt)

8 inlaesum ... inuiolatumque *B*   9 poterisne de infortunio iure *B*   21 ingemescit *B*
30f. tibique tantum uitae huius exosa spiritum seruat, *B*

huius uitẹ . tibi tantum seruat spiritum. Únde úrdruzíu dís-   p4 P80

ses lîbes . pehébet si den âtem ínne . échert kérno dúrh tíh .

táz sî geséhe . uuîo iz úmbe dîh fáre. *Et tabescit tui de-*

siderio . lacrimis ac dolore . quo uno uel ipsa concesserim . mi-

5 *nui tuam felicitatem.* Únde nâh tír chélendo . suéndet

si sîh uuéinôndo . únde chárôndo . án démo éinen dín-

ge . ióh íh iéhen uuîle . dír dero sâldôn méngin. *Quid*   S/St90

dicam liberos consulares? Uuáz tárf íh chôson úmbe dî-

ne súne . dîe consules uuâren? Consulares sínt . tîe consules

10 uuâren . álde uuírdîg sínt ze uuérdenne. *Quorum iam .*

i . in quibus iam elucet specimen uel paterni uel auiti ingenii . ut

in id ẹtatis pueris. Án dîen îu skînet tíu râtlichi íro

fáter . ióh íro ánen geuuîzzes . sô uîlo iz in démo álte-

re skînen mág. *Cum igitur sit mortalibus precipua cura .*

15 *retinendẹ uitẹ . o te felicem . si tua bona cognoscas . cui*

suppetunt etiam nunc . quẹ nemo dubitat cariora esse ui-

ta. Sîd tie ménnisken nîeht sô gérno nehábent sô

den lîb . uuóla gréhto dánne be dîh sâlîgen . úbe dû

uuéist . uuáz tír tóug . tû nôh hábest . táz tiurera

20 íst . tánne der lîb. Tíu suasio íst in rhetorica hone-

stissima . únde ualidissima . tîu mít temo compara-

tiuo uuîrdet . tér mêr gemág . tánne superlatiuus.

Quare sicca lacrimas . nondum est ad unum . i . nullo exce-

pto omnes exosa fortuna. Fóne díu uuíske ába die trâ-

25 ne . fórtuna nehábet sie nôh nîeht álle in háze. Tî-

nên friunden íst si nôh ántlâzig . tóh si dír duín-

ge. *Nec tibi nimium ualida tempestas incubuit . quan-*

do tenaces herent anchorẹ . quẹ nec presentis solamen .

nec futuri temporis spem abesse patiantur. Nôh tîr ne-

---

7 *mêngen   8 *chôsôn   12 *íu   24 om̄s   25 *fortuna

3/4 quoque uno felicitatem minui tuam ... tabescit. *B*   23 sicca iam *B*

begágenda nîeht ze_stárh túnest . sîd nóh tie sénchel-chrâpfen   p4

fásto háftênt . tîe nû . únde hina fúre dih nelâzent . úngetrôs-

ten. Sô mézîg uuint ist . sô múgen anchorę gestâten daz skéf .   F81

sô chréftîg túnest chúmet . sô nemúgen sie. Anchorę dáz sint   S/St91

5   suârîu îsen . chrâpfahtîu . in_chrîechiskûn fóne dero hénde

genámotîu . uuánda sie sih fásto hábent zûo dien stéinen .

únde zûo dero érdo . dâr man daz skéf stâten uuile.

R E S P O N S I O .   22

A̧t hereant inquam precor. Háftên mûozîn sie chád ih. *Il-*

10   *lis namque manentibus . utcumque se res habeant enatabimus.*

În ze_stéte stântên . so uuîo iz sî . sô genésen uuîr. *Sed quan-*

tum ornamentis nostris decesserit . uides. Uuáz úns áber ún-

serro êrôn enfáren sî . dáz sihest tu.

ITEM PHILOSOPHIA DE HUMANA CONDITIONE.   23

15 . *A̧t illa . promouimus inquit aliquantum.* Sô ist iz sâr éteuuáz

nû bézera úmbe dih chád si. *Si te nondum tuę totius sortis pi-*

get. Úbe dir iz nîeht állez kelîcho nemisselîchêt . táz tir

in_lôz keuállen ist . úbe du dih tôh ze_dien uriunden uersîst.

Sed non possum ferre delitias tuas . qui tam luctuosus atque anxi-

20   *us . conquereris abesse aliquid beatitudini tuę.* Mír uuîget

áber . dáz tû sô uerzértet pist . dáz tu sô âmerlicho ún-

de sô ángestlicho chlágôst . táz tir îeht kebréste dînero

sâlighéite. *Quis est enim tam compositę felicitatis . ut non rixetur*

ex aliqua parte . cum qualitate status sui? Uuér ist sô uól-

25   lûn sâlîg . ér neringe éteuuâr úmbe sîn ding . tâz iz sô

stât? *Anxia enim res est conditio humanorum bonorum.* Tîu geskáft te-   S/St92

ro ménniskôn gûotes . zîhet îo ze_ángesten. *Et quę uel*   F82

numquam tota proueniat . uel numquam perpetua subsistat. Únde

ist sólih . táz si nîomer ze_gánzi nechúmet . álde úbe si

---

11 *stândên   13 *infáren   18 *dih   *uersihest   21 dáz[2]: *táz   25 úmbe: *danach*
Schleife eines Fragezeichens   26 bonorum *fehlt*   29 nîomer: r *auf rotem Fleckchen;*
*nîomêr

15 Et illa B *(hat der Rubricator das A von At, Z. 9, wiederholt?)*   26 humanorum
conditio bonorum B; *vgl.* bonorum G (= *Variante* honorum)

chúmet . îo dôh neuuérêt. Ter mán neberéchenôt sih nîo-   p4
mêr álles sînes tinges . álde úbe er sih peréchenôt . sô îst
iz únuuérig. DISTINCTIO HUMANE CONDITIONIS.   24

*H*uic census exuberat . sed est pudori degener sanguis.

5 Súmelichêr îst rîche . únde îst áber únédele. *Hunc no-*
   bilitas notum facit . sed inclusus angustia rei familiaris . mal-
   let esse ignotus. Súmelichêr îst chúnt mán fône geédele .
   témo iz áber léid îst . túrh sîn árm getrágede. *Ille utro-*
   que circumfluus . uitam cęlibem deflet . s . si forte suis natalibus
10 *dignam inuenire non potest.* Súmelichêr hábet téro béidero gnûog . únde chlágôt áber . dáz er úngehîet îst. *Ille*
   nuptiis felix . orbvs liberis . nutrit censum alieno heredi.
   Súmelichêr îst uuóla gehîet . únde áber érbelôsêr . scázzôt
   er únerbôn. *Alius prole lętatus . filii . filique delictis mestus in-*
15 *lacrimat.* Súm hábet chint cnûogîu . únde chlágôt áber
   dáz siv frátatîg sînt. *Idcirco nemo facile concordat . cum con-*
   ditione sue fortune. Fedîu neîst nîoman . dér sih hábe
   geéinôt mit sînes lîbes geskéfte. *Inest enim singulis . quod in-*
   expertus ignoret . et expertus exhorrescat. În begágenet
20 állen . dáz in únchúnt îst ! êr sie iz pesûochen . únde
   besûochentên . misselîchêt. *Adde quod felicissimi cuiusque*
   sensus delicatissimus est . et nisi cuncta ad nutum suppe-
   tant . omnis aduersitatis insolens . minimis quibvsque pro-
   sternitur. Lége dára zûo . dáz súmelichêr ále-sâligêr .   S/St93 F83
25 sô zúrdel îst . iz neuáre állez sô ér uuélle . uuánda er
   árbéite sô úngeuuón îst . táz er sih sâr missehébet . iôh
   lúzzeles tinges. *Adeo perexigua sunt . que detrahunt for-*
   tunatissimis summam beatitudinis. Sô lúzzelîu ding
   penément iôh uuóla sâligên . dáz sie nîeht fóllûn

3/4 *waagerechter Strich auf dem rechten Rand*   14 *únérbôn   16 siv: iv *auf Ras. von*
ia *(?)* *frátâtîg   20 *állên   26 *missehábet   29 dáz: *unter z roter Fleck (vgl.*
70, 29)
19 expertus *(ohne et)* B *(Hss);* ^{&.} expertus G

sâlîg neuuérdent. *Quam multos esse coniectas . qui arbitrarentur sese*

proximos cęlo . si contingat eis pars minima de reliquis fortunę

tuę? Uuîo mánige uuânest tû . neáhtotîn sîh kûolliche .

úbe sie dôh êinen lúzzelen têil hábetîn dînero sâlighéite? *Hic*

5   *ipse locus . quem tu exilium uocas . incolentibus patria est.* Tîsiu

sélba stât . tîa dû héizest îhselî . díu ist tien lânt-liuten héimo-

te. *Adeo nihil est miserum . nisi cum putes.* Álso guisso . neîst nîeht

uuêneghéit . mán neáhtoe iz fúre dáz. *Contraque omnis sors*

beata est . ęquanimitate tolerantis. Tára gágene îst sâlîg so

10 uuélih lôz temo mán geuállet . úbe ér iz ében-mûote uer-

trêget. *Quis est ille tam felix . qui cum dederit manus inpatien-*

tię . non optet mutare statum suum? Uuêr îst têr sîh kelâzet in

úngedúlte . êr neuuélle uuéhsal tûon sînes tînges . so uuîo iz

stât? *Quam multis amaritudinibus respersa est dulcedo humanę feli-*

15 *citatis?* Neîst nû na dîu sâliglicha sûozî gemiskelôt mit máne-

gero bítteri. *Quę si etiam iocunda esse uideatur fruenti . tamen retineri*

non possit . quominus abeat cum uelit. Tîu démo nîo sô sûoze neîst .

têr sia nîuzet . táz er sîa getuélen múge . sî nerûme . sô sî uuî-

le? *Liquet igitur . quam misera sit beatitudo . mortalium rerum.*

20 Nû skînet uuóla . uuîo uuêneglîh sî . dero ménniskôn sâlig-

héit. *Quę neque apud ęquanimos perpetua perdurat . nec tota*

delectat anxios. Tîu iôh mît ébenmûotigên nîo uuérîg

neuuîrdet . nôh fermúrndên . únde ángistêndên lústsám

neîst . tôh iro fôllûn sî.   ̄TI FELICITATE.

25 ARGUMENTATUR NON ESSE BEATITUDINEM IN PRĘSEN-   25

Q̇uid igitur o mortales extra petitis . intra uos positam felicita-

tem? Uuáz kânt ir liute ánderes-uuâr suôchendo . dîa

sâldâ . dîe ir hábent in iu sélbên? *Error uos inscitiaque confundit.*

Ír neuuîzent is nîeht . ir hábent míssenômen . dáz írret·

---

1 neuuîrdet   5 *Tîsiu   6 *îhselî   6/7 *héimôte   8 *man   10 *ébenmûoto   15 *sûozi
15/16 *mánigero   16 esse *übergeschr.*   23 *ángestentên   26 ⋮ *auf dem linken Rand*
27 *dîe *oder* 28 *sâlda . dîa

1 arbitrentur *B*   21 nec ... nec *B*

íuuih. *Ostendam tibi breuiter . cardinem summę felicitatis.* Íh óugo dir .

an uuíu die méistûn sâldâ sînt . uuâr sie ána uuérbent. *Estne*

aliquid tibi te ipso preciosius? Íst tir íeht líebera . dánne dû sélbo?

Nihil inquies. Néin chîst tu. *Igitur si tui compos fueris . possidebis .*

5 *quod nec tu umquam uelis amittere . nec fortuna possit auferre.*

Uuíle dû uuálten dîn sélbes . sô . dáz tu fortunam in_uersîhte éi-

gîst . sô gúnnest tû . dáz tu nîomêr gérno neuerlíusist . nóh

tír óuh tiu fortuna genémen nemág. Mít tíu uuérdent

tír béidiu gebûozet . ióh anxietas . ióh instabilitas . fóne dîen

10 íh fóre ságeta. *Atque ut cognoscas non posse constare beatitudinem*

in his fortuitis rebus . sic collige. Únde dáz tû uuîzîst . táz tîe

sâldâ nîeht nesînt . an disên zuîueligên dîngen . chîus iz sŭs.

Si beatitudo est summum bonum . naturę rationis degentis. Úbe

sâlighéit íst taz fórderôsta ménniskôn gûot. *Suspensio.*

15 *Nec est summum bonum . quod eripi ullo modo potest.* Nóh táz nîeht

taz fórderôsta gûot neíst . táz man ferlîesen mág. *Et hic.*

Quoniam precellit id . quod nequeat auferri. Uuánda dáz échert fór-   P85 S/St95

derôsta íst . táz mánne benômen uuérden nemág. *Et hic.*

Manifestum est . quin non posset instabilitas fortunę adspirare .

20 *ad percipiendam beatitudinem.* Sô neíst nehéin zuîuel . núbe

únstâte sálda . nîeht kehélfen nemúgîn mánne . sâlighéit

ze_gúnnenne. Tíz argumentum chît . uuánda an summo bono

sâlighéit íst . tár dés pristet . táz târ sâlighéit nesî. Táz

argumentum héizet a causa . uuánda summum bonum . dáz ist cau-

25 sa beatitudinis. *Ad hęc.* Tára zûo ságo íh tír. *Quem caduca*

ista felicitas uehit . i . extollit . uel scit eam . uel nescit esse mutabi-

lem. Táz nemág nîo ze_léibo uuérden . dén disîu múr<g>fâra

sálda héuet . núbe er sîa uuîze sô múrga uuîla uuéren-

ta . álde neuuîze. Táz ist argumentum a contrariis. *Si nescit . quę-*

---

2 *méisten   3 sélbo: *unter o roter* Punkt   7 *neuerlíusest   9 gebûozet: *Zkfl. aus*
Akut verb.   13 Si: S *nicht eingetr.*   21 *sâldâ   24 *îst

nam beata sors esse potest . ignorantię cęcitate? Úbe ér iz neuuéiz .

uuîo sâliglîh lôz mág îmo uuésen geuállen . án dero únuuîzent-

héite? *Si scit . metuat necesse est ne amittat ! quod amitti posse non*

dubitat. Uuéiz er iz áber . sô mûoz er nôte fúrhten ze‿uer-

5 lîesenne . dáz er sîh uuéiz múgen uerlîesen. *Quare continuus*

timor . non sinit eum esse felicem. Fóne díu nelâzet ín diu átaháfta

fórhta nîeht sâlîgen uuésen. Sô getân argumentatio . héizet

in‿rhetorica comprehensio . táz chît keuángeni . uuánda er

îmo nîeht indrínnen nemág . ér negefáhe in . álso er nû

10 chît . ér uuîze . álde neuuîze fortunam instabilem . ér neíst

îo sâlig nîeht. Álso dáz íst in euangelio. Baptismum iohan-

nis de cęlo erat . an ex hominibus? So uuéder sie châdîn de cę-

lo . an ex hominibus . sô uuúrtîn sie geuángen. *Uel si amise-*

rit . an putat neglegendum? Álde uuânet er . úbe er iz

15 ferlîuset . táz er sîh is fertrôsten múge? *Sic quoque perexi-*

le bonum est . quod ęquo animo feratur amissum. Ióh sô skînet

úndîure . dáz sîn . únde éccherôde . dáz únsih lúzzel

rîuuet . sô uuir iz ferlîesên. Táz íst állez dissuasoria

oratio . mît tíu si ín uuéndet . dáz er nemínnoe cadu-

20 cam felicitatem . uuánda dáz íst inutile . et non necessarium.

Et quoniam tu‿idem es . cui scio persuasum atque insitum permultis de-

monstrationibus . nullo modo mortales esse . mentes hominvm.

Suspensio. Únde uuánda dû dér bist . témo dáz chúnt

ketân íst . únde ín gestúncôt íst . mît mánigfáltero lêro .

25 dáz ménniskôn sêlâ erstérben nemúgen. *Cumque clarum sit .*

fortuitam felicitatem finiri morte corporis. Et hic. Únde

dánne óffen sî . sáment temo lîchámen erstérben dia

uuérlt-sâlda. *Dubitari nequit . si hęc afferre potest bea-*

titudinem . quin omne mortalium genus . fine mortis . in

---

3 non] ne   9 *în   18 *uuír   19 *táz   27 *lîchamen   29 uuérlt: erlt *auf Ras.,*
alter Akut unter neuem noch sichtbar   11, 14-20, 22 *erscheinen um etwa einen*
Buchstaben eingerückt

3/4 non dubitat B

miseriam labatur. Sô neist nehéin zuîuel . úbe sî gibet sâlighé-   p4

it . álle ménnisken stérbendo . ze uuêneghéite uárên.

Táz héizet argumentum ab antecedentibus . uuánda úbe beatitu-

do fóre irstîrbet . sô fólgêt nôte miseria. *Quodsi scimus mul-*

5 *tos quesisse fructum beatitudinis . non solum morte . uerum etiam*

doloribus . suppliciisque . quonam modo presens poterit facere beatos .

quę transacta non efficit miseros? Úbe mánige dia sâlighéit

kuúnnen mit temo tôde . únde mit ánderên uuêuuon . ál-

so martyres tâten . uuîo mág tánne dív gágenuuertîu sâlige

10 tûon . dia hîna uuórtenîu . uuênege netûot. Táz héizet

argumentum a repugnantibus . álso dîu sint repugnantia . pre-

sens . únde transacta. Tîu sint fóne dîu repugnantia .

uuánda éinez péitet hîna . ánderez péitet hára.

QUOMODO TRANQUILLITAS TENENDA SIT.   26 P87 S/St97

15 *Q̲uisquis uolet cautus ponere perennem sedem.* So uuér dúrh   m4

keuuárehéit sîn gesâze uuélle máchôn êuuig. *Stabi-*

lisque . nec sterni flatibus sonori euri. Nôh ér neuuîle nîder

uerstôzen uuérden . fóne dîen dôsôntên uuînden. *Et cu-*

rat spernere pontum . minantem fluctibus. Únde ér intsízzen

20 neuuîle dén drôlicho uuéllônten mére. *Uitet cacumen alti*

montis . uitet bibulas harenas. Tér nezîmberoe neuuéder .

nôh án dero hôhi des pérges . nôh án demo grîeze des

stádes. *Illud urget proteruus auster . totis uiribus . hę solutę .*

recusant ferre pendulum pondus. Téret sûochet în der

25 uuînt in álemáht . hîer neist úndenân uésti . diu daz

zîmber múge trágen. *Fugiens periculosam sortem . sedis a-*

męnę . memento certus fi[n]gere domum humili saxo. Úbe dû

flîhen uuéllêst . fréisiga stát . scôno zîmberôndo . sô sûo-

che nideren stéin . ûfen démo zîmbere báldo. *Quamuis to-*

---

9 dîv: *von anderer Hand mit Punkt übergeschr.*   *gágenuuêrtîu   22 *dêro   pêrges:*
über p Ansatz eines pre-Strichs (p̄)   *dêmo   25 *uésti   29 *zîmbero*

27 figere B

net uentus . miscens æquora ruinis. Tóh óuh tér dîezendo uuínt . m4

uuûlle den mére . únde uélle den uuált. *Tu felix conditus ro-*

bore ualli quieti . duces serenus æuum . ridens ætheris iras.

Tû erléitest îo dînen lîb in_râuuon . sâliglicho dír lóskén-

5 tér . sámo so in_éinero uésti . láchênde des uuéteres úngebâr-

dôn.   INCIPIT DISPUTARE DE REBUS IPSIS.   27

*S**ed quoniam descendunt in te iam fomenta mearum rationum ! pu-*   p5

to vtendum esse paulo ualidioribus . s . remediis. Uuánda

dîh tóh iu ingânt mîne rédâ . mit tîen ih tíh únz nû ·   S/St98

10 fâscôta . sô îst nû ze_uáhenne uuâno ih ze_stárcheren ré-   P88

dôn. Sî rédota únz hára mit imo suadendo . únde dissua-

dendo . secundum artem rhetoricam. Álso dáz officium oratoris ist .

suadere honesta . utilia . necessaria . possibilia . únde dá-

ra gágene dissuadere turpia . inutilia . non necessaria .

15 impossibilia. Nû uuile sî disputare . dáz negât ten ora-

torem nîeht ána . núbe den phylosophum. Táz héizet disputa-

re . de naturis rerum . uel de deo . uel de moribus tractare. Tóh sú-

len uuír dáz chîesen . dáz sî hértôn begínnet péidíu

tûon . iôh disputare . iôh suadere. *Age enim.* Uuóla nóh . sá-

20 ge dés ih frâgee. *Si iam non essent caduca . et momentaria dona*

fortunæ . quid in eis est . s . donis . quod aut umquam uestrum fieri queat .

aut perspectum . consideratumque non uilescat? Úbe dîe hâlen . únde dîe

uerlóufenten gébâ dero fortunæ neuuârîn . uuáz máhti

dánne dêro gébôn îomer iuuêr uuérden . úbe sî iro iu

25 ne-óndi . álde uuáz rûohtînt ir dêro sélbôn . sô ir sie gnô-

to gechúrînt? Ter mán nehábet nehéinen geuuált rî-

che ze_sînne . imo neúnne is tiu fortuna . dér sélbo rîh-

tûom îst smáhe . án sîn sélbes natura.   DE PECUNIA.   28

*D**iuitiæne uel uestra . uel sui natura . pretiosæ sunt?* Íst tér rîhtûom

---

2 uuûlle: 1[1] aus i-*Strich verb.;* *uuûol(l)e   5 *láchende   8 vtendum: *auf Ras.,*
davor und danach Ras.   11 *rêdôta   16 ána: *übergeschr.*   24 *îomêr   27 *fortuna. Têr

tiure . fóne imo sélbemo . álde fóne íu? *Quid earum potius? Iâ*   p5

uuéder íst tiurera . íro zuéio? *Aurumme . ac uis congesta pecu-*

niẹ? Uuânest tu daz kólt tiurera sî . únde díu gesámenô-

ta mánegi des scázzes . tánne die ménnisken? *Atqui . hẹc ef-*   S/St99

5 *fundendo magis quam coaceruando melius nitent.* Tríuuo .

sîe glîzent sô báz . úbe man sie mêr ûz kíbet . dánne man   P89

sie sámenôe. *Siquidem auaritia semper odiosus facit . largitas cla-*

ros. Táz skînet târ ána . uuánda fréchi . léidet tie ménni-

sken . mílti máchôt sie mâre . únde geuuáhtliche. *Quodsi non*

10 *potest manere apud quemque . quod tran<s>fertur in alterum . tunc*

est pretiosa pecunia . cum translata in alios . usu largiendi de-

sinit possideri. Úbe dáz ter mán imo háben nemág . táz ér

ándermo gîbet . sô íst fóne díu ze_gébenne . uuánda dán-

ne uuîrt ter scáz tiure . sô er fóne spéndônne zegât. *At*

15 *eadem si congeratur apud unum . quanta est ubique gentium . cẹteros*

sui inopes fecerit. Unde sô getân íst íuuêr scáz . úbe ín

éiner állen begrîfet . so uuáz sîn ín dero uuérlte íst . táz

sîn die ándere dárbênt. *Et uox quidem tota pariter replet*

auditum multorum. Nû íst tiu stímma sólih scáz . táz sî álliu

20 sáment in_mánnoliches ôrôn íst. *Uestrẹ uero diuitiẹ . nisi commi-*

nutẹ . in plures transire non possunt. Áber íuuêr rîhtûom .

neíst ánderes-uuîo nîeht keméine . ér neuuérde zetéilôt.

Quod cum factum est . necesse est pauperes faciant . quos relinquuNT.

Sô er getéilet uuîrt . sô sínt tîe dés-te ármeren . dîe ín

25 téilent . únde lâzent. *O igitur angustas inopesque diuitias .*

quas nec habere totas pluribus licet . et ad quemlibet non ueniunt . si-

ne paupertate cẹterorum. Uuóla gréhto . uuîo gnôte . únde uuîo

árm . dér rîhtûom íst . dén mánige háben nemúgen . nóh

éinemo zûo neslínget . ánderêr neármee.   DE GEMMIS.   29 S/St100

---

1 túire   4 scázzes?: *Schleife des Fragezeichens durch Strich darunter getilgt*
ménnisken: ke *auf Ras.*   6 *tánne   7 *sámenoe   8 *léidêt   12 ér: *am Ende der Zeile*
nachgetr.   13 gében ne: *vor* n² *unreine Stelle im Pgm.*   16 *Únde   26 totas: *mit*
Einfügungszeichen auf dem Rand nachgetr.   &: *auf Ras.*   28 *tên   Punkt steht nach*
7 odiosos

*A*n *fulgor gemmarum trahit . i . illicit et delectat oculos?* Lús-

tet íuuíh tie gímma ze séhenne? Íst íro glíz íuuerên   .

óugôn líeb? *Sed si quid est in hoc splendore precipui . gemmarum est*

illa lux . non hominum. Íst in íeht ána tiurero glánzî . dîu háftêt

5   in . náls tien ménniskôn. *Quas quidem mirari homines . uehe-*

menter admiror. Únde míh íst uuúnder . dáz síh íro îoman

uuúnderôt. *Quid est enim carens animę motu . atque compage .*

s . membrorum . quod pulchrum esse iure uideatur . animatę . rationa-

bilique naturę? Uuáz íst líbelôses . únde lidelôses . dáz in-sêle-

10   mo dínge . sô der ménnisko íst . únde rédohaftemo . súle scô-

ne dúnchen? Ímo sól scône dúnchen . dáz ímo gelîh íst. *Quę*

tametsi conditoris opera . suique distinctione aliquid postremę

pulchritudinis trahunt . collocatę tamen infra excellen-

tiam uestram . nullo modo merebantur ammirationem uestram.

15   Úbe sie óuh fóne gótes uuíllen . únde uóne íro sélbero

féhi . íeht tero hínderostûn scônî hábent . îo dôh fóne

íuuerro búrlichi férro geskéidene . sóltôn sie íu únuuún-

derlîh kedúnchen.   DE MUNDI SPECIE.

*A*n *delectat uos pulchritudo agrorum?* Túnchet íu daz

20   félt skône? *Quidni.* Zíu nesól. *Est enim pulchra portio*

pulcherrimi operis. Íst éin scône téil dero scônun uuérl-

te. *Sic quondam gaudemus . facie sereni maris.* Sô íst

óuh ter mére mínnesám . in ánasîhte . sô er stílle íst.

Sic cęlum . sydera . lunam . solemque miramur. Sô éigen uuír fúre

25   uuúnder . sélben den hímel . únde állíu gestírne. *Num*

te aliquid horum attingit? Ínno? trífet tíh téro dehéinez

ána? kíbet iz tír íeht sînero scôni? *Num audes gloriari*

splendore alicuius talium? Ketárst tu díh íeht rûomen íro scôni?

An uernis floribus ipse distingueris? Máht tû geuéhet

---

1 An: A *nicht eingetr.*   2 *íuuíh   *gímmã   6 *glánzi   9 *táz   16 *scôni   hábent:
davor 2 Buchstaben und Akzent rad.   17 geskéidené..: è.. *aus* íu *rad. und verb.,
Akut stehengeblieben*   19 An: *davor kleines a auf dem Rand*   20 skône.   22 maris:
ma *auf Ras. von* ma (ma ris > maris)   26 *tríffet   28 splendore: *mit Einfügungszeichen auf dem Rand nachgetr.*   29 geuêh&   *Punkt fehlt* 7[3]

uuérden . nâh tien blûomôn? *Aut tua in ęstiuos fructus intume-*   p5

scit ubertas? Álde sólt tû ébenbirîg uuérden . dîen súmerlichên

geuuáhstên? *Quid inanibus gaudiis raperis?* Uuáz lâzest tû

dîh ána . sô úpiga méndi? *Quid externa bona pro tuis amplexaris?*

5   Uuáz ist tir lîebera ánder gûot . tánne daz tîn? *Numquam faciet*

fortuna tua esse . quę natura rerum a te fecit aliena. Tîr nemág

tiu fortuna dáz nîeht.kegében . tés tîh tiu natura hábet

keûzôt.   DE ALIMENTIS.   ⌐alimentis.   31

*T*errarum quidem fructus . animantium procul dubio debentur

10 Ter érduuѷocher sól dien lebendên ze̲fûoro âne zuî-

uel. *Sed si uelis replere indigentiam naturę . quod satis est . nihil*

est quod fortunę affluentiam petas. Uuîle du áber dés keuá-

go sîn . dés tiu natura bedárf . sô nefórderôst tû nehéin

úrgúse dero fortunę. Uuánda démo ist sámo uuóla . dér

15 gnûoge hábet . sô démo . dér ze̲uîlo hábet. *Paucis enim . mi-*

nimisque natura contenta est. Án únmánigên dîngen . únde

lúzzelên . hábet tiu natura gnûog. *Cuius societatem si*   S/St102

superfluis urgere uelis . aut iniocundum fiet . quod infuderis .

aut noxium. Uuîle du iro îeht úber tûon . sô ist tír iz éin-

20 uuéder . sô únuuínna . álde scádo.   DE INDUMENTIS.   32 P92

*I*am uero pulchrum putas fulgere uariis uestibus? Uuîle dû gân

gezîeret mît mísselichero uuâte? *Quarum species si gra-*

ta est intuitu . aut materię naturam . aut ingenium mira-

bor artificis. Úbe sî dien óugôn lîchêt . sô lôbon îh éin-

25 uuéder . sô dîa chléini des vuúrchen . álde dén geziug

tes uuérches.   DE FAMULIS.   33

*A*n uero longus ordo famulorum te felicem facit? Máchôt tîh

tiu mánigi dînero scálcho sâligen? *Qui si fuerint*

moribus uitiosi . pernetiosa domus sarcina . et ipsi

---

2 *dien   3 *geuuáhsten   4 *úppiga   5 lîebera: *auf Ras.*   18 infuderis: in *überge-*
schr.   21 uariis *fehlt*   24 artificis.,   *lôbôn   25 *gezîug   27 A n: *dazwischen*
a *rad., vor* A *kleines* a *auf dem Rand*   28 *mánegi   fuerint: *sint   29 do   mus:
dazwischen länglisches Loch im Pgm.

21 uariis ... uestibus *B*   28 sint *B*   29 perniciosa *B*

domino uehementer inimica. Tîe úbe sie árgchústîg sínt . zâla in demo   p5

hûs sínt / únde búrdi . únde únhólde sélbemo demo hêrren.

Sin uero probi . quonam modo numeratur in tuis opibus aliena probitas?

Sínt sie áber chústîg . uuîo múgen dánne ánderes mánnes

5 chúste . dîn scáz sîn . únde dîn ríhtûom?

A L I E N A   B O N A   E S S E   Q U A E   N U M E R A U I T .   34

*E*x *quibus omnibus liquido monstratur . nihil horum quę tv computas*

in tuis bonis . tuum esse bonum. Fóne démo állemo skînet . táz   S/St103

téro nehéin dîn gûot neist . tiu dû fúre dáz áhtôst. *Quibus*

10 *si nihil inest appetendę pulchritudinis . quid est quod uel amissis*

doleas . uel lęteris retentis? Únde úbe án in nehéin díu scô-

ni neist . téro dû gérôn súlîst . uuáz ist tánne . dáz tîh sú-

le uerlôrnez ríuuen . álde gehábetez fréuuen? *Quodsi na-*   P93

tura pulchra sunt . quid id tua refert? Úbe siu án in sélbên

15 natûrlicho gûot sînt . uuáz háftêt tîh tiu scôni? *Nam hęc*

quoque a tuis opibus sequestrata . per se placuissent. Neuuârin

sie dîn nîeht . sô uuârîn siu dôh scône. *Neque enim idcirco sunt pretio-*

sa . quod in tuas uenere diuitias. Nôh táz netîuret siu nîeht .

táz siu dîn sínt. *Sed quoniam pretiosa uidebantur . tuis ea diuitiis*

20 *annumerare maluisti.* Súnder dánnân gestîeze dû siu hín-

der díh . uuánda siu dir tîure dúnchent.

O P I B U S   N O N   F U G A R I   I N D I G E N T I A M .   35

*Q*uid *autem tanto strepitu fortunę desideratis?* Uuáz

uuéllent ír dôh nû getûon . mit sô míchelemo óstô-

25 de iuuerro sáchôn? *Fugare credo indigentiam opibus quę-*

ritis. Ír uuéllent iz sô bríngen uuâno íh . táz íu nîeh-

tes nebréste. *Atqui . hoc uobis in contrarium cedit.* Trîuuo . dáz

féret ál ánderes. *Pluribus quoque adminiculis opus est . ad*

tuendam uarietatem . pretiosę suppellectilis. Mísse-

---

3 *numerabitur   7 Ex: *davor kleines e auf dem Rand*   16 *Neuuârîn   17 sie: *siu
27 nebréste.,   29 uarietatem .   pretiosę: *dazwischen längliches Loch im Pgm.*

3 numerabitur *B*   25/26 indigentiam copia quaeritis *B; vgl.* ᶜᵘᵐcopia . s .
diuitiarum *E₁*   28 quoque: quippe *B*

lîh scáz tiurer . bedarf óuh mícheles kezíuges . táz er beuuárôt   p5

uuérde. *Uerumque illud est . permultis eos indigere . qui permulta*

possideant. Únde íst uuârez pîuuúrte . dáz man chît . tér

fílo hábet . tér bedárf óuh fílo. *Contraque minimum.* Áber dára

5 gágene bedúrfen dîe lúzzel. *Qui metiantur abundantiam*   S/St104

suam necessitate naturę . non superfluitate ambitus. Tîe dés seheNT .

táz sie íro gezíug kescáffoên áfter natûrlichero nôte . náls

áfter démo únméze dero gíredo.

D E   P R O P R I O   E T   N A T U R A L I   B O N O .   36 P94

10 *I tane autem nullum est bonum . uobis proprium . atque insitum . ut in exter-*

nis ac sepositis rebus . bona uestra queratis? Prístet íu dán-

ne án íu sélbên . dáz ír éigen gûot neéigent . nóh natûrli-

cho îngetâniz . táz ír iz in ánderên sáchôn sûochent? *Sic*

rerum uersa conditio est . ut animal merito rationis diuinum .

15 *non aliter sibi uideatur splendere . nisi possessione inanimatę sup-*

pellectilis? Sól nû sô bestúrzet sîn . díu geskáft téro dingo .

táz ter ménnisko góte gelîchêr . án déro uuírde sînero

rationis . ímo sélbemo nesúle dúnchen scône . âne fóne ún-

lébendes tinges hábede? *Et alia quidem suis contenta.* Ánde-

20 ríu tîer . sint álliu geuágo íro gûotes. *Uos autem consimiles deo*

mente . captatis ornamenta excellentis naturę ab infimis

rebus. Ír áber góte gelîche in_íuuermo sinne . ír uuél-

lent zîerda sûochen íuuerro frámbarûn naturę .

án dien hínderôstên dingen. *Nec intellegitis . quan-*

25 *tam iniuriam faciatis conditori uestro.* Nóh ír neuuízent

nîeht . uuîo míchela únera ír góte tûont. *Ille uolu-*

it genus humanum prestare terrenis omnibus . uos de-

truditis dignitatem uestram . infra infima quęque. Ér   S/St105

uuólta ménniskôn sláhta . álles írdiskes tinges hêros-

---

1 *bedárf   3 *pîuuúrte   9 :· *auf dem rechten Rand*   10 Itane: *davor kleines i*
auf dem Rand   13 *îngetânez   19 hábede: *auf Ras. von* scôni?   *sunt suis *oder* *suis
sunt   20 *álliu   23 *frámbārûn   24 *hínderostên   Nec: ec *bis* quā *auf Ras.*   25 tā:
t *auf Ras. von* b   neuuízent: *unter* uu *schwarzer Fleck*   26 *únêra   27 omnibus] ani-
malibus

19 suis contenta sunt *B*   27 omnibus *B*

tûn uuésen . ir tûont áber iuuera hêrscáft hínderorûn dien

hinderôstên dingen. *Nam si omne quod cuiusque bonum est . s . ut deus est iu-*

storum . eo cuius est . constat esse preciosius . s . ut constat deum esse pretiosiorem

omnibus iustis . *cum uilissima rerum uestra bona esse iudicatis . s . non*

5 deum . *eisdem summittitis uosmetipsos uestra existimatione.* Úbe

állero dingolîches kûot tiurera ist . tánne iz sélbez sî . ún-

de ir áhtônt iuuêr gûot uuésen daz áfterôsta . sô únder

tûont ir iuuih témo . dáz chît . sô bírnt ir hinderô-

ren démo . áfter iuuerro áhtúngo. Táz héizet argumentvm

10 a maiore. Úbe diuitię sînt pretio maiores . sô sínt diuites .

pretio minores. *Quod quidem haud inmerito cadit.* Táz ke-

skîhet ív mit rêhte. *Humanę quippe naturę . ista condi-*

tio est . ut tum tantum cum se cognoscit . excellat cęteris rebus.

Tero ménniskôn natura ist sô getân . táz si échert tánne

15 sô si sîh pechénnet . ánderên dingen fórderôra sî. *Eadem*

tamen redigatur infra bestias . si se nosse desierit. Únde

áber dien tîeren hinderôra sî . úbe si sîh nebechénnet.

Nam cęteris animantibus naturę est . sese ignorare . homini-

bus uitio uenit. Táz íst fóne diu . uuánda iz án dien tîe-

20 ren natura íst . táz siu sîh nebechénnên . únde iz áber

án dien ménniskôn fóne âchústen ist.

DE EXTERIORI CULTU NEMINEM FIERI PULCHRVM.

*Q*uam uero late patet hic uester error . qui existimatis ali-

quid posse ornari . alienis ornamentis. Uuîo férro

25 dôh nû der irredo gât . únde uuîo mánige dôh

iuuêr dâr ána betrógen sînt . táz ir uuânent . mít

tero ûzerûn zîerdo îomannen gezîeret uuérden.

At id fieri nequit. Nû nemág áber dés nîeht sîn. *Nam*

si luceat quid ex appositis . ipsa quidem quę apposita sunt

---

laudantur. Tréget îouuiht îeht scônes ána . sô lóbôt man dáz iz ána   p5

tréget. *Illud uero his tectum atque uelatum . in sua nihil-ominus foedi-*

tate perdurat. Táz áber míte behélet ist . táz fólle-hábet sîna

úbelo getâni. *Ego uero nego ullum esse bonum . quod noceat habenti.* Íh   P96

5 uuíle chéden . dáz táz kûot nesî . dáz-tir tárôt temo háben-

ten. *Num id mentior? Líugo* íh tánne? *Minime inquis.* Táz ne-

tûost chîst tu. *Atqui . diuitię persepe nocuerunt possidenti-*

bus. Ter rîhtûom scádôta ôfto démo . dér in hábeta. *Cum pessi-*

mus quisque . eoque magis auidus alieni . se solum dignissimum pu-

10 *tat . qui habeat . quicquid usquam est auri . gemmarumque.* Íh méi-

no . sô ételih úbel_uuîht . únde ánderro gûotes sô uíllo fré-

chera . sîh éinen áhtôt uuírdigen ze_hábenne állen dén

scáz . tér îonêr ist. *Tu igitur qui nunc sollicitus pertimescis con-*

tum . gladiumque . si uitę huius callem uacuus uiator intrasses .

15 *coram latrone cantares.* Fóne díu ságo íh tír . dû nû sórg-

gêst táz man dîh sláhe . uuállotîst tû bárêr in_disemo

lîbe . íóh síngen máhtîst tu báldo fóre scácharen. *O preclara*

ra opum mortalium beatitudo . quam cum adeptus fueris . secu-

rus esse desistis. Uuóla uuîo tiure . dîa sâldâ dero ôtuuá-

20 lôn sint. Sîe sint créhto sô tiure . sô dû sie guúnnest . táz tu

fúrder sichûre neuuîrdest. Táz héizet irrisio yronica.

VETERES PARUO CONTENTOS ESSE .   38

*F*elix nimium prior ętas. Tiu êrera uuérlt uuás fílo sâlig.   m5

Contenta fidelibus aruis . i . fertilibus. Sî uuás íro érdchúste   S/St107

25 geuágo. *Nec inerti perdita luxu . i . superfluitate quę inertes*

facit. Nôh únmezes ferlórníu . nôh fóne démo eruuórteníu.

Quę solebat soluere sera ieiunia . facili glande. Tîu-dir

sítig uuás spâto inbîzen . mít sléhtero fûoro. *Non norat*

confundere bachica munera liquido melle. Sî neuuîssa   P97

30 uuáz púrgerísso uuás . sî hábeta úngelîrnêt . ten uuîn

---

3 behéilet   8 *in   11 *ételîh   13 ist.,   19 *dîe   21 *sichure   26 *únmézes

28 norant *B;* vgl. norant, *Glosse* uel norans *übergeschr. G*

mískelôn mít séime. *Nec miscere . i . tingere lucida uellera servm !*   m5
tirio ueneno. Nôh tîe scônen sîdâ dero serum fáreuuen mít tîris-
kemo sóuue. Seres sízzent hína uérro ôstert inében india . dîe
stróufent ába íro bóumen éina uuólla . dîa uuír héizên sîdâ .

5 dîa spínnet man ze_gárne . dáz kárn fáreuuet man mísseli-
cho . únde máchôt tár ûz féllôla. Sô man áber púrpurûn
máchôn uuíle . sô sûochet man díu animalia in_demo mére .
díu latine conchilia héizent . tíu lígent petâniu in_zuéin
scálôn. Tîe scála blûotent . sô man siu bríchet . mít témo blû-

10 ote . fáreuuet man dia púrpurûn. Uuánda diu édelesta
uuírt ze_tiro . únde sî óuh târ ze_érest uuárd . pediu chît
er tirio. *Somnos dabat herba salubres.* Tie líute slîfen dô
héilesamo án demo gráse . sîe nehábetôn féderbétte. *Potum quoque
dabat lubricus amnis.* Taz uuázer gáb ín trínchen. *Umbras*

15 *altissima pinus.* Póuma scátotôn ín . sîe nehábeton híuser.   S/St108
Nondum secabat hospes alta maris. Nôh tô neuuállota nîoman úber mére. *Nec mercibus lectis . uiderat noua litora.*
Nôh mít kesámenôtemo mérze . nestádeta er ûz an únchún-
demo stáde. *Tunc tacebant seua classica.* Tô neuuúrten

20 lût tíu zâligen uuîghórn . mít tîen man sie nû uuîset
ze_uuîge. *Neque fusus cruor acerbis odiis . tinxerat horri-*
da arua. Nôh táz plûot . táz fóne fîent-lichên uuúndôn châme . dáz neblûotegôta dia érda. *Quid enim uellet*
furor hosticus prior mouere ulla arma? Zíu sólti fî-

25 ent-scáft êrera uuérden . dáz chît zíu sóltîn dehéine
dúrh fîent-scáft ze_féhtenne . êreren uuérden. *Cum uide-*
rent seua uulnera . nec ulla premia sanguinis. Tánne
sie sáhin uuúndâ . únde nehéinen lôn dero uuúndôn?   P98
Utinam redirent modo nostra tempora in priscos mores.

30 Uuólti gót eruuúndîn dise únseren zîte . hína ze_dîen

---

6 *târ   9 *scálâ   11 *êrest   12 *slîefen   13 *héilesámo   15 *hábetôn
6 *neuuállôta   17 litora] maria   24 *arma.   27 *sanguinis?   28 *sáhîn
17 mercibus undique lectis *B*   litora *B*

áltên sîten. *Sed amor habendi ardet feruens . sequior ignibus ęthnę.*   m5

Nû neist tés nîeht . núbe fréchi íst nû inzúndet . stréde-uuálli-

gora . dánne daz fíur in ęthna. Ęthna brínnet in sicilia . ál-

so ueseuus tûot in campania . únde clemax in cilitia. *Heu quis*

5   *fuit ille . qui primus fodit pondera tecti auri . gemmasque uolen-*

    tes latere . pretiosa pericula. Áh ze sêre . uuér uuás îo dáz . tér

    êristo grûob ûzer érdo . góld . únde gímmâ . fréisige tiure-

    da . tîe nóh kérno inne lâgîn . úbe sie mûosîn.

    QUID SIT INTER RHETORICAM SUADELAM . ET PHI-   39 S/St109

10 LOSOPHICAM DISPUTATIONEM.

    *H*îer sólt tu chîesen . uuáz keskéidenes . únder rhetorica

    suadela . mit téro si ze êrest ána fîeng . únde únder phi-

    losophica disputatione . dâr si nû ána íst. Tô si în sîechen

    fánt sînes mûotes . únde er dés fortunam scúldigôta . sámo so

15 er sîa in dinge mâloti . dáz sî în dára zû brâht hábetî . tô sól-

    ta si imo nôte . uuánda si medica íst . mít tíu ze êrest héilen

    sîn mûot . dáz sî is keántséidoti . dîa ér is zêh. Táz téta si mít

    tîen defensionibus . dáz ze iro bézeren uuân nesî . nóh ze iro

    nîoman bezeren mûoten nesúle . únde si ánderîu uuér-

20 den nemúge . âne dîu si îo uuás. Únde úbe fortuna begín-

    ne uuésen stâte . dáz si fortuna nesî . únde uuémo si nóh stâ-

    te uuúrte . únde er sîa lángôst mít imo gehábeti. Únde

    sîd si uuîder in báz hábe geuáren . dánne uuîder ándere .

    zíu er sia mâloe. Únde si imo óuh nóh ze tâte gesuîchen   P99

25 nehábe . únde daz imo lîebesta múge sîn . dáz imo dáz ún-

    infáren sî. Únde ze demo gnôtesten . dáz si imo des sînes

    nîeht nehábe infûoret . únde si iro gûotes mûosi imo ún-

    nen . sô lángo si uuólti . únde sî áber iro gûot zu iro zúc-

    chen mûosî . únde er mêr fóne sînen úngedúlten . dán-

30 ne fóne iro únréhte sîeh sî. Únde er sih uuármoe souuélês

2/3 *uuálligôra   7 *êresto   7/8 *tiuredâ   15 *zûo   *hábeti   18 *táz   19 *bêzeren
22 lángôst: *dadurch dünner Strich*   25 dáz[1]: *Akut rad.;* *dáz   26 sî.,   27 *waagerechter Strich auf dem rechten Rand*   28 zuiro: *zwischen* u *und* i *Trennungspunkt auf
Zeilenhöhe;* *ze   29 *mûosi *sînên

fógetis er uuélle . únde sî síh témo uuóla dínglicho eruuére.　　　　　　m5

Uuér nebechénnet tîz kechôse . únde dáz ze_dísemo gechôse

háftêt . ál tréfen ze_oratoris officio? Únde uuér neuuéiz

rhetoricę facundię . díz uuésen éigen spíl? Uués sint ún-

5　mûozîg iudices . únde iuris consulti . âne súsliches strîto-　　　　　　S/St110

des? Tîz genus causę . héizet forense. In foro skéllent tîe

sô getânen controuersię. Án dísen ist suasio . únde dissua-

sio. Mít uuíu mág man in_dínge suadere . álde dissuade-

re . âne mít iusto . únde iniusto? Mít uuív máhti sî in nû stíl-

10　len . âne mít tíu . dáz sî in dûot pechénnen . dáz er án fórtu-

nam nehéin réht nehábe? Sô man dáz pegínnet óugen . uuîo

réht . únde uuîo únréht táz sî . dáz éinêr den ánderen

ána fórderôt . sô spûot tero suasionis . únde dero dissuasio-

nis. Únde uuánda sî ímo nû hábet úber nómen sîn sêr .

15　mít tero satisfactione . pedíu stépfet si nû ába dero sua-

sione ze_dero disputatione . dáz si ímo dâr míte fólle-

héile sîn mûot. Nû fernémên dáz uuóla . dáz man in

sprâcho dâr man in dero deliberatione sízzet . úbe dáz

únde dáz ze_tûonne sî . álde ze_lâzenne . mít utili . ún-

20　de mít inutili . suasionem tûon sól . únde dissuasionem.

Álso liuius scrîbet . uuîo michel strît tés ze_romo uuás .

nâh tíu galli dia búrg ferbrándôn . uuéder sie romam

rûmen sóltîn . únde uáren in_veientanam ciuitatem . tíu

dô gánz in_íro geuuálte uuás . únde dâr fúrder sízzen

25　álde nesóltîn. Uuér máhtî [i]an démo strîte chéden . uué-

der iz réht . álde únréht uuâre? Târ uuás ána ze_ché[d]-

denne . uuéder iz núzze uuâre . álde únnúzze. Únde

álliu díu suasio . díu dâr ána uuás . díu îlta déro éinuué-

derez kelóublîh tûon . dáz iz utile uuâre getân . álde

30　uerlâzen. Áber in_demonstratiuo genere causę . sô man

---

1 *fógates　3 *tréffen　5/6 *strîtôdes　10 *tûot　10/11 *fortunam　11 Sôlman:
Zkfl. aus Akut verb., 1 stehengeblieben　24 *sízzen sóltîn　25 *máhti　28 díu³: *tíu

dâr úmbe in st*rîtîgemo* râte sízzet . uuémo dés únde dés ze getrûe-   m5

enne sî . sô ist án dero suasione honestas ze némmenne . íh méi-

no dés . dén man dára zûo lôbôt . únde dissuadendo íst sîn

turpitudo ze némmenne . úbe man ín ferchîuset. Álso iz

5   úmbe ciceronem fûor . dô man ín úmbe dîa nôt ze consule sázta .

dáz sîe sih mít nîomanne ándermo netrûuuetôn catili-

nẹ eruuéren . únde sînen gnôzen . âne mít ímo. Súme lô-

betôn ín dúrh sînen uuîstûom . súme châden . álso salu-   S/St111

stius ságet in catilinario . consulatum uiolari . eo quod de eque-

10 stri ordine ortus sit . non de senatorio. Sús ketâne questi-

ones . uuánda sie inter ciues uuérdent . pedíu héizent

sie ciuiles . táz chît púrgliche . álde gebûrliche. Án dî-

sên ist álso uuîr geságet éigen . suasio únde dissuasio.

Án dîse tûot sih ter orator . dîe áber ciuiles nesînt . dîe

15 sînt philosophicẹ . téro uuîrt disputando geántuuúr-

tet. D E P A R T I B U S P H I L O S O P H I A E .   40

Philosophia téilet sih in diuina et humana. Diuina lêr-

tôn . dîe úns in bûochen gótes sélbes naturam . únde dîa

ueritatem trinitatis scríben. Dîe héizent theologi. Téro   P101

20 uuás iohannes euangelista ter fórderôsto. Humana lê-

rent únsih physici únde ẹthici . táz chît de naturis et

moribus. Ter áltesto physicus uuás phitagoras . apud

grecos . tára nâh talês . únde sîne iúngeren . anaxago-

ras . únde anaximander . únde anaximenes. Tîe béi-

25 tôn sih errâten . uuánnân ûz tisíu uuérlt keskáfen

sî . súm chád . ûzer fiure . súm chád ûzer uuázere .

súm chád . ûzer diuina mente. Târ míte râtiskotôn sie

uuánnân dágoliches geskéhe accessus maris . et reces-

sus . uuánnân uuîlon geskéhe eclipsis solis et lune .

30 uuánnân vuînteres chúrze tága sîn . únde súmeres

---

3 *tén   14 dîe[2]: *tîe   19 *Tîe   20 *der   23 *tales   25 *keskáffen   26 û´zer[1]
28 *tágoliches   29 *uuîlôn   30 *tága   *Punkt steht vor* 2 ze

lánge . uuánnân álle fontes fluminum chómên . uuéder mêra sî sol

alde luna . uuîo michel diu érda sî . uuâr ûfe si stánde . uuáz sia int-

hábee. Dáz únde álsô getânez . scriben sîd keuuárôr ambrosius

in_exameron . únde ándere . be_dîen iz beda lirneta . dér iz áber

5 dára nâh scréib in sînemo bûoche de natura rerum. Aethici sint .

tîe únsih lêrent háben réhte síte. Téro uuás êristo apud grecos

socrates . tára nâh uuâren iz mánige socratici. Téro súmeliche

scriben dánnan bûoh . álso panethius téta apud grecos . et filius

eius . únde cicero téta apud latinos . án sînemo bûoche de officiis .

10 án dêmo er iîhet táz ér eruóllôn uuélle . dáz panethius léib-

ta. Tîe ságetôn . uuîolih-tir uuésen súle . societas humanę uitę .

tîa uuîr héizên mánehéit. Tés pedêh óuh cato metrice ze_scrî-

benne . án sînemo libello . dáz-tir ána-uáhet. Si deus est animus .

nobis ut carmina dicunt. Áber terentius comicus tér nelêr-

15 ta nîeht tie mores . uuîolih sie uuésen súlîn . núbe ér ánterô-

ta . uuîo corrupti sie sîn án dien ménniskôn. Pediu chád er.

Descripsi mores hominum . iuuenumque . senumque. Táz chît . ih ánterô-

ta dero ménniskôn síte. Tára nâh neuerlîez óuh ambrosius

nîeht . ér nescribe de officiis . dáz chît . uuáz mánnoliches ám-

20 báht sî ze_tûonne . uuáz in ána gánge ze_tûonne. Târ mág

man ána lirnên . integritatem uitę . diu den mán perfectum . únde

sanctum getûot. Tára zûo triffet tisiu disputatio . dáz diui-

tię den mán nemúgen sâlîgen getûon . únde sie bedíu sîn con-

temnendę. DIGNITATES ET POTENTIAS NON ESSE   41

25 NATURALIA BONA.

*Q*uid autem disseram de dignitatibus et potentia? Uuáz mág

ih ráchôn fóne hêrskéfte . únde fóne geuuálte? *Qua*

uos exęquatis cęlo . inscii uerę dignitatis . ac potestatis. Fóne

déro ir iuuih uuânent ében-hóhe hímele . uuánda ir nîeht

30 nebechénnent tero uuârûn hêrskefte . únde dero uuârvn

---

2 *sia   3 *Táz   *álso   6 *êresto   7 socratici.,   8 *dánnân   11, 15 *uuîolîh
19 *táz   22 sanctum: a aus n *verb.*   *tisiu   28 *potestatis?   30 uuârûn: *unter*
r *Art Punkt*   *hêrskéfte   *uuârûn

26 dignitatibus potentiaque *B*

A89

máhtigî? Uuélicha beatitudinem múgen sie íu gében? *Quę si incide-*   p6

rint in improbissimum quemque . quę incendia eructuantibus flammis   S/St113

ęthnę . quod diluuivm dederit tantas strages? Uuáz netûont sie .

sô sie úbelemo uuîhte ze_hánden chóment? Uuélih fîur ûzer

5 ęthna fárentez . álde uuélih sînflûot . tûot sólichen suîd . táz

chît sólicha suéndi dero lîuto? *Certe uti arbitror te meminis-*

7a *se . consulare imperium . quod fuerat principium libertatis . ob superbiam*

7b   *consulum . uestri ueteres*

cupiuerunt abolere . qui prius abstulerant regivm nomen de ciuitate .

ob eandem superbiam. Iâ uuóltôn íuuere fórderen . álso dû uuâno îh

10 kehúgest . uuîo dû lâse . úmbe dîa úbermûoti dero consulum . tîli-

gôn iro ámbáht . táz sélba ámbaht tóh fóre uuás . ánagénne

dero libertatis. Táz uuóltôn sie tûon . álso sie óuh êr chúnin-

ges keuuált tero búrg ába genâmen. Liuius ságet . uuîo tar-   F103

quinius superbus . tér ze_romo uuás septimus rex a romulo . fertrí-

15 ben uuárd fóne bruto . únde collatino . únde tricipitino .

únde fóne ánderên coniuratis ciuibus . úmbe sîna úbermûoti . fó-

ne déro ér námen hábeta . únde uuîo sie sîh éinotôn . fúre

die reges consules ze_hábenne . dîe iârliches keuuéhselôt uuúr-

tîn . nîo sîe lángo geuuáltig uuésendo . ze_úbermûote ne-

20 uuúrten. Sô óuh tie be_déro uuîlo begóndôn tyrannidem ûo-

ben . dô uuóltôn sie óuh tén geuuált ferzéren . únde niuuîv

ámbáht sképfen . dîu man des iâres . mêr dánne éinêst uuéh-

seloti . dáz tîe dîe dar ána uuârîn . in_déro frîste ze_nehéi-

nero insolentia gefáhen nemáhtîn. Úbe potentia dúrh_sîh   S/St114

25 kûot uuâre . sô neléideti sî în sô nîeht. Libertas íst zuískíu .

éiníu íst . tíu den mán dés frîen dûot . táz er nîomannes

scálh neîst . ánderiv íst . fóne déro si nû chôsôt . tíu în ióh

chúningliches keuuáltes inbindet . únde ér âne geméine

êa . nehéinen geduuing nehábet. *At si quando deferantur*

30 *probis . quod perrarum est . quid in eis aliud placet . quam probitas utentivm?*

---

3 diluuivm: *danach 2 Löcher von Punktgröße im Pgm.*   4 sô: *unter* ô *Art Punkt*
5 *sînflûot   7 ob superbiam consulum . *fehlt*   11 *ámbaht. Táz   23 *dâr
26 *tûot   29 deferantur: a *aus* e *rad. und verb.*   30 quid] q͂d [= quod]

3 dederint *B*   7 quod libertatis principium fuerat, ob superbiam consulum uestri
ueteres *B*   30 quid in eis *B*

Chôment sie óuh ze_hánden gûotên . dáz filo sélten ist . uuáz mág án in

dánne lîchên . âne dero geuuáltigôn gûoti? *Ita fit . ut non accedat ho-*

nor uirtutibus ex dignitate . sed dignitatibus ex uirtute. Sô máht

tû chîesen . dáz tiu gûoti nîeht kezîeret neuuírt . mít temo ám-

5   bahte . núbe daz ámbaht uuírt kezîeret . mít tero gûoti. *Quę uero*

est ista uestra expetibilis . ac preclara potentia? Uuáz ist nû der geuuált

nâh témo ir sô gnôto gân súlent . únde dér iu sô mâre ist? *Non-*

ne consideratis o terrena animalia . qui quibus presidere uideamini? Ne-

uuízent ir érd-tîer . uuîo smáhe ir bírnt . únde dîe . déro ir uuâ-

10   nent uuálten? *Num si uideres inter mures . unum aliquem pre cęteris sibi*

uindicantem . ius ac potentiam . quanto mouereris cachinno? Ínno?

úbe dû únder mû[o]sen . éina sáhîst sih ána zócchôn geuuált . ún-

de máhtigi . ze_uuélemo húhe neuuâre dir dáz? *Quid uero si cor-*

pus spectes . imbecillius homine reperire queas? Uuártêst tû den

15   lîchámen ána . uuáz fíndest tu dánne únmáhtigôren . dánne

ménnisken sînt? *Quos sepe quoque necat . uel morsus muscularum . uel*

introitus reptantium in secreta quęque. Tîe ófto erstérbet . iôh táz

sie flîegâ bîzent . iôh táz éteuuáz in sîe uerslîufet. *Quo uero quis-*

quam possit exercere aliquod ius in quempiam . nisi in solum corpus . et

20   *quod infra corpus est?* Uuár ána mág îoman skéinen sînen ge-

uuált . âne án demo lîchamen . únde dáz temo lîchámen hin-

derôra ist? *Fortunam loquor.* Íh méino sîne sáchâ. *Num quic-*

quam imperabis libero animo? Máht tu îeht ûz erdrêuuen

geuuáltîgemo mûote? *Num mentem coherentem sibi firma ratio-*

25   *ne amouebis a statu proprię quietis?* Uuânest tu dehéin mûot

keuéstenôtez . mít rédo ába stéte eruuékkêst . únde iz prín-

gêst ûzer sînero stilli? *Cum liberum quendam uirum . i . anaxagoram*

philosophum . *tyrannus putaret se adacturum suppliciis . ut pro-*

deret conscios aduersum se factę coniurationis . momordit linguam .

30   *atque abscidit . et in os tyranni seuientis abiecit.* Neuuéist tv

---

6 *dèr   10 .ˑ. *auf dem linken Rand*   muros   14 Uuártêst: a *oben anrad.*
15 *lîchamen   18 *in   19 quempiam?: *Schleife des Fragezeichens rad.*   21 lîchamen?:
Schleife des Fragezeichens rad.   *lîchamen   26 eruuékkêst: *über Akut zweiter*
Strich (Ansatz zu Zkfl.)

10 Nunc B *(Hss)*; Num *(dazu Glosse* nunc) G N   11 potentiam: potestatem B   25 de
statu B   29 ille momordit B; *vgl.* ille // momordit G, S. 59//60

na? Dô éinen geuuáltigen mán sînes mûotes . ter tyrannus uuânda   p6

genôten mit chéli . dáz er imo méldeti . dîe dîa éinunga uuissîn

diu uuider imo getân uuás . táz er béiz imo sélbemo ába dia

zúngûn . únde sia spêh temo tyranno . únder diu óugen? *Ita*

5 *cruciatus . quos putabat tyrannus* **esse** *materiam crudelitatis . uir*

sapiens fecit esse uirtutis. Ze_déro uuîs uuâfenda sîh ter uuîso   F105

mit tiu ze_uuéri . mit tiu der tyrannus uuólta skéinen sîna

grimmi. *Quid autem est . quod quisque possit facere in alium . quod non possit*

ipse sustinere ab alio? Úbe nû der ménnisko máhtîg ist . uuáz

10 mág er nû ándermo getûon . êr nemúge dáz sélba lîden? *Bu-*

siridem accepimus solitum necare hospites . ab hercule hospite

fuisse mactatum. Uuîr geéiscotôn busiridem îo slân sîne géste .

únde ópferôn sînên góten . pe_déro uuîlo téta imo daz sélba

sîn gást hercules. *Plures poenorum captos bello . coniecerat regulvs*

15 *in uincula . sed mox ipse prebuit manus catenis victorum.* Mánige a-   S/St116

fros téta regulus in_háft . únde in bánt . tîe er in uuîge gefîeng .

dára nâh uuárd óuh ér geuángen . únde sámo fásto gebúnden.

Lis orosium. *Putasne igitur ullam eius hominis potentiam . qui non*

possit efficere . ne quod ipse in alio potest . id alter in se ualeat?

20 Uuânest tû dén háben dehéina máht . têr dáz ketûon ne-

mág . imo nemúge begágenen . dáz sélba . dáz er ándermo

tûot. *Ad hec . si ipsis dignitatibus . ac potestatibus inesset aliquid*

naturalis ac proprii boni . numquam pessimis prouenirent. Únde

nóh tára zûo . uuâre îeht natûrliches kûotes . an hêrskéf-

25 te . únde an geuuálte . sô nebechâmîn sie nîo dien zágostên.

Neque enim solent aduersa sibi sociari. Uuánda uuîderuuartigív

nebéitent nîeht zesámine. *Natura respuit . ut contraria*

quęque iungantur. Natura nehénget nîeht . táz siu sîh máre-

uuên. *Ita cum non sit dubium . pessimos plerumque fungi dignitati-*

30 *bus . illud etiam liquet . natura sui non esse bona . quę se patiantur*

---

1 *Tô   12 *slâhen   13 *dáz   16/17 *gefîeng. Tára   25 *zágostên   26 Neque] Ne
*uuîderuuártigîu

5 tyrannus materiam *B;* materiam crudelitatis . subaudiendum esse E_1 26 Neque *B*

pessimis herere. Álso skînet . sîd tie zágôsten ze̱ ámbáhten chó-   p6
ment . táz tîe sáchâ gûot nesînt . tîe dien uuîrsistên múgen   P106
háftên. *Quod quidem dignius potest existimari de cunctis mune-*
ribus fortunę ! quę uberiora perueniunt ad improbissimum quemque.

5 Táz man báldo spréchen mág fóne állemo démo . dáz tiu fortuna gîbet . tés tien uuîrsistên méist zûo slînget. *A contrari-*
is îst tîsiu argumentatio genómen. *De quibus illud etiam conside-*
randum puto . quod nemo dubitat esse fortem . cui conspexerit inesse
fortitudinem. Et cuicumque uelocitas adest . manifestum est esse uelocem.

10 *Sic musica musicos . medicina medicos . rhetorica rhetores fa-*
cit. Fóne dîen dingen îst óuh táz ze̱ chîesenne . dáz man dén   S/St117
uuéiz stárchen . án démo man bechénnet tia stárchi . únde
dén snéllen . an démo man bechénnet tia snélli . únde musica
tûot musicos . medicina medicos . rhetorica rhetores. *Agit*

15 *cuiusque rei natura . quod proprium est.* Állero dîngoliches natura .
uuúrchet táz îro gesláht îst ze̱ uuúrchenne. Tîu argumen-
ta sînt a causa . uuánda qualitates . sô fortitudo îst . únde
uelocitas . dîe sînt causę . dáz chît máchunga . únde uuúr-
cheda dero qualium . sô fortes . únde ueloces sint. *Nec miscetur*

20 *effectibus contrariarum rerum.* Nóh sî nemiskelôt sih nîeht tîen
uuîderuuartigên uuúrchedon . sô ignauia îst fortitudini .
únde tarditas uelocitati. *Et ultro depellit quę aduersa sunt.*
Únde gérno uuéret si sih tîen . dîu îro uuîdere sînt. *Atqui . nec*
opes queunt restinguere . inexpletam auaritiam. Tríuuo . ze

25 déro uuîs . sô fortitudo mánne benimet ignauiam . sô nemúgen nîeht opes mánne benémen sîna míchelûn fréchi.
Nec potestas fecerit sui compotem . quem uitiosę libidines re-
tinent astrictum . insolubilibus catenis. Nóh keuuált netûot
tén sîn sélbes keuuáltîgen . tén sîne scádoháften gelúste

30 bîndent . mît stárchên chétennôn. *Et dignitas collata*   P107

_____

2, 6 *uuîrsestên   7 *tîsiu   18 *tîe   21 *uuîderuuártigên
10 musica quidem musicos *B*   14 agit enim *B*   28 adstrictum *B*

A93

improbis . non modo non efficit dignos . sed prodit potius . et ostentat indi-   p6

gnos. Únde uuírde . díe uuír héizên hêrscáft . úbelên ze‿hán-

den brâhte . nemáchônt sie níeht uuírdige . núbe síe méldent

sie mêr ! uuésen únuuírdige . únde dáz óugent sie. *Cur ita*

5   *prouenit? Ziu* féret táz sô? táz sie gehéizent . zíu negemú-

gen sie dáz? *Gaudetis enim compellare falsis nominibus res aliter*

sese habentes. Táz íst fóne díu . uuánda ír uuéllent tiu díng

ál ánderes némmen . dánne siu getân sîn. *Quę facile redargu-*

untur effectu ipsarum rerum. Tîe míssenémmedâ uuérdent sâr

10 geóffenôt . án déro tâte déro díngo . déro námen sie sínt. *Ita-*   S/St118

que nec illę diuitię . nec illa potentia . nec hęc dignitas . iure

potest appellari. Fóne díu nemág íro nehéin mit réhte sô

héizen . sô man siu héizet . nóh táz ír héizent rîhtûom . nóh

táz ír héizent keuuált . nóh táz ír héizent uuírde. *Postre-*

15 *mo idem licet concludere de tota fortuna . in qua nihil expeten-*

dum . nihil inesse natiuę bonitatis manifestum est. Ze‿demo gnôtes-

ten . uuíle íh táz sélba féstenôn . fóne állero uuérlt-sâldo . án

déro níehtes neíst ze‿gérônne . únde óffeno natûrliches

kûotes níeht neíst. *Quę nec se semper adiunget bonis . et non ef-*

20 *ficit bonos . quibus adiuncta fuerit.* Tíu síh níeht ío ze‿gûo-

tên neínnôt . nóh tîe gûote nemáchôt . ze‿dîen sî síh innôt.

Q U I D   S I T   D I S P U T A T I O .   42

*T*íz súz ketâna getrâhtede . íst philosophorum . náls rhetorvm.

Súz nesól man níeht tíngôn . nóh sprâchôn . núbe uuîssprâ-

25 chôn. Tíu uuîssprâchunga héizet disputatio. Tér námo íst   P108

tánnân chómenêr . dáz philosophi nâh an állên questionibus

zuîuelotôn . álso sie dâr ána tâten . uuáz summum bonum sî . ún-

de súmelîh chád sapientia . súmelîh uirtus . súmelîh uoluptas .

únde fóne díu uuárd ze‿êrest kespróchen disputare . di-

30 uerse putare . álso uuír áber nû chédên disputare . quod in

---

3 *méldênt   4 .ˑ. *auf dem rechten Rand*   19 adiung&: *adiungit   21 *innôt
23 *getrâhtede   *Punkt steht nach* 10 tâte

19 adiungit B

dubio est . cum ratione affirmare . uel negare. Sîd tes sîechen mûot ze erest　　　p6

in dîen geréchen neuuás . dáz sî mit imo máhtî disputare . uuánda îo dispu-

tatio subtilis ist . únde acuta . fóne diu sólta si in mít rhetorica suade-

la . diu delectabilior . únde planior ist . léiten ze dero disputatione .

5　an déro sî nû îo ána ist.　EXEMPLUM SUPERIORIS SENTENTIAE.　　　　　　43 S/St119

Nouimus quantas dederit ruinas . qui quondam urbe flammata .　　　　　　m6

patribusque cesis . interempto fratre . ferus maduit matris effuso cruo-

re. Úns ist uuóla chúnt . uuélên suîd nero téta . tér roma ferbrán-

da . únde daz hêrtûom slûog . sînen brûoder slûog . únde sih tára

10　nâh plûotegôta grimmelicho . mit sînero mûoter férhplûote.

Et pererrans gelidum corpus uisu . non tinxit ora lacrimis. Únde er nîeht

netrânda . dâr er îro erstórchenêten bóteh állen eruuártêta.

Sed censor . i . iudex esse potuit extincti decoris . i . corporis. Núbe

chóstâre uuésen máhta . sînero erslágenôn mûoter lido. Suetonivs

15　ságet . táz er sînero mûoter diccho uergében uuólti . uuánda sî in

sînero sito inchónda. Tô imo dés nespûota . únde sî dára gágene

uuás antidotis premunita . dô hîez er sia gladio sláhen. Târ mite　　　　　P109

uuás in fúre-uuizze állero iro lido . pedíu gîeng er úber sia tôta .

únde ergréifôta sia álla . únde dúrh uuártêta sia álla . únde chád

20　tô . dáz súmeliche iro lide uuârîn uuóla gescáffen . súmeliche

úbelo. *Hic tamen regebat sceptro populos . quos uidet phoebus .*

ueniens ab extremo ortv . condens radios sub undas. Tér uuás ke-

uuáltig . úber álle dîe lìute . dîe diu súnna úberskînet . ôstenân

chómentiu . únde uuéstert in sédel gândiu. *Quos premunt geli-*

25　*di septentriones . quos uiolentus* auster *torret sicco ęstv !* re-

coquens ardentes harenas. Únde úber álle nórdlîute . únde

dîen der héizo súnt-uuînt . hízza tûot . térrendo daz crîez-

lânt. *Num celsa potestas* potuit *tandem uertere rabiem praui*

neronis? Máhta dér hóho geuuált neronem îeht uuénden　　　　　S/St120

30　sînero úbeli? *Heu grauem sortem . quotiens iniquus gladius*

---

2 *táz　máhtî: *mit Punkt übergeschr.*; *máhti　 4 *dîu　 14 *eruuárteta　 14 *chóstare
19 *dûrhuuárteta　 21 phoebus: h *übergeschr.*　 26 harenas ardentes: *durch Zeichen*
umgestellt　 27/28 *crîezlânt

25 quos Notus ... uiolentus *B*; Notus ... uiolentus ... austrum dicit *E₁*　 28 ualuit *B*

additur seuo ueneno. Áh táz árbéit-sámo geuállena lôz . sô-se   m6

suért éitere gespírre uuírt . táz chît . sô úbel uuíht keuuál-

tîg uuírdet. C O N F E S S I O   B O E T I I .   44

T um ego . scis inquam . minimum . i . nihil nobis dominatam fuisse am-   p7

5 *bitionem mortalium rerum.* Tû uuéist uuóla chád íh tô . mír

nîo nehéina uuérlt-kíreda ánalígen. *Sed optauimus materiam*

gerendis rebus . quo ne uirtus tacita consenesceret. Núbe míh lústa

státo . táz ze_getûonne . dâr mîn túged ána skîne . únde sî

úngeuuáhtlicho neerálteti. *Atqui . hoc unum est . quod possit alli-*

10 *cere prestantes quidem natura mentes . sed nondum perfectione uirtu-*

tum perductas ad extremam manum. Tríuuo chád si . uuóla uuéiz

íh . táz íst táz éina dîng . táz tíu búrlichen mûot ferspánen

mág. Púrlichíu chído íh . náls níeht prâhtíu . mít túrnoh-   P110

ti . állero túgedo ze_dero iúngestûn slîhti. Táz íst metoni-

15 mia . dáz er agentem sprîchet . fúre sîna actionem. Táz íst te-

ro uuérh-mánno sito . sô sie íro uuérh fólle-tûont . táz sie

sie ze_iúngest slîhtent. Tîe óuh íro túgede dúrnôhte sínt .

tîe súlen sia slîhten mít íro déumûoti. *Cupido scilicet glo-*

rię. Táz sie gûollichi lústet . táz ferlúcchet sie ze_dien ám-

20 báhten. *Et fama optimorum meritorum in rem publicam.* Únde

dér líument míchelero uuóla-tâto . dáz tîe in urôno skî-

nên. *Quę quam exilis sit . et uacua totius ponderis . sic conside-*   S/St121

ra. Uuîo éccherôde dîu fama sî . únde uuîo únuuâge . dáz

chíus tir sús. QUAM UANA SIT TERRENA GLORIA .   45

25 QUIA TERRA NIHIL EST . IN COMPARATIONE CAELI.

O mnem terrę ambitum . constat optinere rationem puncti . ad

spatium cęli . sicut accepisti astrologicis demonstrationibus.

Tír íst uuóla chúnt chád si . álla dia érda síh kezíhen uuí-

der demo hímele . gágen démo méze éines stúpfes . álso dû

30 límetôst in_astronomia. *Id est . ut nihil prorsus spatii iudi-*

---

7 lústa: a aus t *verb.*   13/14 *túrnôhti   19 sie²] siu   25 CAELI',   30 astronomia.,
Punkt steht nach 5 íh

4 inquam, ipsa minimum *B; 2 Punkte (⁚) unter ipsa (Tilgungszeichen?) G*   9 Et illa:
Atqui *B*

cetur habere . si conferatur ad magnitudinem cęlestis globi. Íh méino . dáz sî   p7

mícheli nîeht nehábet . uuíder déro mícheli des hímeles. Aristoti-

les lêret in_cathegoriis . dáz punctvm sî ána-uáng lineę . únde ûz-

lâz . únde íro partes mít puncto únderskídôt uuérden . únde

5 dóh punctum fóre lúzzeli nehéin déil nesî dero lineę. Uuáz mág

mínneren sîn . dánne daz neuuéder nehábet léngi nóh préiti?

Sî̂d iz an linea déro *terminus* iz íst . nehéinen téil nehábet . sô neíst   P111

iz ôuh nehéin téil dés circuli . dés *medietas* iz íst. Ze_déro sélbûn

uuîs . nehábet ôuh tiu érda nehéina mícheli . uuíder demo híme-

10 le . dés punctum sî íst. *Huius igitur tam exiguę regionis in mundo . quar-*

ta fere portio est . ptolomeo probante . sicut didicisti . quę incolatur a

cognitis nobis animantibus. Téro sélbun érdo álso lúzzelero . uuíder

[der] demo hímele . íst échert ter fîerdo téil besézen . fóne úns

chúndên ménniskôn. Táz sî chît *nobis cognitis .* táz chît si *ex perso-*

15 *na hominum .* úmbe die *antipodas .* uuánda úns tîe únchúnt sínt.

Uuîr uuîzen . dáz tia érda dáz uuázer úmbe gât . únde der fî-   S/St 122

erdo téil náhôr óbenân erbárôt íst . án démo sízzent tie mén-

nisken. Ter hímel lêret únsih . táz iz ter fîerdo téil íst. Álle dîe

astronomiam chúnnen . dîe bechénnent táz ęquinoctialis zona

20 den hímel réhto in_zuéi téilet . únde fóne íro ze_dien ûzerostên

polis îouueder hálb ében fílo íst . íh méino ze_demo septentrio-

nali . únde ze_demo australi. Sô íst tiu érda sînuuelbîu . únde

íst úns únchúnt . úbe si úndenân erbárot sî . óbenân dâr sî

erbárôt íst . târ sízzent tie lîute . ab ęthiopico oceano .

25 usque ad scithicum oceanum. Tîe férrôst sízzent ad austrum . dîe

sízzent in_ęthiopicis insulis . tîen íst tiu súnna óbe hóubete .

sô si gât ûzer ariete in_uerno tempore . únde sô si begínnet kân

in_libram in_autumno. Tîe hára báz sízzent in_litore ęthiopico .

tîen íst si óbe hóubete . sô si gât in_tauro . únde in_uirgine. Tîe

30 ôuh hára báz sízzent in meroe . tîen íst si óbe hóubete . sô si

<hr>

3 *táz   5 *têil   7 linea: *danach* íst *rad.*   18 *únsih   22 *sinuuélbiu   23 *erbárôt
30 si óbe: *dazwischen kleiner senkrechter Strich auf Zeilenhöhe*
11/12 nobis cognitis animantibus *B;* ab animantibus *E₁*

gât in geminis . únde in leone. Tîe óuh hára báz sîzzent . târ

siene îst ciuitas ęgypti . tîen îst si óbe hóubete . in solstitio . sô si

gât in_cancrum. Tánnân gât nórdert humana habitatio . únz

ze_tile insula . dîu férrôst îst in_scithico mari. Tîe dâr sîzzent .

5 tîe sîzzent únder demo septentrionali polo. Dáz skînet tán-

nân . uuánda sô súmeliche cosmografi scrîbent . târ îst átaháfto

tág per sex menses . fóne uernali ęquinoctio . únz ze_autumnali . únde

átaháfto náht per alios sex menses . fóne autumnali ęquinoctio . únz

ze_uernali. Táz keskîhet fóne dîu . uuánda in sint ferbórgenîv

10 únder érdo sex signa omni tempore . pedîu îst în náht . sô diu

súnna in dîen gât . ánderiu sex sint in óbe érdo semper . pedîu îst

in dág . sô diu súnna in dîen_gât. Uuánda septentrionalia sex

signa . in échert ze_óugôn sint . tánnân skînet . táz in der po-

lus septentrionalis óbe hóubete îst . únde in dér állero hôhes-

15 to îst. Táz mág man uuóla séhen . án déro spera . diu in cella

SANCTI GALLI nouiter gemáchôt îst . sub PURCHARDO ABBATE. Sî hábet ál-

lero gentium gestélle . únde fóne dîu . sô man sia sô stéllet . táz ter

polus septentrionalis ûf in_rîhte sîhet . sô sint sex signa zodi-

aci ze_óugôn . septentrionalia . sex australia sint kebórgen.

20 Tánnân uuîzen uuîr uuóla . dâr sie begínnent sízzen fér-

rôst in_austro . únz tára târ sie férrôst sîzzent in_septen-

trione . úbe iz maria . únde paludes neúndernâmîn . dáz iz

uuóla uuésen máhti . quarta pars terrae. *Si subtraxeris cogi-*

tatione . huic quartę parti . quantum premunt maria palu-

25 *desque . quantumque distenditur regio uasta . i . deserta siti . i . aridi-*

tate . uix relinquetur hominibus angustissima area inhabitan-

di. Ténchest tu dánne . uuîo filo uuázer . únde fénne . únde

éinote skértent tés sélben fîerden téiles . sô îst tes ánderes

échert éin énge hóue-stát . tero ménniskôn. *In hoc igitur mi-*

30 *nimo puncti . quodam puncto circumsepti . atque conclusi . cogi-*

---

3 cancrum: r aus u rad. und verb.   4 scithico: it aus h verb.   4/5 .`. auf dem
rechten Rand   5 *Tấz   12 *tág   14 *der   14/15 *hôhesto   18 *rîhti   21 târ:
*dâr   21/22 und 23 waagerechter Strich auf dem rechten Rand   28 *éinôte
24 Huic quartae B; vgl. Huic quartae . s . portionis E₁

tatis de peruulganda fama . de proferendo nomine? Kedénchent ir nû

in sô smáles téiles . smálemo téile beslôzene únde behálbôte . iuueren

líument únde iuueren námen ze bréitenne? *Aut quid habeat amplum .*

magnificumque . artata gloria . tam angustis . et exiguis limitibus? Álde

5   uuáz mág tíu gûollichi geuuáltiges . únde máhtiges háben . díu

mít sô gnôtên márchôn beduúngen íst? *Adde.* Dénche dés tára

zûo. *Quod hoc ipsum septum breuis habitaculi . plures nationes inco-*

lunt . distantes lingua . moribus . ratione totius uitę. Dáz in démo

sélben smálen ána-sidele . mânige díete bûent . úngeliche éin-

10 ánderên . in sprâcho . únde in siten . únde in álles iro líbes sképp-

fedo. *Ad quas non modo queat peruenire fama singulorum hominum .*

sed ne urbium quidem . tum difficultate itinerum . tum diuersitate lo-

quendi . tum insolentia commercii. Ze díen nóh súmelichero búrgo

líument chómen nemág . mêr áber súmelichero ménniskôn .

15 súm fóne inblándeni dero férto . súm fóne únchúndero sprâ-

cho . súm fóne úngeuuónehéite chóufes . únde állero uuánde-

lúngo. *Aetate denique marci tullii . sicut ipse significat quodam*

loco . nondum transcenderat fama romanę rei publicę caucasum

montem. Cicero ságet . táz nóh sâr dô be sînen zîten . der rûmi-

20 sko geuuált chúnt uuórten neuuâre . énnônt caucaso mon-

te. *Et erat tunc adulta . parthis etiam . et cęteris id locorum gen-*

tibus formidolosa. Únde uuás tôh tô sô geuuáhsen . dáz ín ióh

parthi . únde ándere díete dâr in déro slíhti entsâzen. *Uides-*

ne igitur quam sit angusta . quam compressa gloria . quam dilatare ac pro-

25 *pagare laboratis?* Nesíhest tu nû na . uuío énge . únde uuío

gnôte díu gûollichi sî . dí_a ir bréiten . únde férro geflán-

zôn uuéllent? *An progredietur gloria romani hominis . ubi ne-*

quit transire fama romani nominis? Sól dára chómen de-

héines rûmiskes mánnes keuuáht . târ sélbero romo ne-

30 héin geuuáht neíst? Táz íst *argumentum a toto ad partem.*

---

6 Adde. Dénche] Álde dénche ; *Tênche   7 *kleiner waagerechter Strich auf dem*
linken Rand   8 *Táz   9 *mánige   17 marci] martii   23 entsâzen: ên aus în
verb., Zkfl. stehengeblieben; *intsâzen

3 ut quid B *(Hss); Utquid, großes a vorne angefügt N; ut, darüber Glosse* uel aut *G*
17 M. Tullii B; Marci Tullii E₁; *über* .m. *Glosse* marcii (= *Randglosse N), aber* i[1]
rad., arc anrad. G   21 etiam ceterisque B

Quid quod discordant inter se mores . atque instituta diuersarum gentium? Uuáz chîst   p7

tu dés . táz mísselichero líuto síte . únde êa míssehéllent . éin-ánderên? Ne-

mág íuuih óuh táz írren na? *Ut quod apud alios laude . apud alios suppli-*

cio dignum iudicetur? Sô hárto . dáz éinên lôbesám dunchet . dáz ánderên

5 dáz túnche bûoz-uuírdig . únde ingéltedo uuírdîg? *Quo fit.* Tánnân

geskíhet îo. *Ut si quem delectat predicatio famẹ . huic nullo modo conducat .*

i . *contingat . proferre nomen in plurimos populos.* Dáz témo nîeht nege-

spûe sînen námen únder mánigen líuten ze_gebréitenne . dén dero   S/St125

líument-háftigi lústet. *Erit igitur quisque contentus peruulgata gloria inter*

10 *suos.* Sô mûoz îo mánnolîh keuágo sîn déro gûollichi . dîa er únder

dien sînên háben mág. *Et preclara illa inmortalitas fame coartabi-*

tur intra terminos unius gentis. Únde díu hárto héuiga líumendigi . sámo

so êuuígíu . díu uuírt peduúngen inléndes. *Sed quam multos uiros*

suis temporibus clarissimos deleuit . inops obliuio scriptorum? Uuîo má-

15 negero námen . dîe in íro zîten mâre uuâren . nesînt fóre únge-

húhte dero scriptorum fertîligôt? *Quamquam quid ipsa scripta proficiant .*

quẹ cum suis auctoribus premit longior . atque obscura uetustas? Tôh íh uuí-

zen nemúge . so uuîo íh iz chôsoe . uuáz sélben die scrífte dára zûo

uerfáhên . tîe mít scrîbôn mitállo diu álti genímet.

20 QUOD NULLA SIT TEMPORIS AD ẸTERNITATEM COMPARATIO.   46 P115

V̌os autem uidemini propagare uobis inmortalitatem . cum cogitatis fa-

mam futuri temporis. Ír súlent tánne guuínnen . sámoso úndô-

digi dúnchet íu . sô ir íuuih ketûont îomer geuuáhtliche. *Quod si per-*

tractes ad infinita spatia ẹternitatis . quid habes quod lẹteris de diuturni-

25 *tate nominis tui?* Kedénest tu dáz . únde gebíutest tu dáz . íh méino

propagatam famam futuri temporis . ze_déro uuîti dero êuuighéite . uuâr

ist tánne díu lánguuírigi dînes námen . déro dû díh freuuest? *Si e-*

nim conferatur mora . unius momenti . decem milibus annis . quamuis minimam .

tamen aliquam habet portionem . quoniam diffinitum est utrumque spatium. Úbe éin S/St126

30 stúnda gebóten uuírt . ze_zên dûsent iâren . sô hábet sî án in ételichen

---

4 *dúnchet . táz   7 *Táz   9 líument: m aus t oder o verb.   11 *famẹ   14 inops: p
aus b verb.   14/15 *mánigero   27 *frêuuest   29 großes e auf dem linken Rand eingeritzt   proportionem   Punkt fehlt 6³

9 peruagata B; vgl. *Glosse dazu* diuulgata G N E₁   11 famae B   21 Vos uero B; uero
auf Ras. G   27/28 enim: etenim B   28 quamuis minimam: minimam licet B   portionem B

téil . dóh er lúzzelêr sî / uuánda îo-uuéderiu mícheli guismezôt . ún-   p7

de gnôt-mézôt îst. *At hic ipse numerus annorum . eiusque quamlibet multi-*

plex . ne comparari quidem potest ad interminabilem diuturnitatem. Áber zên

dûsent iâro . únde ófto sámo filo . nehábent sâr nehéina uuídermezun-

5   ga . ze déro lángséimi . díu énde nehábet. *Poterit etenim esse finitis que-*

dam ad inuicem collatio . infiniti uero atque finiti . nulla umquam. Tíu ételih én-

de hábent . tíu múgen éteuuio gemézen uuérden ze éin-ánderên .

síu nehábent áber nehéina mâza ze díen . díu âne énde sint. *Ita fit*

ut si fama quamlibet prolixi temporis cogitetur cum inexhausta eternitate . non

10 *parua esse uideatur . sed plane nulla.* Tánnân îst táz . úbe lángêr líument

kemézen uuírt gágen êuuighéite . uuíder íro nîeht lúzzelêr nesî .

súnder nehéinêr. *Uos autem recte facere nescitis . nisi ad populares auras .*   P116

et inanes rumores. Ír neuuéllent áber nîeht réhto fáren . âne úmbe

líuto lób . únde úmbe úppigen líument. *Et relicta prestantia conscientie .*

15 *uirtutisque . postulatis premia de alienis sermunculis.* Únde nehéina

uuára tûondo déro stíuri déro geuuízzedo . álde déro túgede .

uuéllent ír déro uuórto dáng hában . tíu fóne ánderên châmen.

Tér nesíhet nîeht sînero geuuízedo . dér síh ánazócchôt fóne ímo

sélbemo . dáz fúnden hában . dáz ánderêr fánt . únde síh tûomet

20 mít tíu. Dér féret mít lótere . náls mít túgede. *Accipe quam festi-*

ue aliquis inluserit in leuitate huiusmodi arrogantie. Kehôre

uuîo gámmensámo éinêr des ánderes húhota / dér álso ferrûomet   S/St127

únde álso lîehte uuás. *Cum quidam adortus esset contumeliis hominem . qui*

induerat sibi falsum nomen philosophi . non ad usum uere uirtutis . sed ad su-

25 *perbam gloriam.* Suspensio uocis. *Adiecissetque iam se sciturum anne ille*

esset philosophus . si quidem leniter patienterque tolerasset inlatas iniu-

rias. Et hic. *Ille patientiam paulisper assumpsit . et accepta contumelia .*

uelut insultans inquit. Iam tandem intellegis me esse philosophvm?

Depositio. Sô éteuuenne gescáh . táz tén dér síh ôuh álso ána zóc-

30 chôta . úmbe lóter . náls úmbe uuára túged . táz er philosophus

---

1 téil .: *Punkt sehr dünn*   *guismêzôt   3 *großes e auf dem linken Rand eingeritzt*
comparari: a² *aus* i *verb., ri von anderer Hand übergeschr.*   diuturnitatem: ta¹
halb rad.   4/5 *uuidermêzunga   6 *ad se   *ételîh   7 *éteuuîo   gemézen: en *auf*
Ras. von ôt *(?), früherer Zkfl. noch erkennbar*   10 uideatur: atur *auf Fleck*
16 dêro²,³: *dero   geuuizzedo: e² *aus o rad. und verb.;*   *geuuizedo   22 *húhôta
28 *großes e auf dem linken Rand eingeritzt*   insultans: *über* u *Punkt*   29 *éteuuênne

5/6 Etenim finitis ... fuerit quaedam, infiniti ... nulla umquam poterit esse collatio *B*
6 ad se inuicem *B*   13 inanesque rumores *B*   23 Nam cum quidam *B*   25 an ille *B*
27 acceptaque contumelia

A101

uuâre . éin ánderêr mit úbele grûozta . sîn chórondo . tér sih   p7

táz chád uuóla besûochen . úbe er sô uuâre . mit tíu . úbe er

uuidermûotis kedúltig uuâre. Tô trûog ér iz éteuuaz kedúlti-

go . únde spráh áber sâr nâh . sámo so ín ze_spótte hábendo .

5 án stéte bechénnest tu míh îo dóh philosophum. *Tum ille nimi-*

um mordaciter . intellexeram inquit si tacuisses. Sô er dáz ke-   P117

sprách . tô ántuuúrta er ímo. Iâ gót chád ér filo gebîze-

no . sô bechándi . úbe du suîgetîst.   /⁻SPERNERE.

QUI CLARI SUNT UIRTUTE . MERITO ILLOS FAMAM   47

10 *Quid autem est quod attineat ad precipuos uiros . de his enim sermo*

est . qui uirtute petunt gloriam . quid inquam est . quod de fama

attineat ad hos . post resolutum corpus suprema morte? Áber uuáz

háftêt ze_dîen mâristên mánnen . ih méino dîe . dîe mit tú-

gede sih uuéllen fúre némen . náls mit lóttere . uuáz háf-

15 têt ze_ín . uuáz tóug ín dehéin líument . nâh temo tôde?

Nam si moriuntur toti homines . quod uetant credi nostrę rationes .   S/St128

nulla est omnino gloria . cum is non exstet omnino . cuius ea dicitur

esse? Irstîrbet ter ménnisko mitállo . in_selo . únde in_lîchá-

men . táz mîne rationes ferságent . uuár îst tánne sîn

20 gûollichi . sô er sélbo neîst? Sámo so sî châde . uuár îst táz ac-

cidens . sô diu substantia neîst? Táz îst argumentum a coniunctis .

coniunguntur enim substantia et accidens. *Sin uero mens bene sibi*

conscia . resoluta terreno carcere . libera petit cęlum . nonne sper-

nat omne negotium terrenum . quę cęlo fruens . gaudet se exemptam

25 *terrenis?* Úbe áber sichurîu sêla . ûzer démo chárchare des

lîchamen . ferlâzenîu ze_hímele féret . uuáz sól íro dánne

daz irdiska díng . sîd si in_hímele méndet . táz si fóne érdo

erlôset îst? Uuáz sól íro der irdisko líument? Táz îst

argumentum a dissimili. Dissimilia sunt . gaudium et carcer .

30 cęlum et terra.   NIHIL ESSE FAMAM . QUAMUIS DILATA-   48 P118

---

1 uuâre] neuuâre   *chórôndo   3 *uuidermûotes   iz *übergeschr.*   éeuuaz: *éteuuáz
6 dáz: z auf Ras.   7 ántuuúrta: a¹ aus o verb.   8 suîgetîst',   13 *mârestên
14 *lôtere   18 *sêlo   18/19 *lîchamen   20 *êr   24 und 25 großes e auf dem
linken Rand eingeritzt   25 sêlda: Zkfl. über Akut übergeschr., Akut und d stehengeblieben   26 lîchamen: 1 oben anrad.   *Punkt steht nach* 24 negotium 26 himele

TAM . QUAMJIS DIURNAM.

Quicumque precipiti mente petit solam gloriam . et summam credit . cernat   m7

late patentes plagas ętheris . artumque terrarum situm. Tér nâh te-

ro gûollichi strîtigo féhte . únde si imo dúnche dîngo héuigôsta .

5   tér séhe ûf án dîa uuîti des hímeles . únde níder án dîa smá-

li dero érdo. *Pudebit aucti nominis . non ualentis replere breuem*

ambitum. Tánne mîdet er sîh sînes liumendigen námen . nóh sâr

ze_énde dero smálun érdo geréichôntes . dîu éin stúpf ist   S/St129

uuîder demo hímele. *O . quid frustra superbi gestiunt leuare*

10 *colla mortali iugo?* Uuáz lêuues ist tien úbermûotên ge-

dâht . zîu béitent sie sîh in_geméitûn iro hálsa irlôsen . ûzer

des tôdes iôche? *Licet diffusa fama means per remotos popu-*

los . explicet linguas . s . aliarum gentium. Et licet magna domus fvl-

geat claris titulis . mors spernit altam gloriam. Tóh ter liumeNT

15 uuállôndo sîh kebréite . hína únder férre liute . únde óuh

ándere sprâchâ erfúlle. Únde dóh in demo hûs skînên mani-

ge fánen féhtendo guúnnene . tîe den mán mâren dûont .

téro gûollichi állero nesîhet îo der tôd nîeht. *Inuoluit pa-*

19a *riter . humilem et celsum caput.* Ér nîmet ten máhtigen . sámo so

19b   den smáhen. *Aequatque summis infima.* Únde er

20 brínget taz ôberôsta . inében demo niderôsten. *Ubi nunc ma-*

nent ossa fidelis fabricii? Uuâr ist sâr nû dáz kráb . des ketrٳ-

en fabricii? Uuér uuéiz . uuâr iz sî? Tîz ist tér dîen bótôn

ántuuúrta dero samnitvm . dô sie iro gólt púten . únde sîh mit

tiu lôsen uuóltôn. Ér chád romanos aurum non habere uelle .

25 sed aurum habentibus imperare. *Quid brutus aut rigidus cato?*

Uuâr ist nû brutus . álde dér éinrihtigo cato? Brutus kuuán   P119

dia libertatem . populo romano . álso dâr fóre stât. Rigidus

cato uuás sáment pompeio in defensione libertatis . uuîder   S/St130

iulio cęsare. Únde dô iulius sigo genám . únde pompeius flî-

30 henter . in egypto erslágen uuárd . tô léita cato fóne

---

3 petentes   8 *smálûn   *fiu   11 *waagerechter Strich auf dem linken Rand*   sie:
i *unterstr.*   16/17 *mánige   17 *tûont   19 Ér *bis* smáhen. *mit Einfügungszeichen*
auf ɑem oberen Rand nachgetr.   21/22 *ketriuuen   26 *éinrihtigo   *kuán   Punkt
steht nach 8 érdo

2 summumque B (Hss); summamque, über a Glosse uel v [= u] N; summumque, über u²
Glosse uel a G   3 patentes B

egypto daz hére . îo cǫsare nâhfárentemo . állen dén fréisigen uuég .   m7

tér dánnân gât ze_utica ciuitate. Târ erslûog sih sélben cato .

dáz in cǫsar negefîenge . dánnân héizet er uticensis. *Signat super-*

stes fama tenuis . pauculis literis inane nomen. Tér chûmo ze_léibo

5 uuórteno liument . zéichenet íro námen échert . mít únmani-

gên bûohstáben. *Sed quod nouimus decora uocabula . num datur scire*

consumptos? Ínno . dúrh táz uuír die námen uuízen . múgen uuír

dánnân síe sélben íu zegángene uuízen? *Iacetis ergo prorsus*

ignorabiles . nec fama notos efficit. Ír ligent créhto sô . dáz

10 íuuih nîoman neuuéiz. Nóh ter liument negetûot íuuih chún-

de. Íuuih nebechénnet nîoman . dóh ir nóh sint liumendîg.

Quodsi putatis longius uitam trahi . aura mortalis nominis . cum se-

ra dies etiam hoc uobis rapiet . iam uos manet secunda mors.

Uuânent ir óuh íuueren lîb kelénget uuérden fóne des ná-

15 men uuírigi . uuáz tánne? Sô íu der iúngesto tág tero

uuérlte . óuh tén genímet . tára nâh liget íu ána der êuuî-

go tôd.   ITEM STILUM CONUERTI A DISPUTANDO AD   49

*N*û eruuíndet si áber fóne fortuitis rebvs .   ⌐SUADENDUM.

ze_sélbero dero fortuna. Ál dáz si fóne dîen rebus ságet .   P120

20 dîe fortuna gelâzet . sô opes sint . únde dignitates . únde

potentiǫ . uuîo múrgfâre dîe sîn . únde uuîo sie dúrh táz   S/St131

fersihtîg sîn . dáz ist ál disputatio. Táz sô getâna getrâh-

tede . triffet állez ad compositionem morum . et ad correctionem

uitǫ . án démo parte philosophiǫ . sô óuh târ fóre geságet ist .

25 táz ǫthica héizet. Uuîolih áber sélbiv fortuna sî . álso sî nû

ságen uuíle . únde óuh târ fóre ságeta . táz ist ciuile . únde

triffet ad rhetoricam suadelam . in_démo genere causǫ . dáz de-

monstratiuum héizet. Tô sî sîa dés ferspráh . tés sî bemâlôt

uuás fóne boetio . díu defensio uuás iuditialis . náls demon-

30 stratiua. Álso man dâr in_iuditiali séhen sólta . ǫquitatis ún-

---

4 tenues *(e² vielleicht zu i verb.)*   5/6 *únmánigên   10 *großes e auf dem rechten*
Rand eingeritzt   íuuih: h aus Ansatz von h-*förmigem z verb.*   14 *uuérden .
20 *tîe   22 *getrâhtede   25 *Uuîolîh

4 tenuis *B*

de iniquitatis . sô sól man áber nû hîer in demonstratiuo sé-   m7

hen . laudis únde uituperationis. Tánne dîu controuersia gât .

án dehéine guisse personas . tánne íst si ciuilis . án dîa tûot síh

rhetorica . dîa gesézzet si in énde . suadendo . únde dissuaden-

5 do. Dánne sî áber íst de rebus . dánne íst sî philosophica . dánne

sól man óuh philosophice sîa in énde gesézzen. Tén únderské-

it lêret únsih cicero . íh méino uuîo uuîr bechénnen súlîn . uué-

lez ciuiles questiones sîn . álde philosophice . mít tisên diffi-

nitionibus. Ipothesis est controuersia in dicendo posita . cum certarvm

10 personarvm interpositione. Thesis autem est controuersia in dicendo posi-

ta . sine certarvm personarvm interpositione. Ipothesis chît subpo-

situm . thesis chît propositum. Sô man dîngoe . sô man in râte sízze .

sô man in chúre sízze . dáz kât îo subpositas personas ána . i .

certas. Sô man áber getrâhtede tûot de moribus . et de institv-

15 tione uite . álde óuh de occultis rerum naturis . dáz íst de propo-   P121

sitis . dáz íst longe ab oculis positis. Táz negât tie personas nî-

eht ána . dîe oculis múgen uuérden subposite. Fóne dîu

uuizîst . ál dáz sî nû spréchen uuîle in laude álde in uitupe-

ratione fortune . uuánda sî certa persona íst . et quasi dea .

20 táz si dáz rhetorice tûon sól. Suadendo únde disputando   S/St132

mág man den mán állero dîngoliches errîhten . pedîu íst phi-

losophia hértôn in béidên . pedîu chît lucas in actibus apostolo-

rum . fóne paulo . disputans et suadens de regno dei. Er uuás dispv-

tans . sô ér is álles káb rationem dés er lêrta . únde áber dánne

25 suadens . sô er ságeta . uuîo gûot . uuîo réht . uuîo sâliglîh táz

uuâre ze tûonne . dáz er lêrta.   /⁻RA FORTUNA.

QUANTUM MELIOR SIT ADUERSA QUAM PROSPE-   50

S ed ne me putes gerere inexorabile bellum contra fortunam .   p8

est aliquando cum fallax . illa nihil . bene mereatur de hominibus.

30 Táz tu dóh neuuânêst táz íh trîben uuélle . sámo so geéinôten

---

5 *Tánne   *tánne   12 thesis: h übergeschr.   15, 16 *táz   16 *tîe

uuîg sáment fortuna . sî lúkka . sî îst ióh uuîlôn gûot mánne .   p8

íh méino sô si lúkke neîst. *Tum scilicet . cum se aperit . cum frontem de-*

tegit . et profitetur mores. Tánne îst si gûot . sô si síh óuget . sô si íro

ánasiune erbárôt . únde îro site nîeht nehílet. *Nondum forte*

5   *intellegis quid loquar.* Tû neuuéist nóh mág keskéhen . uuáz íh

ságen uuíle. *Mirum est quod gestio dicere . eoque uix queo uerbis . expli-*

care sententiam. Íz îst uuúnderlîh tés mîh lángêt ze_ságenne . pe

díu nemág íh iz óuh nîeht spûotigo geságen. *Etenim plus reor*

prodesse hominibus aduersam quam prosperam fortunam. Íh áhtôn gréh-   P122

10 to únsâlda uuîlôn bézerûn uuésen . dien ménniskôn . dán-

ne sâlda. *Illa enim cum uidetur blanda . semper mentitur speti̧e felicitatis.*

Sô diu prospera síh tríutet mít íro mánmentsami . únde sî mán-

ne gûot túnchet . sô tríuget si în mít téro gelîchi dero sâl-   S/St133

dôn. *Hȩc semper uera est . cum se instabilem mutatione demonstrat.* Tíu

15 aduersa îst áber geuuâre . sô si síh uuéhselôndo óuget . uuîo ún-

stâte sî îst. *Illa fallit . hȩc instruit.* Éniu tríuget ten mán . di-

síu uuárnôt in *!* únde lêret ín. *Illa ligat mentes fruentium . mendaci*

specie bonorum . hȩc absoluit cognitione fragilis felicitatis. Éniv

behéftet téro mûot . tîe sîa núzzônt . mít kûotlichi . tisíu

20 enthéftet sie *!* mít téro guissûn bechénnedo . múrgfâres

kûotes. *Itaque illam uideas uentosam . fluentem . suique semper ignaram .*

hanc sobriam . succinctamque . et prudentem exercitatione ipsi-

us aduersitatis. Tû máht éna séhen síh úberhéuenda . úmbe-

duúngena . síh nebechénnenta . tîsa áber mézîga . beduúnge-

25 na . únde gefrûotta . fóne déro émezîgi dero árbéito. *Postre-*

mo felix a uero bono deuios blanditiis trahit . aduersa plerum-

que ad uera bona reduces unco retrahit. Tánne zelézest

ketûot tiu sâliga mít íro mánment-sámi die ménnisken

âuuékkôn fóne demo uuâren gûote . tiu inblándena ríhtet

30 sie áber ze_uuége . únde ze_demo uuâren gûote . sámo so mít

---

9 aduersam: *danach Art hochgestellter Punkt und Ras.*   11 *specie   12 *mámmentsámi

14 ∴ *auf dem rechten Rand*   16, 18 *Éniu   17 *in   20 *inthéftet   23 *úberhéuenta

23/24 *úmbeduúngena   28 *mámmentsámi

3 moresque profitetur *B*

A106

chrâphen sie uuîdere zîhendo. *An hoc putas estimandum . inter mini-*   p8

ma . quod hęc aspera . hęc horribilis fortuna . detexit tibi mentes fidelium

amicorum? Âhtôst tu dáz fûre lúzzel . dáz tir diu sárfa . únde diu

grîsenlicha fortuna dîne nôt-friunt kezéigôt hábet . tîe dir fô-

5 ne réhtên triuuôn hólt sint? *Hęc tibi secreuit . certos et ambigu-*

os uultus sodalium. Sî hábet tir geskîdôt kuissero únde únguisse-   P123

ro friundo vultus / táz chît . uuîo éne . iôh tise getân sîn. *Discedens .*

suos abstulit . tuos reliquit. Rûmendo nám si ze_sîh . tie iro .

tie dîne lîez si dir. *Quanti hoc emisses . integer et fortunatus ut*   S/St134

10 *tibi uidebaris?* Uuîo tiure neuuâre dir dáz . dô du in_gréchen

uuâre . únde sâlîg . sô dir dûohta? Desine *amissas opes querere . quod preti-*

osissimum genus est diuitiarum . amicos inuenisti. Fertrôste dih ánderes

kûotes . ferlôrnes . dû hábest fúnden dîne friunt . tîe der tiu-

resto scáz sint.   D E   O F F I C I O   O R A T O R I S .   51

15 *H*îer mâht tu gehôren . uuîo man sól suadere. Ze_démo úns

léido ist . únde dén uuir fône diu skîhên . álso álle die liute tûoNT .

aduersam fortunam . ze_démo mág man únsih lúcchen . úbe man

úns sô mánige túgede beginnet fône imo ságen . únde sô máni-

giu lîeb kehéizen . sô nû philosophia tûot . fône déro sélbûn aduer-

20 sa fortuna. Sî liubet úns sia ze_zuéin uuîson . iôh sîa lôbondo . iôh prospe-

ram skéltendo. Uuér mâhti aduersę fortunę gûotes ketrûên?

Sélbêr dér námo dero aduersitatis . tér léidet sia. Tára gágene trîv-

tet sih áber dér námo prosperitatis . tér fône démo nâh kânden

uuinde sô gespróchen ist . táz chît a porro spirando. Sîd áber

25 nû mit prospera nîeht stâtes neist . sô sî sia zihet . nôh nîeht kuisses .

únde sî die liute zôhet . únde iro mûotes pehéftet . únde sî filo

gûotlicho tûondo . sih lîchesôt táz uuésen . dáz si neist . únde

sô man állero uuillôn ze_iro uuânet . táz si dánne álles kâhes

sih uuéhselôndo . dén mân erstúzzet . uuémo sól si dánne gûot   F124

30 túnchen? Úbe áber aduersa uirtutis magistra ist . únde sî

---

1 *chrâpfen   4 hábet?: *Schleife des Fragezeichens rad.*   10 *tô   *geréchen   13 *tû
20 *uuîsôn   *lôbôndo   21 Uuér: U *nicht eingetr., aber auf dem Rand vorgezeichnet*
22 *léidêt   23 nâh: Zkfl. aus Akut verb.   *Punkt steht nach 2* fidelium

5/6 certos ... uultus ambiguosque *B*   11 Nunc amissas opes *B (Hss);* Nunc *&* (Nunc *durch
Unterstreichung getilgt, & durchgestr.), Randglosse aliter* Desine *G*

ze_góte léitet . únde perfectos máchôt . únde celo dignos . álso sî sia   p8

gelóbot hábet . nesól úns tánne mit réhte tiu gûot túnchen

na? Uuáz mág stárcheren sîn ad persuadendum . dánne daz lób   S/St135

ist? Rhetorica chît . táz offitium oratoris sî . apposite dicere . ad

5 persuadendum . táz chît spénstîgo chôsôn. Neist tiz spénstîgo gechô-

sôt na? Uuér chán dáz sô uuóla sô philosophia? Pedíu súlen

uuîr iro glóuben . dáz aduersa fortuna bézera sî . dánne

prospera. DE AMORE QUI AMICITIAS FIRMAT . ET OMNIA   52

*Q*uod mundus stabili fide uariat concor-   ⌐LIGAT.   m8

10 *des uices.* Suspensio. Táz tiu uuérlt kemísselichôt mit

féstên tríuuôn dîe gehéllen hérta quatuor temporum. Súmer

únde uuínter . lénzo únde hérbest . sint fóne díu mísselîh . uuán-

da iro nehéin ándermo gelîh neist. Únde sint tóh kelîh . uuán-

da iro nehéin daz ánder irret. *Quod pugnantia semina te-*

15 *nent perpetuum foedus.* Et hic. Táz tiu míssehéllen quatuor ele-

menta . díu állero corporum . sámo sint . êuuiga gezúmft hábent.

Sîu sint uuíderuuártîg . únde sint tóh sáment in_állen cor-

poribus. *Quod phoebus currv aureo prouehit roseum diem.* Et hic. Táz

tiu súnna ûfen scônero réito rîtendiv den dág récchet. *Ut*

20 *phoebe imperet noctibus . quas duxerat hesperus.* Et hic. Táz

áber sîn suéster luna uuálte déro náht . tîa der âbent-stér-

no récchet. *Ut auidum mare . s . ad egrediendum . coerceat fluctus*   P125 S/St136

certo fine ! ne uagis . s . fluctibus liceat tendere latos terminos in ter-

ris. Táz ôuh ter mére . dér gérno ûzkîenge . eruuénde ze

25 guíssero márcho . sîne únstâten uuéllâ . nóh ín . ih méino dîen

sélben uuéllôn . nehénge férrôr stádôn ûz . án daz lánt.

Hanc seriem rerum rerum ligat amor . regens terras . ac pelagus . et im-

peritans celo. Depositio. Súslicha ordinem dero dîngo . féste-

nôt tiu mínna . díu dia érda . únde den mére rihtendo .

30 duuínget . únde in_hímele uuáltesôt. Uuélíu ist tíu? Táz

---

2 *gelôbôt   *díu   7 *gelóuben   11 *hértâ   19 *rîtentiu   *tág   20 phoebe: h
übergeschr.   *duxerit   24 *Et hic. Táz   28 *ôrdena

20 duxerit B   23/24 terris ... terminos B; über terris Glosse s. in übergeschr. N

ist sélbêr gót. *Hic si remiserit frena . quicquid nunc amat inuicem . geret*   m8

bellum continuo. Intlâzet sî den zûol . so uuáz nû geminne ist . táz pe-

gînnet sâr féhten. *Et machinam quam nunc socia fide incitant pul-*

chris motibus . certent soluere. Únde dîz uuérltlicha gerúste . dáz

5 siu nû geméin-mûoto tûont háben scôno sîna fárt . dáz îlent siu ze-

bréchen. *Hic continet quoque populos . iunctos sancto foedere.* Tîu sélba mín-

na hábet óuh tie ménnisken zesámine . mít héilîgero gezúmf-

te. *Hic nectit et sacrvm coniugii . castis amoribus.* Sî féstenôt óuh

ten êohâften gehîleih . mít réinên mínnôn. *Hic dictat etiam*

10 *fidis sodalibus sua iura.* Iôh tîen geséllôn . dîe réhte geminne

sînt . scáffôt si êa. *O felix genus hominum . si amor quo cęlum regitur .*

regat uestros animos. Uuóla gréhto dû ménniskîna sláhta . uuîo

sâlig tû bíst . úbe dîn mûot ríhtet . tiu mínna . diu den hímel

ríhtet.   E X P L I C I T   L I B E R   S E C U N D U S   B O E T I I .

15

20

25

30 I N C I P I T   L I B E R   T E R T I U S .   F126 S/St137

---

5 *táz

Apparate von Seite 39

3 *nû   6a-c Nam *bis* ánder *mit Einfügungszeichen von anderer Hand auf dem
unteren Rand nachgetr.*   6a Nam *bis* er *von* ergēzen *auf Ras.*   confunderis *!*
habēst: *unter* e *roter Punkt;* *hábest   6b *tâz   6c *dîh   *ĕlelĕnden
*berôubôten   dînis *auf Ras.;* *dînes   *tâz   7 ignoras: *davor* po *rad.,*
a *aus* e *rad. und verb.*   12 tâz: *taz   trítta *mit Einfügungszeichen von
derselben Hand wie oben 6a-c auf dem rechten Rand nachgetr.*   13 *kleiner
roter Strich auf dem rechten Rand*   fîerda *auf Ras., Zkfl. von anderer Hand*
15 fîm fta *auf Ras., nach* m *ein* r *oder* f *rad.*   *tîe   16 sĕhsta *auf Ras. von*
fîmfta   19 tînes: n *aus* u *(?) verb.*   20 nehábet., 23 *gnîste   26 *uuîshéite
27 *trôst   28/29 *uernûme/ste   *Punkt fehlt* 6c^2 6c^3

9 Nam quoniam *B;* Quoniam uero *G*   27 scintillula *B*

Apparate von Seite 67

Ein ca. 2 cm breiter Streifen von Z. 1 stĕ(rnen) *bis Z. 22* Tâz *wurde abgerieben und die Schrift später - teilweise unrichtig - wiederhergestellt.*
1 tîen skîmôn: tien skimo *auf Ras.*   5 *uuârmi   6 hêiz: *Akut sehr dünn*
7 uuint: u^2 *auf Ras.*   *dien   10 *mêre   11 *tuárôt   12a-b Crede *bis*
fugacibus . *mit Einfügungszeichen auf dem oberen Rand links von anderer
Hand nachgetr.*   12b crede *auf Ras. von* Crede   13 *Ûbe   14a *sîh
14a-b So *bis* mĕnniscon . *mit Einfügungszeichen auf dem oberen Rand rechts
und auf dem rechten Rand senkrecht nach unten von derselben Hand wie oben
12a-b nachgetr.*   14a *Sô   *dîh   *mûrgfârĕn   14b *sâldôn   *ûnstâtemo
*mĕnniskôn   15 : *auf dem rechten Rand*   17 Cum   Tô antuuûrta: Tô ant *von
anderer Hand auf Ras.;* *ántuuûrta   19 âllero tûgede: *von anderer Hand auf
Ras.*   20 prosperitatis meę: itatis meę *von anderer Hand auf Ras.*   21 spûotigûn
ferte: un fer *von anderer Hand auf Ras., ursprünglich.Zkfl. noch sichtbar;*
*fĕrte   26 *man   sâligen: *langes* s *aus* u *verb., erster Strich stehengeblieben*

12 Constat aeterna positumque lege est *B*   17 Tum *B*   27 luas *B (Hss);*
luis (i *aus* a *rad.) N;*   luas, *darüber Glosse* uel luis *G*

FRAGMENTE

Paralleldruck zu den Seiten
4 und 5

Beilage zu ATB 94 (Notker, Bd. 1)

*O*portet nos memores esse qu̧e de romano imperio / paulus apostolus predixerat   1

quondam. Multis enim / per pseudo-apostolos territis quasi instaret dies domini . ille / ar-

rexit corda eorum his dicens. Quoniam nisi discessio pri/mum venerit .s. romani im-

5   perii.et reueletur filivs / iniquitatis.id est antichristus. Quis enim nesciat roma/nos olim

rerum dominos fuisse . et fines eorum cum mundi fi/nibus terminari? Postquam autem barba-

rȩ nationes . alâ/ni . sarmatȩ . daci . uuandali . gothi . germani . et /aliȩ multo

plures . qu̧e eis subditȩ . vel cum eis fȩde/ratȩ erant . rupta fide et foedere . rem

publicam inua/serant . et nulla eis uis romana resistere poterat . / inde iam pau-

10   latim uergere tanta gloria . et ad hanc / defectionem quam nunc cernimus . ten-

dere coepe/rat. Namque contigit sub tempore zenonis . qui / ab augusto trans-

actis quingentis et uiginti / tribus annis . quadragesimus nonus impe-

rator exti/terat . ipso in constantinopolitana sede posito . odo/agrum turci-

lingorum et rugorum regem . qui et he/rul:s et scyros secum habuit . romanos

15   et italiam // sibi subiugasse. Teodericu<m> uero regem mergothorum / et ostrogotho-   2

ru<m> . pannoniam et macedoniam occupasse. / Deinde ab imperatore theode-

ricus constantinopolim prop<ter> / uirtutis famam accitus . et magnis honoribus

quasi soci/us regni apud eum diu habitus . et familiaritati atque /intimis

consiliis admissus . precibus egit . ut annueret ei . si / contra odoagrum dimica-

20   ret et uinceret . ipse pro eo italiam / regeret. Et sic eum a se discedentem .

magnis zeno ditauit / muneribus . commendans ei senatum et populum

romanum. /Ingressus ergo italiam . odoagrum intra triennium ad dedici-/

onem coegit . atque occidit . deinde poti<t>us est totius / italiȩ. Romano-

rum autem iura consulto imperatoris primvm / disponens . dehinc uero succe-

25   dente anastasio imperato/re . et iustino maiore . rem pro sua libidine ad-

ministrare / incipiens . contradicentes occidit. Inter quos sym/machus

patricius . et gener eius boetius . gladio peri/erunt. Sanctissimum quoque pa-

pam iohannem . usque ad / necem carcere afflixit. Ipse autem sequenti anno

re/gni sui trigisimo ira dei percussus est . succedente in / regnum adelrico

30   nepote eius. Hinc romana res / publica . iam nulla esse coeperat . qu̧e

---

4 dicens: ens *auf Ras. von* tis   7 *alani   11 tra ns-: *dazwischen kleines Loch im Pgm.*
14 herul:s: *Buchstabe zwischen* l *und* s *durch Tintenfleck verdeckt*   15 Teodericu<m>: m-
Strich über u *wohl abgeschnitten, vielleicht auch ein übergeschr.* h *nach* T *(vgl. 16/17*
theodericus) mergothorum: g, o, t, m *wegen Löcher nur teilweise sichtbar*   15/16 ostro-
gothoru<m>: *erster Strich des* u *und* m-*Strich verwischt*   16/17 theodericus: h *übergeschr.*
17 prop<ter>: ter *bzw.* t̄ *durch Tintenfleck verdeckt*   19 contra: *davor* : *auf dem Rand*
25/26 administrare: i[1] *wegen Tintenfleck kaum sichtbar*   28 iohannem: *davor kleines*
Loch im Pgm.   Punkt fehlt 3[1] 21[1] *(nach* munerib;)*

Oportet nos memores esse que/ de romano imperio paulus apostolus predixerat /   84^v

quondam. Multis enim per pseudo-apostolos territis . / quasi instaret dies domini . ille ar-

rexit corda eorum / his dictis. Quoniam nisi discessio primum uenerit . subau/dis romani im-

perii . et reueletur filius iniquitatis / .i. antichristus. Quis enim nesciat romanos olim/

5 rerum dominos fuisse? et fines eorum cum mundi finibus / terminari? Postquam autem barba-

re nationes . alâ/ni . sarmate . daci . uuandali . gothi . germani . / et alie multo

plures . que eis subdite . vel cum / eis confederatae erant . rupta fide . et foedere . / .R.

P. inuaserant . et nulla eis uis romana . resiste/re poterat . inde iam pau-

10 latim tanta gloria uer/gere . et ad hanc defectionem quam nunc cernimus . / ten-

dere ceperat. Namque contigit sub tempore / zenonis . qui ab augusto trans-

actis iam quin/gentis . et .xxiii. annis

    R / extiterat . ipso in constantinopolitana sede po/sito . odoagrum . turci-

lingorum . et rugorum regem . / qui et herulos . et sciros . secum habuit . romanos . //

15 et italiam sibi subiugasse. Theodoricum uero mer/gothorum . et ostrogotho-   85^r

rum . pannoniam . et mace/doniam . occupasse. Deinde ab imperatore the/odo-

ricus constantinopolim . propter uirtutis famam / accitus . et magnis honoribus .

quasi sotius re/gni . apud eum diu habitus . et familiarita/ti . atque intimis

consiliis admissus . precibus egit . / ut annueret ei . si contra odoagrum dimica-/

20 ret et uinceret . ipse pro eo italiam regeret. Et / sic eum a se discedentem .

zeno magnis di/tauit honoribus . commendans ei senatum . et / populum

romanum. Ingressus ergo italiam . odoa/grum intra triennium . ad dedici-

onem coegit . / atque occidit. Deinde potitus est totius italie . /Romano-

rum autem iura consulto imperatoris pri/mum disponens . dehinc uero succe-

25 dente anastasio imperatore . et iustino maiore . rem / pro sua libidine ad-

ministrare incipiens . con/tra-dicentes occidit. Inter quos simachus

patri/cius . et gener eius boetius . gladio perierunt. / Sanctissimum quoque pa-

pam iohannem . usque ad necem /carcere afflixit. Ipse autem sequenti anno //

regni sui trigisimo . ira dei perculsus est . succeden/te in regnum alerico   85^v

30 nepote eius. Hinc romana / res publica . iam nulla esse coeperat . que

---

2 pseudo: *darüber Glosse* i. falsos   apostolos: *über a kleines Loch im Pgm.*   2/3 arrexit:
darüber Glosse .i. solatur   7 *alani   12/13 iii. annis: *nur oberer Teil sichtbar, da Pgm.
in dieser Zeile durchgebrochen; Rest der Z. bis auf* R/ *der Ligatur* OR *von* imperator *fast
ganz unsichtbar*   13 constantinopolitana: a^3 *aus* o *verb.*   15/16 astrogothorum   16 imperatore: *über* r^2 *kleines Loch im Pgm.*   18 *socius   24 fuccedente: c^1 *aus* i *verb., Strich
zwischen* f *und* i *nicht rad.*   27 gener: *über* g *kleines Loch im Pgm.*   boetius: o *durch
kleines Loch im Pgm. (unten mit weiterem kurzem Einriß) fast ganz herausgebrochen*
30 eius; *Punkt steht nach* 10 gloria *(vgl.* A *und* G: *anscheinend hat der Schreiber umgestellt, aber den ursprüngl. Punkt nach* gloria *beibehalten)*

gotho:um re//gibus tunc oppressa e<st> . u   / sub iustino minore   3

prop   /bardorum manibus italiam tr

cit / peste laborare. Horum autem iugum . p   entos et quinque / annos . ex quo in-

trauerunt italiam . karolus franco/rum rex abstulit . et auctoritate le-

5 onis pape . qui evm / ad defensionem apostolice sedis inuitauit . ipse im-

pe/rator ordinatus est. Post ipsum uero et filios eius . imperato/ris nomen . ad

saxonum reges translatum est. Ergo roma/norum regnum defecit . ut pavlus

prophetauit.

1 gotho:um: *Buchstabe zwischen o und u durch Tintenfleck verdeckt*   e<st>: *st-Strich abgeschnitten*   u(sque): *von u[1] nur erster Strich erhalten, Rest bis Ende der Zeile abgeschnitten*
2 prop(ulsatis): *von p[2] nur Strich erhalten, Rest bis Ende der Zeile abgeschnitten*   2/3 tra-
(didit) ... (fe)cit: *von ra und c nur untere Teile erhalten, Rest dazwischen abgeschnitten*
3 p(ost duc)entos: *das Eingeklammerte und auch die obere Hälfte des e abgeschnitten*
4 italia: *a teilweise verwischt*   6 filius

go/thorum regibus tunc oppressa est . usque ad nar/setem patricium . qui sub iustino minore .

pro/pulsatis gothorum regibus . langobardorum / manibus tradidit . et simili eam fe-

cit peste / laborare. Ḥorum autem iugum . post ducen/tos . et quinque annos . ex quo in-

trauerant italiam . / Ḳarolus rex franchorum abstulit . et auctori/tate le-

5 onis papę . qui eum ad defensionem / apostolicę sedis inuitauit . ipse im-

perator / ordinatus est. Ṗost ipsum uero et filios eius . / imperatoris nomen . ad

saxones reges transla/tum est. Ęrgo romanorum regnum defecit . / vt paulus

prophetauit.

---

1 est: *oberer Teil des* e *durch kleines Loch nicht mehr sichtbar*   regibus .: regib; *mit* 2.
Punkt über ;   6 filius